한국인의 통과의례

관·혼·상·제

도서출판 온북스

머리글

우리가 사회생활을 영위해 나감에 있어 진정한 전통의례가 어떠한 것인지 제대로 알고 있지 못함은 올바른 사회생활과 가정생활을 제대로 영위하지 못하고 있음을 의미한다 할것이다.

인터넷을 중심으로 한 전자시대와 고속화 시대를 살아가는 오늘.
우리는 동방예의지국(東方禮義之國)다운 우리민족 고유의 미풍양속(美風良俗)과 전통예절(傳統禮節)을 구식(舊式)이라고 소홀히 대하는 무지(無知)를 범할 것이 아니라 오히려 현대적 의미의 전통의례와 가정의례를 정확히 이해하여 올바른 사회생활(社會生活)에 참여할 수 있도록 해야 하겠다.
관혼상제(冠婚喪祭) 즉 관례(冠禮), 혼례(婚禮), 상례(喪禮)및 제례(祭禮)는 우리들이 반드시 지켜나가야 할 통과의례이며 우리민족의 전통의례(傳統儀禮)요 미풍양속(美風良俗)이다.

이에 대한 무지(無知)와 몰이해로 인한 일상생활(日常生活)에서의 당혹함을 피하려는 소극적인 자세보다는 전통의례의 올바른 이해를 통하여 건전한 사회생활(社會生活)을 영위할 뿐만아니라 진정(眞正)한 문화인(文化人), 진정한 현대인으로서 사회공동체 생활에 참여하기 위해서라도 필히 관련 도서를 구비하여 일독(一讀)을 해야 할것이다.

특히, 본 책자에는 일상생활의 가정의례와 전통의례(傳統儀禮) 그리고 현대의례(現代儀禮)까지 알기쉽고도 일목요연하게 정리되어 있어 우리 민족의 관혼상제(冠婚喪祭)를 위한 지침서로 전혀 불편함이 없으리라 믿는 바이다.

2006年 8月 8日

강남서재에서 편저자

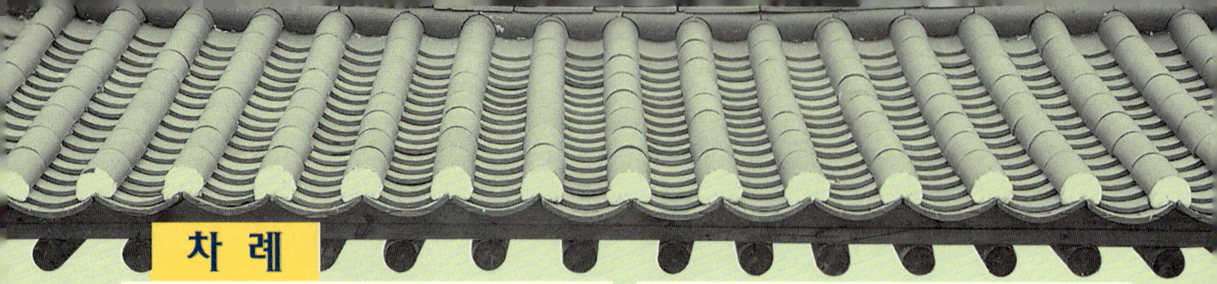

차 례

제 3장. 현대식 결혼

■현대식 결혼의 순서 •78

제 4장. 전통 상례

■전통상례의 순서 •122

제 5장. 현대식 상례

제 6장. 전통 제례

관혼상제 편

제 1장. 관례
제 2장. 전통 혼례
제 3장. 현대식 결혼
제 4장. 전통 상례
제 5장. 현대식 상례
제 6장. 전통 제례
제 7장. 현대식 제례
제 8장. 헌수가장례
제 9장. 돌잔치

◆ 관혼상제 ◆

가정의례에는 관례(冠禮), 혼례(婚禮), 상례(喪禮), 제례(祭禮), 축하가장례(祝賀家長禮) 등이 있는데 정부에서는 옛의례의 번거로움을 덜고 낭비를 시정하여 생활의 합리화, 근대화를 이루기 위하여 가정의례의 의식, 절차에 관한 기준을 정할 목적으로 1969년 3월 5일 대통령 고시 제 15호로 공포되어 시행되어 오고 있다.
가정의례준칙은 전문 4장 71조 및 부칙으로 되어 있다.

제1장

관 례

제一장

제 1장. 관례(冠禮)

관례는 원시민족 사이에 널리 행하던 성인식(成人式) 즉, 이니시에이션(initiation)의 하나로서 민족과 시대에 따라 의례(儀禮)의 형태와 사회적 관계 및 그 의의가 다르며 학자들간의 견해도 일정하지 않다.

관례란 성인이 되는 의식이다.

우리나라의 관례(冠禮)는 옛날부터 성인이 되는데는 남자는 관례(冠禮)를, 여자는 계례(笄禮)를 행하여 아이와 어른을 구별지었다. 관례와 계례를 치른 성인은 이제 어린이(철부지)가 아니고 어른인 것이다.

우리나라에서는 언제부터 관례가 시작되었는지 정확하게는 알수 없으나 삼국시대에 중국으로부터 예교(豫敎)가 유입됨에 따라 전래된듯하며 고려시대 광종(光宗) 16년(965)이래 왕가에서 관례를 행하였고, 이조시대에 와서도 왕후, 귀족은 물론 유교에 입각한 선비와 지식계급 사이에 널리 행하여 졌던 것이다.

즉, 한 사람이 결혼을 하여 가정을 이루고 가족을 거느리게 되면서 자손의 번영과 나아가서는 국가와 민족이 발전하게 되는 것이다.

최근세에 이르기까지 우리나라에서 볼 수 있었던 관례의 절차는 다음과 같다.

제 1절 성인(成人)

옛날 정자(程子)는 말하기를 " 관례는 성인이 된 구실을 능히 할 수 있도록 격려와 훈계를 하여 성인으로서의 책임을 지워주는데 그 의의가 있다. 만약 관례라는 의식이 없다면 이 세상에 어른이 없음과 마찬가지다. 그리고 이미 관례를 행한 후는 그 주인공은 지난날의 철부지가 아니라 이제부터는 바야흐로 사회인이요 어른이라는 긍지와 책임감으로 신망을 얻도록 힘써야 한다."고 관례의 의의를 설명하였다.

제一장

(1)남자(男子)

옛날에는 성년기(15세-20세)에 이르면 가장(家長)이하 가족 및 친지들이 모인 자리에서 예절을 잘아는 장로의 인도로, 뒤로 땋아 늘이었던 머리를 끌어 꼭뒤에 상투를 짜얹고 망건을 썼다.

이 당시에는 결혼성년이 남자는 16세, 여자는 14세 이상이면 결혼하게 되었다. 현행의 민법에서는 『남자는 만 18세, 여자는 만 16세에 달한자는 부모 또는 후견인(後見人), 보호자의 동의를 얻어 약혼할 수 있다』고 규정하고 있다.

민법 제4조에 『만 20세로 성년이 된다』고 규정하고 만 20세 이전은 미성년으로 취급하고 있다.

옛날에는 반드시 관례라는 의식을 거쳐야만 비로소 성인(成人:어른)으로서의 인정을 받았지만 지금은 성인식 같은 의식을 치르지 않더라도 민법에 규정된 연령(만 20세)에 도달하면 그 누구나 모두 성인임을 인정 받는다.

국가에서는 매년 5월 6일을 '성년의 날'로 정하고 있다.

(2)여자(女子)

계례는 여자(주부)가 주례하며 그 의식은 관례와 거이 비슷하나 남자가 갓을 쓰는 대신 여자는 머리에 비녀를 꽂는다.

이것은 처녀의 머리를 꼭뒤에 쪽을 져서 머리털이 풀어지지 않도록 하기 위한 것이다.

제 2절 옛 관례(冠禮)와 계례(笄禮)

(1)옛 관례

관례를 하기 위해서는 다음과 같은 행사와 준비가 있어야 한다.

사당(祠堂)에 고유(告諭): 예전에는 모든 가정에 위패를 모신 사당이 있었다. 그 집안에 큰 행사가 있으면 미리 조상의 위패 앞에 제사를 지낸다. 즉, 조상에게 보고하는 것이다.

관례를 행할 날짜가 정해지면 사흘전에 주인은 간단한 제수를 준비하고 사당에 고유한다. 이때 읽는 고유축은 다음과 같다.

관
례

維歲次 甲子三月乙卯朔 十五日己巳
유세차 갑자삼월을묘삭 십오일기사

孝玄孫 ○○ 敢昭告于
효현손(이름) 감소고우

顯高祖考學生府君
현고조고학생부군(벼슬이 있으면 벼슬을 기재한다)

顯高祖妣孺人慶州金氏
현고조비유인경주김씨 ○○(主人의 이름) 之子○○(주인공 이름)

年漸長成 將以三月十七日 加冠於其首
연점장성 장이삼월십칠일 가관어기수

謹以酒果 用伸虔告 謹告
근이주과 용신건고 근고

제一장

계빈(戒儐): 친구들 중 행사 절차에 밝은 사람이 한다. 이를 빈(儐:주례)이라 한다.

행사에 필요한 물품:

• 장막(帳幕) 2개 • 병풍 • 돗자리 • 세수대야 • 술잔 2~3개 • 탁자 • 무(武) • 비녀 • 폭건(幅巾) • 심의(深衣) • 큰 허리띠 • 가죽신(履=鞋) • 모자 • 복두 • 혁대 • 난삼띠 • 빗 • 술병

(2)관례순서

❶ 관례 행사에 쓰여질 모든 물건을 질서있게 상위에 진열한다.

❷ 주인(主人: 관례 주관자 즉 戶主)은 사당 동쪽에서 서향(西向)하고 서면 차례로 자제(子弟) 및 친척들은 주인 뒤에 두 줄로 따라 선다.

❸ 빈(儐:주례)은 문밖에서 서향으로 서있고, 관례할 주인공은 머리를 둥그스름하게 묶은 뒤 사계삼(옷)을 입고 행전치고 꽃신을 신고 뒤방 가운데 선다.

❹ 찬(贊:관례식을 거들어 주는 사람. 즉 집사)을 정하여 옆자리에 서있게 한다. 이와 같은 준비가 끝나면 곧 의식에 들어가는데 그 순서는 다음 설명과 같다.

- 친척과 친지들이 찾아오면 주례가 안으로 들어가 주인에게 알리고 주인은 손님을 맞이하여 서로 반갑게 인사를 주고 받는다.
- 주인과 참례자는 각각 제자리에 선다.

시가례(始加禮): 절차는 다음과 같다.

① 주례가 관례할 주인공에게 자리에 앉으라 권한다. 집사가 빗과 망건을 가져다 관례인 왼편에 놓은 뒤 관례인의 머리를 빗기고 망건을 씌워 준다.

② 집사는 관(冠)과 복건을 들고 올리면 주례가 받아 관례인에게 관을 씌운 뒤 다음과 같은 축사를 읽는다.

吉月令日　始加元服　棄爾幼志
길월영일　시가원복　기이유지

順爾成德　壽考維祺　以介景福
순이성덕　수고유기　이개경복

③ 축사가 끝나면 주례는 복건을 씌워주고 집사는 띠를 매어준다.

④ 관례자는 사계삼(겉두루마기)을 벗은 뒤, 겉옷을 입고 큰허리띠를 매고 꽃신 신고 제 위치에 단정히 선다.

제一장

재가례(再加禮): 절차는 다음과 같다.

① 관례자가 자리에 무릎을 꿇고 앉아 있는다.

② 집사는 관례자가 쓰고 있던 관과 복건을 벗긴다.

③ 주례는 집사에게서 모자를 받아 관례인에게 씌우고는 다음과 같은 재가축(再加祝)을 읽는다.

吉月令日　乃申利福　謹以威儀
길월영일　내신이복　근이위의

淑愼爾德　眉壽永年　享受遐福
숙신이덕　미수영년　향수하복

④ 관례자는 겉옷과 신을 벗은 뒤, 조삼(皁衫) 입고 혁대 두르고 가

죽신 신고 제위치에 선다.

삼가례(三加禮): 절차는 다음과 같다.

① 주례가 관례자를 제자리에 앉도록 한다.

② 주례는 집사에게서 복두(幞頭)를 관례자 가까이 가서 씌워주고는 다음과 같은 축을 읽는다.

以歲之正 以月之令 咸加爾服 兄弟俱在
이세지정 이월지령 함가이복 형제구재

以成厥德 黃耇無疆 受天之慶
이성궐덕 황구무강 수천지경

③ 관례자는 조삼을 벗은 뒤 난삼(欄衫) 입고 허리띠 두르고 가죽신 신고 나와 문밖에 선다.

초례(醮禮): 절차는 다음과 같다.

① 주례가 남쪽을 보고 선다.

② 집사는 술과 잔과 수저를 들어 잔에 술을 가득 부어 주례에게 내밀면 주례는 그 술잔을 받아 북쪽을 보고 꿇어 앉아 다음과 같은 축을 읽는다.

관례

旨酒旣清　嘉薦令芳　拜受祭之
지주기청　가천령방　배수제지

以定爾祥　承天之休　壽考不忘
이정이상　승천지휴　수고불망

③ 축 읽기가 끝나면 관례자는 두 번 절한 뒤 술잔을 받아 든다. 주례는 술잔을 넘겨 준 뒤 제 위치에 서있는다.

④ 관례자는 술을 한모금 마시고는 물러선다.

⑤ 집사는 술상을 거두어 치운다.

⑥ 관례자는 남쪽을 보고 두 번 절하면 주례는 동쪽을 보고 한 번 절한다. 관례자는 또 집사에게 절하면 집사도 절로 답한다.

이와 같은 절차가 끝나면 관례자에게 자(字)를 지어준다.

그리고 나서 다음과 같은 축을 읽는다.

禮儀旣備 令月吉日 昭告利子 爰字孔嘉
예의기비 영월길일 소고이자 원자공가

髦士攸宜 宜之于嘏 領收保之
모사유의 의지우하 영수보지

⑦ 축이 끝나면 주인, 관례자, 주례, 집사를 비롯하여 이에 참석한 자제들이며 친척들이 모두 퇴장한다.

사당고유(祠堂告諭): 이상과 같은 절차가 끝나면 주인은 관례자를 데리고 사당에 가서 고유(告諭)한다.

이때 읽는 고유문은 다음과 같다.

某之子　　今日冠畢 敢見
모지자 ○○ 금일관필 감현

관례자 인사 및 예빈: 사당을 다녀오면 관례자는 곧 그 부모에게 재배(再拜)로 인사를 올리고 이어 백숙부모 등 일가 친척들에게 절하며 인사를 드린다.

주인과 관례자는 '앞날을 축복해 주셔서 고맙습니다.' 라며 주례와 집사에게 감사의 인사를 하고 이어 이 의식에 참석한 모든 손님들에게 빠짐없이 인사한다.

(3)계례

❶ 연령에 대하여: '여자는 나이 十五세가 되면 계례를 행하여 비녀 꽂고 二十에 시집가라' 고 『곡례(曲禮)』에 전해오고 있다.

계례란 남자의 관례와 마찬가지로 어른이 되는 의식이다. 그래서 남자는 상투를 틀고 관을 씀으로써 어른의 구실을 하게 되며 여자는 쪽 올리고 비녀를 꽂음으로써 어른이 되는 것이다. 부모 슬하에서 어린아이로 자라오던 습관을 관례나 계례의 경건한 예식을 치름으로써 당당히 어른이 되는 것이다.

❷ 물품 준비

계례를 행하려면 다음과 같은 물건을 준비해야 한다.

• 탁자(卓子) 3개 • 관(모자) • 비녀 • 쇄(머리카락을 싸매는 띠) • 배자(背子) • 쟁반 • 술잔 • 술병 • 대야

❸ 계례의 절차

• 계례의 주관자: 계례는 관례와 반대로 주부(主婦:주인의 妻, 즉 처녀의 祖母, 母, 없으면 직계존속 婦女子)가 주관한다.

• 위치(位置): 계례를 행하기에 앞서 위치를 정해야 한다.

주부(主婦)는 조계(阼階) 아래서 서쪽을 보고 서고, 계례자는 남쪽을 보고 선다.

주례는 친척 중에서 예법에 밝은 부인으로 정한다.

계례의 순서: 절차는 다음과 같다.

① 주인공이 나오면 집사는 머리빗을 왼편에 둔다.

② 주례가 주인공을 서쪽으로 앉힌다음, 집사가 주인공의 머리를 빗긴 후 쪽을 틀어준다.

③ 집사는 관(冠)과 비녀를 내어주고 주례가 받아서 관을 머리에 씌우고 비녀를 꽂아준다.

④ 주인공은 옷을 바꾸어 입고 나온다.

초례의 순서: 절차는 다음과 같다.

① 집사가 주인공을 인도한다.

② 주인공이 앉으면 주례는 술잔을 받들고 꿇어앉아 축사를 읽는다.

③ 주인공이 일어나 주례에게 네 번 절하면 주례는 한 번 답배한다.

④ 주인공은 집사에게서 술잔을 받아 조금 마신 뒤, 네 번 절한다. 주례는 주인공이 제자리로 돌아가 서 있으면 자(字)를 지어주고 축사를 읽는다.

축사예문

○○	之三女	今日笄畢	敢見
(이름)	지삼녀	금일계필	감현

이 행사가 끝난 뒤, 주부는 주례 및 행사에 참석한 친척과 손님들에게 감사 인사를 나누고 술과 음식으로 사례하고 접대한다.

제2장

전통 혼례

전통혼례 차례

혼담 → 납채 → 문명 → 납길 → 납징

청기 → 성복 → 친영 → 폐백

제 2장. 전통 혼례(婚禮)

혼례(婚禮)란 남자와 여자가 예를 갖추어 부부(夫婦)가 되는 하나의 사회적 제도를 말한다.

사회제도로서의 혼인이란 관습이나 법률에 의해서 인정되고 있는 한 사람이나 또는 여러 사람의 남성과 한사람 혹은 여러 여성과의 관계를 말하는데 여기에는 필연적으로 결합관계에 있는 당사자 사이에 생기는 자식에 대한 권리와 의무가 부여된다.

혼인의 현대적 개념이 애정을 전제로하여 그 결실의 표현으로 구체화한 것으로 인류의 발전적 창조가 이루어지는데에 고상한 사랑의 보금자리를 마련함과 동시에, 생물학적으로는 번식을 작용하고 현실적으로는 성교의 권리를 갖게되는 것이다.

사회는 혼인의 성립으로 성교를 인정하고 있을뿐만 아니라 당사자의 성적 만족을 위한 방법을 강구하는 것은 도리어 의무로 생각하고 있다. 그리고 성교의 권리가 대개의 경우에는 독점적이지마는 특수한 사회나 민족에 있어서는 개방적인 경우도 있다.

혼인(marriage)의 정신적 육체적 영향뿐만 아니라 경제상의 제도이므로 혼인 이후에 남편은 아내와 자식을 위하여 필요한 것을 마련할 의무가 있고 아내는 가정에 있어서 남편을 내조하는 일할 의무를 가지게 되는 것이다.

남녀의 결합으로 혼인은 관습이나 법률에 의하여 확정적으로 체결되고 관습에 의하여 일정한 예의 절차를 거치기 마련이다.

이러한 예의 절차는 민족적인 생활양식이 있으며 관습이나 또는 생활을 위해서 남자나 여자, 또는 남녀 다같이 지참물을 가지고 혼인에 임하게 되는 것이다.

전통 혼례(婚禮)의 순서

(1) 혼담(婚談)

❶ 의혼(議婚)

혼인이 이루어지는데 있어서는 남녀간에 미리부터 애정(愛情)이 이루어졌거나 또는 신랑과 신부집이 중매인(仲媒人)을 통해서 혼사(婚事)를 의논하는 절차이다.

가문과 가풍을 중요하게 여긴 한국의 옛 혼례식에서는 양쪽집에서 중매인을 통해 서로의 가문, 학벌, 인품, 재물 등을 알아본뒤 두 사람의 궁합(宮合)을 맞춰본 후에야 혼인승낙 여부를 결정짓는 것이다.

대체로 신랑집의 청혼편지에 신부집의 허혼편지를 주고받음으로서 사실상 혼인이 성립되는 것이다.

❷ 중매(仲媒)

남자편의 주혼자(主婚者)가 여자편의 주혼자에게 정식으로 청혼서와 허혼서를 보낼때, 그리고 이 과정에서 양가부모들과 신랑, 신부의 맞선을 볼때 등 서로를 연결시키는 경우를 말한다. 이 경우 양가집을 잘 아는 중매인이 꼭 필요하다.

(2) 납채(納采)

신랑집에서 신부집에 중매인을 보내 혼인할 의사를 확인한 뒤, 신부집에 예물을 보내는 것을 말한다.

❶ 사주(四柱)=사성(四城)

사성은 이른바 사주라고도 하는데, 옛날 혼담에 의한 약속에 따르는 것으로서 납채의 일부이다. 즉 사주를 보내고 연길(涓吉)을 청하는 절차이다.

신랑집에서는 신부집에서 보낸 허혼편지를 받고나서 신랑의 사주와 납채문을 써서 홍색보자기에 싸서 보낸다.

신부집에서는 사주를 맞춰보고 결혼식 날짜를 택하여 신랑측에 통보한다. 이것을 연길이라 한다. 근래에는 보통 납채를 납폐로 대신하는 경향이 있다. 이때 사주를 전달하는 사람을 후하게 대접함은 물론이다.

사주는 신랑이 혼인을 청하는 의식으로 사주단자는 길이 1자 3치(40㎝), 넓이 9치 2푼(28㎝) 정도의 백지를 다섯칸으로 접어 그 한 가운데에 육십갑자(六十甲子)에 따른 간지(干支) 즉, 생년월일과 출생시간을 써서 편지와 함께 흰봉투에 넣은다음, 풀로 봉하지 않은채 뚜껑을 접어 청실 홍실의 둥근 타래실로 편지를 묶는다. 그리고 사주보에 싸서 근봉(謹封)이라 쓴 띠를 두른다.

사성과 편지 쓰는법은 다음과 같이 표기한다.

전통혼례

◆사성 쓰는 법

(1) 사성(四星)〈옛 서식〉

(갑자 삼월 삼일 신시생)
甲子 三月 三日 申時生

(2) 사성(四星)〈옛 서식〉

○○(本)後人 ○○○ 新郎姓名
甲子
辛卯
丙辰
甲申

(3) 사성(四星)〈현대 서식〉

戶主姓名 ○男(또는 ○女)
姓名 ○○○
甲子 三月 三日 申時生

(4) 사성(四星)〈공통 서식〉

四星
(앞)

(근봉)
謹封
(뒤)

♣ 표(2)에서 갑자는 태세 즉 낳은 해의 간지를 말함이며 신묘는 낳은 달의 간지이다. 그리고 병진은 일진의 간지이고 갑신은 시각의 간지이다.

◆편지 쓰는 법

예문1)

伏維新正에 尊體後以時 萬重이 仰謂潔區區之至이오며 第家兒親事는 釆單을 錄呈하오니 涓吉回示 하심이 如何오리까.

餘不備伏惟旣 蒙契許하오니 寒門慶幸이오이다.
尊照 謹拜 上狀
年 月 日
金海後人 金○○ 再拜

예문1의 풀이)

엎드려 편지를 받자오니 매우 감사하옵니다. 근간에 존체만중 하시옵니까?
저희 자식 혼사는 이미 허락하심을 받았사오니 저희 가문의 다행이며 경사이옵니다.
가르치심에 따라 사성단자를 보내오니 혼인일자를 회신하여 주심이 어떠하오리까?

예문2)

伏承華翰하오니, 感荷難量이로소이다. 伏惟尊體 動止 萬重 하시니, 仰慰區區 無任上止이오이다. 第家兒親事는 至於 問年之境이오니, 寒門之幸이오이다. 柱單을 依教 錄呈하오니, 涓吉을 回示하심이 如何이오이까. 餘는 不備伏惟 尊照 謹拜 上狀

갑자년 10월 5일 경산군 김봉달 再拜

전통혼례

❷납채문(納采文)

사성과 함께 홍색 보자기에 싸서 신랑집에서 신부집으로 보낸다. 즉, 정식으로 결혼을 신청하는 서장(書狀)이다.

◆ 편지 쓰는 법

예문1)

천고마비의 계절을 맞이하여 존체만중하십니까?
저희 딸자식 혼사는 이미 허락하심을 받자와 가문의 경사이옵니다.
여기 사주 단자를 보내오니 혼인날짜를 정하시어
답하여 주심이 어떠하실런지요.
그럼, 회신 기다리면서 이만 줄이옵니다.

갑자년 10월 5일 경산군 김봉달 再拜

예문2)

높으신 큰 사랑으로 지체도 변변치 못한 저희 집안을 버리지 않으시고
중매인의 말씀을 간곡하게 믿으시고, 들으시어 저희 딸자식을 아드님의
배필로 정해주신것을 감사히 생각하고 있습니다. 저희 딸자식이
미련하고 어리석은데다 제대로 가르치지도 못하였사온데,
이미 채택하여 주셨으니 어찌 따르지 않사오리까.
너그러이 살펴 주시옵소서.

갑자년 10월 5일 경산군 김봉달 再拜

예문3)

지극하신 사랑으로 구차하고 지체도 변변치 못한데도 중매인의 말씀을
간절하게 믿으시고 귀하신 따님을 허락하여 주시어 저희 아들 이진만의
아내로 주시옵기에 이에 선인의 법도에 따라 사람을 보내어
납채의 예를 갖춥니다. 너그러이 굽어 살피옵소서.

갑자년 9월 10일 영천군 이봉달 再拜

❸연길(涓吉)

신랑집에서 사성을 보내오면 신부집에서 결혼일자를 택일하여 신랑집에 통지하는 의식이다. 또는 결혼일자를 정함에 있어 양가쪽에서 협의해 결정할수도 있다.

이때에도 편지와 함께 보낸다.

연길은 연길봉투에 넣는데 봉투 전면에는 연길(涓吉)이라고 쓰고, 봉하는 곳에는 謹封(근봉)이라고 쓴다.

◆ 연길서식

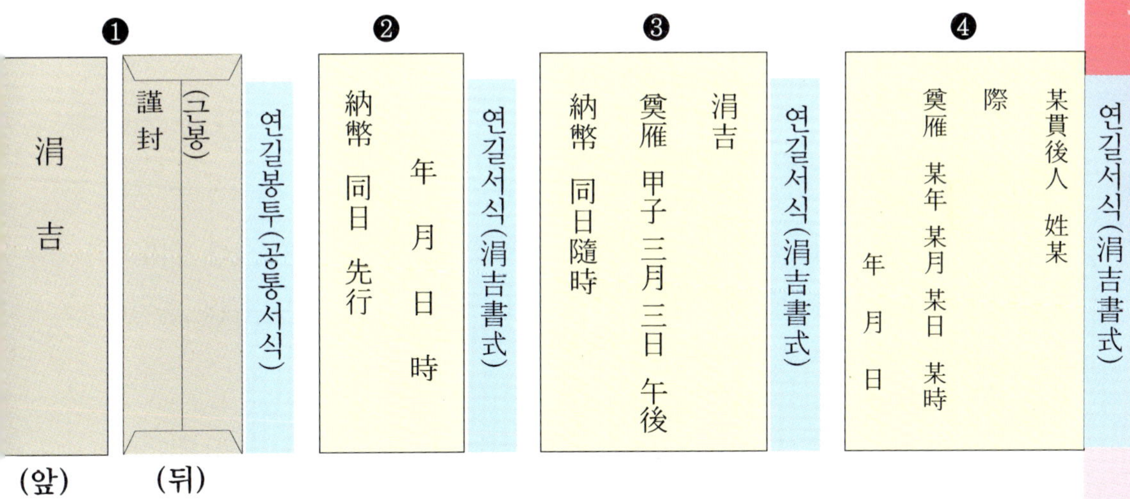

♣ 전안(奠雁): 결혼식을 말함.

❹장제(章製)

연길 편지를 받은 신랑집에서는 의제장(衣製狀), 또는 장제(章製)를 보낸다. 장제란 신랑집에서 신랑의복의 길이와 품을 적어 보내는 종이를 말한며, 이것은 신부집에서 신랑에게 의복을 만들어 주고자 할때 쓰는 것으로서 근래에는 보통 양복점에서 맞춤을 대신한다.

편지예문)

> 편지를 받자옵고 감개무량하옵니다. 근래에 존체만중 하십니까.
> 저희 딸 혼사는 이미 사주단자를 받자오니 가문의 경사가 아닐수 없습니다.
> 혼인 날짜를 택하여 보내드리오니 신랑의 의복치수를
> 알려주시면 감사하겠습니다.
> 예를 갖추지 못하옵고 이만 줄이옵니다.
>
> 갑자년 10월 5일 영천군 이봉달 再拜

제二장

♣ **의제장(衣製狀)**: 연길 편지를 받은 신랑집에서는 신랑 의복의 길이와 품 등을 적어 보내는 종이를 말한다. 이 보내는 절차를 장제회시(章製回示)라 하며 의제장을 보낼때에도 편지를 같이 넣어 보내며 겉봉에는 사성 보낼때와 동일하다. 겉봉 앞면에는 "衣樣同封"이라 쓴다.

(3) 문명(問名)

신랑집에서 중매인을 통해 주인이 서식을 갖추어서 심부름꾼을 보내 신부 생모(生母)의 성씨를 묻고, 신부 될 색시의 생년월일시를 알아보는 것을 말한다.

(4) 납길(納吉)

신부의 생년월일시를 확인하여 길흉의 판단을 얻은 신랑집에서 중매인을 보내 처음으로 구체적인 혼인에 관한 일을 정하는 예이다.

❶납폐(納幣)

혼인전날 신랑이 신부에게 혼수(婚需)와 혼서(婚書=禮狀)) 및 물목(物目)을 넣은 혼수함을 보내는 것을 납폐라고 한다. 즉 폐백과 혼서를 말함이다.

여기서 혼서는 신부에게는 무척 소중한 것으로서 일편단심 일부종사(一夫從事)의 의미로 일생동안 간직하였다가 죽을때 관속에 넣어가지고 간다고 한다.

폐백은 신랑집에서 신부집에 대하여 혼인 허락에 대한 감사의 뜻으로서 하나의 예물인 것이다. 이는 청홍채단(靑紅綵緞)(즉 파란색깔과 붉은색깔의 비단옷감을 말함)의 양끝을 파랑실과 붉은실로 묶어 물목(物目)을 써서 함(函) 속에 넣어 보내는 것이다.

옛날에는 신랑집이 가난한 경우에는 혼서와 함께 채단만을 보냈으나 여유가 있는 부잣집에서는 청단과 홍단 치마감 외에도 다른 옷감을 더 넣어보내는데 이것을 봉채(封采=봉치)라고 한다.

초혼시에 납폐서식을 쓰는 종이는 창호지, 혹은 모조지를 쓰되 길이 36㎝, 폭 60㎝ 정도로하여 아홉칸을 접어 양편 1칸씩 비우고 일곱칸을 쓰며 재취시(再娶時)에는 일곱칸을 접어서 다섯칸을 쓴다.

이것을 보내는 날짜는 보통 초례식을 치루기 전에 보내는 것이 원칙이었으나 요즘은 대체로 혼례식 당일에 갖고 가는 일이 많아졌다.

전통혼례

편지예문 1)

時維孟春
尊體百福 僕之幾子某
年旣長成 未有伉儷 伏蒙
尊慈 許以
令愛贈室 玆有先人之禮
謹行納幣之禮 不備 伏惟
尊照 謹拜 上狀

丁亥年 10月 5日
金海後人 이봉달 再拜

편지예문 1 풀이)

때는 봄이 무르익은 화창한 계절이온데 존체만복 하시나이까?
저희 장자 ○○가 이미 성장하여 배필이 없더니 높이 사랑 입사와
귀중한 따님으로 배필을 삼게 해주시니 이제 조상의 예에 따라
변변히 갖추지는 못하였으나 삼가 납폐하는 의식을 행하오니
살펴 주시옵소서.

정해년 10월 5일
金海後人 이봉달 올림

편지예문 2)

삼가 존체의 안녕하심을 비오며,
이번 따님(또는 매씨) 선화양과
저희 아이 진만군과의 허혼을 감사히 생각하옵고
이에 간소한 폐백을 드리옵니다.

정해년 10월 5일
金海後人 이봉달 올림

진기한 귀하

편지예문 3)

삼가 귀댁의 만복을 축하하오며,
정중한 폐백을 보내주시와
깊이 감사하옵니다.

정해년 10월 5일
영천군 진기한 올림

이봉달 귀하

❷혼수(婚需)

혼수를 보통 함(函)이라고 말하며 옛날에는 고리짝을 많이 사용하였으나 요즘은 신혼여행 가방을 대용품으로 쓰고 있다.

혼수감은 고운 종이를 깔고 혼서지를 넣은 다음 홍단을 청장지에 싸서 먼저 담고 청단은 홍장지에 싸서 담은 후 종이를 덮고 혼수감이 움직이지 않도록 싸리나무가지나 수느리대로 통계를 하여 푸꽂이를 담고 함을 닫는다.

홍보로 함을 싸되 네귀를 맞추어 싸고 남은 끝을 모아 종이를 감는다.

그곳에 근봉(謹封)이라 쓰고 진보배로 절방을 메고 관대참과 같이 농삼장으로 싸서 다시 새끼로 절방을 맨다. 함진아비가 함을 잘 매고 갈 수 있도록 무명필로 어깨를 만든다.

지나친 혼수는 사치요, 낭비이다. 예단은 상대방에 대한 애정과 사랑의 징표로서 분수에 맞게 하고 남는 돈은 저축하여 나중에 살아가면

전통혼례

서 살림에 긴요할때 꼭 필요한 품목에 한하여 보태쓰는 것이 현명한 일이다.

혼수함을 보낼때와 받을때

납폐(함 보내기)

▶ 혼례 전날 첫아들 낳고 부부금실 좋은 사람이 함진아비가 되어 함을 신부집에 전하는데 이때 지나친 행동을 하여서는 안된다.

▶ 신부집에서는 화문석이나 돗자리를 깔고 봉지떡을 해서 시루째 소반에 얹어놓고 함 오기를 기다린다. 함이 오면 봉지떡 위에 함을 얹어 놓고 신부아버지가 함을 지고오는 사람과 맞절을 하고 받는다.

• 신랑집에서는 봉치떡을 정성껏 찐 다음, 시루째 마루위에 있는 상(床)에 갖다놓고 그 위에 혼수함을 올려 지고 가게한다.

• 함을 지고가는 함진아비(函父)는 아들을 낳고 부부간에 금슬이 좋은 사람으로 고른다. 홍단령(紅團領)을 입은 함진아비가 함을 지고 두 사람은 청사초롱을 들고 길을 인도한다.

• 신부집에서는 상(床)위에 홍색보자기를 펼친뒤, 봉치떡 시루를 놓는다.

• 함진아비로부터 혼수함을 정성스럽게 잘 받아서 떡시루 위에 놓는다. 그리고 함진아비 일행에게 함비와 음식을 후하게 대접한다.

• 신부측에서는 혼수함 상자를 조심스럽게 열어본다.

• 그다음 혼수함 속에 손을 넣어 채단을 꺼낸다.

• 옛말에 청색 종이에 싸인 홍단을 먼저 꺼내면 첫아들을 얻는다는 말이 전해져 온다.

♣ **봉치떡**: 신랑과 신부집 양가에서 모두 준비하는 떡으로서, 재료는 찹쌀 두 켜와 팥고물, 밤, 대추로 만든다. 참고로 밤과 대추는 신부에게 첫날밤 먹도록 따로 떠 놓아 준다.

▶ 함진아비

▶ 신부집에서는 화문석이나 돗자리를 깔고 봉치떡을 해서 시루째 소반에 얹어놓고 함 오기를 기다린다.

물목(物目) 쓰는 법

혼수함은 혼사일 전날 (함진아비)로 하여금 신부집에 보내는 것이다. 근래의 혼수아비는 신랑의 친구가 대행하는 수가 많다.

홍색겹보에 싼 혼수함을 진 함진아비가 신랑친구들과 함께 신부집으로 간다. 이때 함을 지고가는 함진아비는 아들을 낳고 부부간에 금슬이 좋은 사람으로 선정한다. 그리고 친구들은 횃불을 들고 길을 안내한다. 신부집에서는 친구들을 위하여 함값과 음식을 푸짐하게 대접한다.

또한 함진아비로부터 혼수함을 정중하게 받아 떡시루에 얹어놓고 함

뚜껑을 연다. 이때, 청색종이에 쌓인 홍단을 먼저 꺼내면 첫 아들을 낳는다는 풍습이 있다.

▶ 신부집에서는 신부아버지가 함진아비와 맞절을 하고 난뒤, 그들을 잘 대접한다.

혼서봉투

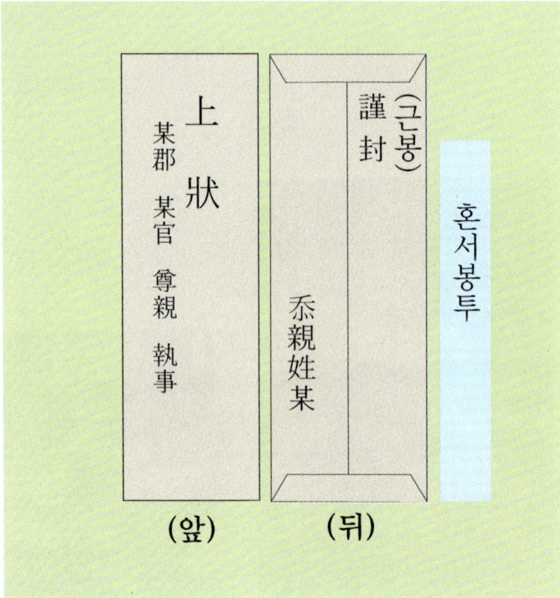

편지예문 1)

때는 바야흐로 초봄이옵니다.
가내 두루 안녕하십니까?
저의 첫째 아들 봉추가 이미 나이가 차도 배필이 없사온데,
높으신 사랑으로 소중한 따님을
아내로 맞이하게 하여 주시니,
조상의 예에 따라 삼가 납폐의 의식을 행하오니 받아
주시옵소서.

정해년 10월 5일
金海後人 이봉달 올림

❸채단(采緞)

홍단(紅緞)은 청색 종이에 싸서 홍색 명주 타래실로 묶는다. 청단(靑緞)은 홍색 종이에 싸서 청색 실로 묶는다. 묶을때는 동심결(同心結)로 맺는다. 이렇게 싸는 것은 음(陰=靑=女性)과 양(陽=紅=男性)의 화합과 조화라는 음양오행사상에서 비롯된다.

(5) 납징(納徵)

신랑집에서 예를 갖추어 신부집에 예물을 보내어 혼인의 성립이 이루어 진것을 뜻한다. 예물을 보낼때 검은 비단과 붉은 비단은 음양오행사상의 음양을 뜻한다.

(6) 청기(請期)

신랑집에서 혼인 날짜를 정한 뒤 중매인을 시켜 이를 신부집에 알리고 그 가부(可否)를 묻는 것을 말한다.

(7) 성복(成服)

복장(服裝)을 갖춤에 있어서 구식 혼례에는 신랑은 사모관대(紗帽冠帶), 관복(官服), 흑화(黑靴)등으로 예장(禮裝)을 갖추고, 신부는 족두리를 머리에 쓰고 하는 것이다. 신식 혼례에는 신랑은 대개 양복을 입고, 신부는 면사포를 쓰고 드레스를 입는다.

♣ 의례규범

• **복장(服裝)**: 신랑 신부는 정결한 한복 또는 양복을 입고, 또한 신부는 면사포 또는 족두리를 써도 무방하다.

▶ 전안례때 신랑이 신부의 어머니에게 드리는 나무 기러기.

❖ 채단

❖ 사주보

▶ 채단: 청색종이에 싼 홍단과 홍색종이에 싼 청단. 묶을때는 동심결로 묶는다.(위)
▶ 사주보: 겉은 다홍색, 안은 청색인 네모난 비단 보자기로 사주단자를 싼다.(아래)

▶ 신부의 머리에 쓰는 족두리

▶ 초례청: 초례상을 사이에 두고 앉아있는 신랑과 신부의 모습.

• **전통신부 의상:** 속적삼, 속바지, 속치마, 버선, 운혜(雲鞋=꽃신), 저고리, 청치마, 홍치마, 족두리, 원삼(圓衫=대례복), 대대(大帶), 앞댕기, 도투락댕기, 용잠(龍簪=비녀), 활옷(闊衣), 화관(花冠), 당의(唐衣)

• **족두리:** 원래 몽고에서 여인들이 외출할때 쓰던 모자였으나 고려말 우리나라에 전래된 뒤, 머리장식품으로 조그맣게 변하였다. 궁궐이나 양반집에서 의식용으로 소례복에 족두리를 썼으나 사치를 방지하기 위하여 모두 흑색을 권장하였으며 장식 사용하는 것을 제한하였다.

족두리를 쓴 신부

• **전통신랑 의상:** 바지, 저고리, 대님, 조끼, 마고자, 단령(團領:), 목화(木靴=신발), 각대(角帶=허리끈), 사모(紗帽=모자)

• **단령(團領):** 관직자가 평상복으로 입던 옷이며 홍색, 청색, 흑색 등의 비단으로 만들었다. 혼례때에는 주로 청색을 사용하였으며 단령에는 주로 흉배를 다는데, 보통 두마리의 학이나 구름 등의 수를 놓은 것을 사용하였다.

(8) 친영(親迎)

친영은 혼례식 일체의 절차이며, 이것은 신랑이 친히 신부집에 가서 신부를 데리고 오는 것을 말한다. 그러나 신랑이 신부집으로 가서 거기서 초례를 치루고 며칠간 지내고 혼자 집으로 돌아오며 신부는 1년 뒤에 신행으로 맞이해 오는 것이 근래까지 지속되어 왔다.

① 사처(舍處)

사처는 혼례식날 신랑이 신부의 집에 와서 예식을 올리기 전에 잠깐 쉬는 곳인데, 대개는 이웃집이나 혹은 신부의 집에 사랑방이 있으면 그곳에서 쉬게 된다.

② 납폐(納幣)

전날에 미리 납폐가 끝났으면 필요없는 것이나 예식당일에 납폐할 때에는 함짐꾼에게 먼저 채단함(采緞函)을 보내면, 신부의 집에서 나와 이를 받아가는 것이다.

♣ **준비물:** 납폐서(=혼서지), 채단함(청색, 홍색, 각 한 감씩과 반지와 패물 등), 관대함(冠帶函)=사모(紗帽), 복건(幅巾), 관복(冠服), 띠(帶), 흑화(黑靴), 목안(木雁) 등을 넣는다.

③ 친영례의 순서

❶ **서출승마 이이촉전도(壻出乘馬 以二燭前導):** 신랑이 나와서 말에 타고 두 사람이 등을 들고 앞에서 인도한다.

❷ **집안자역거기차(執雁者亦居其次):** 기러기를 안고 있는 자는 그 다음에 따라간다.

❸ **지여가서하마우대문외 입사우차(至女家壻下馬于大門外 入俟于次):** 신부집 대문 밖에 도착한 뒤 말에서 내려 집안의 앉을자리에서 기다린다.

전통혼례

④ 전안례(奠雁禮)

혼례식의 시간이 되면 신랑은 복장을 갖추고 식장으로 나가는데, 옛날에는 가마나 혹은 말을 타고 갔다. 신부의 집문 밖에 이르게 되면 신부의 집에서 접대인이 나와 신랑을 맞이 한다. 그리고 기럭아비로부터 나무기러기를 받아서 머리를 왼편으로 하여 안고 초례상 앞에 놓여진 전안상(奠雁床) 앞에 이르러서 기러기를 상위에 올려놓고 절을 두 번 한다. 이와같이 기러기를 쓰는 것은 음양왕래(陰陽往來)의 뜻을 나타낸다. 기러기는 새중에서도 가장 부부유신(夫婦有信)을 천성으로 하며 수절(守節)의 길조(吉鳥)이므로, 부부의 혼약을 하늘에 고(告)하고 화목해로(和睦偕老)의 뜻을 말한다. 또한 사이좋은 부부를 나타내기도 한다.

제二장

♣ 전통혼례 진행법(舊式婚禮進行法): 혼례식을 진행함에 앞서서 먼저 전안례(奠雁禮)를 지내고, 그 다음에 초례(醮禮)가 시작되는 것인데, 여기에는 혼례순서를 말할 즉 주례(主禮)와 같은 사람이 필요하다.

♣ 전안의 유례: 기러기는 봄에 북쪽으로 날아갔다가 가을에 다시 날아오는 다시 날아오는 철새로써 동물중에서 가장 믿음(信)과 절(節)이 있고, 또 부부유별(夫婦有別)의 분별이 있다. 그리고 또 한쌍 중 하나가 없어지면 언제까지나 홀로 지낸다고 한다.

전안례의 혼인순서

❶ 신랑하마공립(新郎下馬拱立): 신랑은 타고온 말에서 내린다.

❷ 찬인읍(贊引揖): 접대인이 신랑에게 절을 한다.

❸ 신랑답읍(新郎答揖): 신랑도 따라서 절을 한다.

❹ 신랑취전현소(新郎就奠見所): 신랑이 전안상 앞으로 나아간다.

❺ 신랑기(新郎跽): 신랑이 상앞에 꿇어 앉는다.

❻ 포안(抱雁): 신랑이 기럭아비로부터 나무 기러기를 받아 안는다.

❼ 치안어지(置雁於地): 신랑이 기러기를 상위에 올려놓는다.

❽ 신랑흥(新郎興): 신랑이 일어선다.

❾ 신랑재배(新郎再拜): 신랑은 신부의 어머니에게 절을 두번 한다.

❿ 신랑흥(新郎興): 신랑이 일어선다.

⓫ 신랑소퇴(新郎小退): 신랑이 조금 뒤로 물러선다.

⑤ 교배례(交拜禮)=초례(醮禮)와 합근례(合梔禮)

전안례가 끝나면 곧이어서 초례를 시작하는데, 주례가 혼인순서를 말함에 따라서 신랑 신부가 처음으로 서로 절(상견례)을 하는 것이다. 이는 신랑과 신부가 자리에 마주서서 절을 하고 난뒤, 술잔을 세번 교환하는 것을 말한다. 이것은 교배례로서 상대방에게 백년회로를 서약하는 것이다.

초례의 혼인순서

❶ 신랑취초례청(新郎就醮禮廳): 신랑이 초례청으로 나아간다.

❷ 신랑동향립(新郎東向立): 신부가 나오니 신랑은 동쪽을 바라보고 선다.

❸ 신부출(新婦出): 신부가 시중드는 두 사람의 부축을 받으며 걸어서 나온다. 바닥에 깔린 백포(白布)를 밟고, 서쪽자리에 들어선다.

❹ 신랑정면(新郎正面): 신랑이 신부를 보고 선다.

전통혼례

▶ 신랑입장 : 신랑이 신부집에 도착하여 혼례청에 들어선다.

▶ 전안례 : 신랑이 기러기를 (요즘에는 나무 기러기를 쓴다) 받아 신부집에 드린다.

▶ 교배례 : 먼저 신부가 두번씩 절하고 신랑은 한 번 절한다.

▶ 합근례: 요즘에는 표주박잔에 합환주라하여 신랑이 마시고 난 잔을 신부가 받아 마신다.

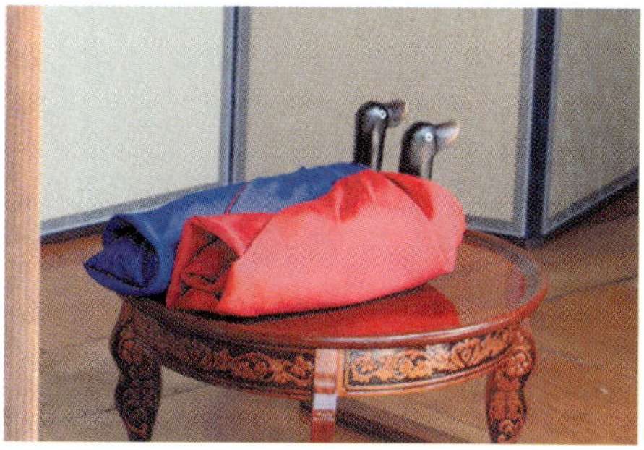

❖전안례

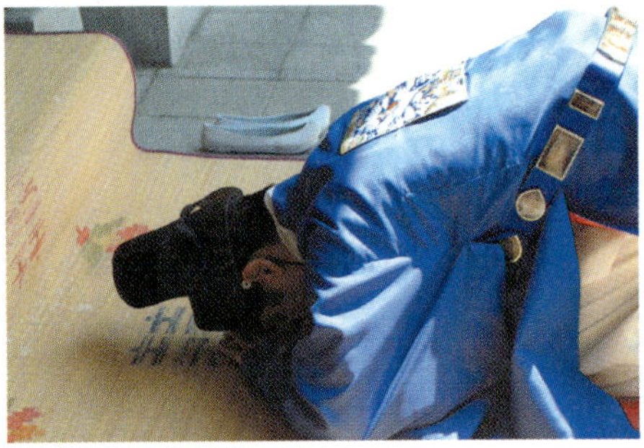

❖교배례

❖초례술상

▶ 동쪽

▶ 서쪽

❖초례청의 모습

초례상 차리는 법과 위치
(전통식)

제二장

초례상 차리는 법과 위치
(현대식)

❖교배례 : 먼저, 신부가 두 번 절하고 신랑은 한 번 절한다.

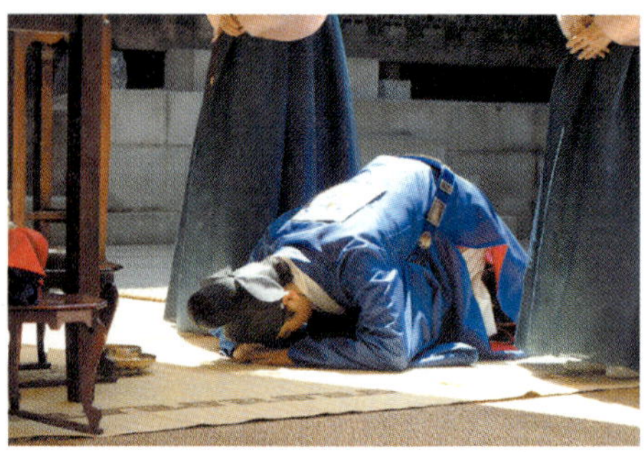

❖ 합근례

❖합근례

❖합근례

전통혼례

❺ 신랑신부기(新郎新婦跽): 신랑과 신부가 꿇어앉는다.

❻ 관세집건(盥洗執巾): 손을 씻고 수건으로 닦는다. 이것은 성스러운 혼례식에 임하면서 몸과 마음을 깨끗하게 한다는 뜻이 있다. 이때, 신부는 손을 씻는 흉내만 내고 소맷자락 밖으로 손을 내놓지 않는다.

❼ 신랑신부흥(新郎新婦興): 신랑과 신부가 일어선다.

❽ 읍부취석(揖婦就席): 신랑이 신부에게 절을 하고 자리에 선다.

❾ 신부재배(新婦再拜): 신부가 절을 두번 한다.

❿ 신부기(新婦跽): 신부가 꿇어앉는다.

⓫ 신랑답일배(新郎答一拜): 신랑이 답으로 절을 한번 한다.

⓬ 신부흥(新婦興): 신부가 일어선다.

⓭ 신부재배(新婦再拜): 신부가 절을 두번 한다.

⓮ 신부기(新婦跽): 신부가 꿇어앉는다.

⓯ 신랑답일배(新郎答一拜): 신랑이 답으로 절을 한번 한다.

⓰ 신랑신부기(新郎新婦跽): 신랑과 신부가 꿇어앉는다.

⓱ 합근례(合巹禮)=행사배례(行砂盃禮): 신부측에서 술잔에 술을 부어서 신랑쪽으로 보내면 신랑은 술잔을 받아서 땅에 조금 버린후, 조금 마신다음 신부쪽으로 다시 술잔을 돌려보내면 신부가 받아서 다 마셔야 한다. 그리고 신랑쪽에서도 먼저 그와 똑같이 신부에게 술잔을 보내고 하니 서로가 한번씩 권하는 것이다.

술잔과 표주박에 각각 술을 부어마시는 의례로서 근배례(巹盃禮), 합근례(合巹禮)라고도 하며 처음 술잔으로 마시는 술은 부부인연을 뜻하며 표주박으로 마시는 술은 부부화합, 화목, 믿음을 말한다. 반으로 쪼개진 표주박은 그 짝이 이 세상에 하나밖에 없으며 둘이 합함으로서 완전한 하나를 이룬다고 한다.

⑱ 행표배례(行瓢盃禮): 이번에는 신랑측에서 먼저, 술잔(표주박잔)에 술을 부어서 앞의 행사배례와 같이 서로 한번씩 권하는 것이다.

⑲ 예필(禮畢): 혼례식이 끝남을 알린다. 합근례가 끝나면 신랑과 신부는 자리에서 일어나 양가의 친척과 여러 하객들에게 큰절을 한다. 예전에는 시부모에게 폐백을 드리기 전에는 큰절을 하지 않았다.

⑳ 신랑신부 각귀처소(各歸處所): 신랑 신부는 각자의 방으로 돌아간다.

♣ 동방화촉(洞房華燭): 신랑신부가 혼례식을 치루고 나서 처음 맞는 밤을 말한다. 또 첫날밤에 신랑신부의 얘기를 문틈이나 문종이를 뚫고 엿듣기도 했는데 이것을 수신방(守新房)이라 한다.

전통혼례

(9) 폐백(幣帛)

신랑집에서 첫날밤을 자고, 그 이튿날 아침 시부모님께 정식으로 첫 인사의 예를 올리기 위해 시부모님에게 드릴 음식을 준비하여 가는데, 이를 폐백이라 말한다.

❶폐백식: 안방(=중당)에 자리를 마련하고 시아버지는 동쪽에 앉고 시어머니는 서쪽에 앉는다. 만일 시조부모(媤祖父母)가 계시더라도 시부모부터 먼저 인사하고 그다음에 시조부모를 뵙는다. 예전에는 시조부모를 먼저 뵙고, 그다음 시부모에게 인사를 드렸다. 또한 신부만

절을 하고 신랑은 부모 옆에 서 있었다. 그러나 요즘은 신랑도 함께 절을 한다.

폐백드리기

▶ 절 받기전에 시어머니가 폐백 보자기를 풀어 놓는다.

▶ 옛날에는 신부만 4배를 하였으나 최근에는 신랑신부가 같이 2배 하는 추세이다. 이때 신부는 수모의 도움을 받는데 앉을때는 수모가 먼저, 일어설때는 신부가 먼저 일어난다.

제 二 장

❷폐백드리는 방법

첫째 신부는 도우미의 도움을 받아 시아버지에게 먼저, 네번 절을 올린다음, 시어머니에게도 네번 큰절을 올린다.

둘째 앉을때는 도우미가 먼저 앉고, 설때는 신부가 먼저 일어선다.

세째 시부모는 신부의 치마에 대추를 던져주며 아들을 낳으라고 좋은 말을 해준다. 대추는 부귀영화와 자손번창을 뜻한다.

❸폐백상(幣帛床): 신부가 시부모를 비롯한 시가의 여러 친족들에게 처음 상견례(相見禮)를 마련하는 상차림이다.

❹폐백상 준비물

• 대추:굵고 좋은 대추를 깨끗하게 씻은후, 겉표면에 술과 꿀을 바른다. 대추를 다홍색실에 한줄로 꿰어서 쟁반에 놓아둔다.

• 육포: 쇠고기를 얇게 다져 양념한 다음 바짝 말려서 여러장 만들어 둔다.

❺현구례(見舅禮): 신부가 시부모와 시댁 친척들에게 처음으로 절을 올리는 절차로써 우귀일 혹은 다음날 아침에 행한다. 신랑의 직계존속에게는 폐백을 올리면서 사배(四拜)를 행하고, 나머지 친척들에게는 한번 절한다. 이로써 신부는 시댁가족의 구성원이 된다.

❻우례(于禮)=우귀(于歸): 요즘은 신행(新行)이라고도 하며 신부가 신랑집으로 들어가는 예식을 말하며 시부모의 앞에 나가서 먼저 시아

버지께 두번 절하고 폐백을 올린다음, 시어머니께도 두번 절하고 폐백을 올린다. 이때 폐백에는 대개 삶은 닭고기와 술을 차리는 것이 보통이다.

▶ 수모가 신부를 대신하여 시부모께 술을 올린다.

▶ 시아버님은 덕담을 하며 신부 치마에 대추를 던져준다.
폐백이 끝난 후 가족 친치들과 피로연을 갖고 즐거움을 같이 한다.

❼상수(床需): 신부집에서 혼례가 끝난 뒤 예식에 사용했던 여러가지 음식들을 신랑집으로 보내는 것을 말한다. 이때 음식의 품목을 적은 편지를 함께 보낸다.

❽사돈지(查頓紙): 신부의 어머니가 신랑의 어머니에게 자기의 부족한 딸자식을 잘 가르쳐 주시옵고, 사랑해달라는 사연을 적은 편지를 보내는 것을 말한다. 또 이때 답장을 써서 보내는 수도 있다.

(10) 전통 혼례상의 참고사항

혼례식 이후에 각 지방에 따라 약간식 다른 관습상의 여러 행사가 있다.

① 고과살(孤寡殺)

고과살이란 생년(生年)을 남녀가 대조하여 살(殺)에 걸리면 부부가 생사이별수(生死離別數)가 있기 때문에 고독하고 과부가 된다고 한다.

- 돼지띠(亥), 쥐띠(子), 소띠(丑)를 가진 사람이 범(寅)띠와 결혼하면 고독살이 되고 개(戌)띠와 결혼하면 과부살이 된다.
  (亥子丑生 寅孤 戌寅殺)

- 범띠(寅), 토끼띠(卯), 용띠(辰)를 가진 사람으로서 뱀띠(巳)와 결혼하면 고독살이 되고 소띠와 혼인하면 과부가 된다.
  (寅卯辰生 巳孤 丑寡殺)

- 뱀띠(巳), 말띠(午), 양띠(未)를 가진 사람으로서 원숭이띠(申)와 혼인하면 고

독살이 되고, 용띠(辰)와 결혼하면 과부살이 된다.

(巳午未生 申孤 未寡殺)

• 원숭이띠(申), 닭띠(酉), 개띠(戌)를 가진 사람으로서 돼지띠(亥)와 혼인하면 고독살이 되고, 양띠(未)와 혼인하면 과부살이 된다.

(申酉戌生 亥孤 未寡殺)

• 이 외에도 하늘이 낸 과부살이 있고, 땅이 낸 과부살이 있다.
즉, 달에는 관계없이 토끼(卯日)날에 출생하거나, 닭날(酉日)에 출생하면 이 살에 걸리니 이날에 출생한 사람은 과부가 된다는 것이다.
(每月 卯日 天寡殺, 每月 酉日 地寡殺)

제
二
장

② 혼삼재(婚三災)

혼삼재는 상극이 되는 띠와 띠가 혼인하면 혼삼재에 걸리게 되는데 여기에 해당되는 부부는 생사(生死) 이별(離別)하게 되고, 가산(家産) 패수(敗數)하며, 병액(病厄)으로 고통을 받고, 모든 일이 중도에서 좌절하게 된다는 것이다.

• **寅午戌年生人은 子丑寅年生人을 忌한다.**
(범띠, 말띠, 개띠로 태어난 사람이 쥐띠, 소띠, 범띠를)

• **亥卯未年生人은 午戌亥年生人을 忌한다.**
(돼지띠, 토끼띠, 양띠로 태어난 사람이 말띠, 개띠, 돼지띠를)

• 申子辰生人은 午未申年生人을 忌한다.

(원숭이띠, 쥐띠, 용띠로 태어난 사람이 말띠, 양띠, 원숭이띠를)

• 巳酉丑年生人은 卯辰巳年生人을 忌한다.

(뱀띠, 닭띠, 소띠로 태어난 사람이 토끼띠, 용띠, 뱀띠를)만날 경우, 혼인하지 않는 것이 유익하다. 만일에 혼인을 할 경우 삼재(三災)를 만날 수 있다.

③ 불혼법(不婚法)

불혼법은 출생한달을 상대로 하여 궁합을 보게 되는바 이에 해당되는 부부는 이별하게 되며 자손이 없거나, 가난하거나, 병액이 있거나, 또는 갖은 풍파가 일어나서 불행하게 된다는 것이다.

＊ 1월생 : 남자는 6월생 여자와,

＊ 2월생 : 남자는 3월생 여자와,

＊ 3월생 : 남자는 9월생 여자와,

＊ 4월생 : 남자는 5월생 여자와,

＊ 5월생 : 남자는 8월생 여자와,

＊ 6월생 : 남자는 1월생 여자와,

＊ 7월생 : 남자는 11월생 여자와,

＊ 8월생 : 남자는 12월생 여자와,

＊ 9월생 : 남자는 10월생 여자와,

＊ 10월생 : 남자는 1월, 4월생 여자와,

＊ 11월생 : 남자는 2월생 여자와,

＊ 12월생 : 남자는 5월생 여자와 각각 혼인을 하지 않는다.

④ 석별가(惜別歌)

오흡다 동류들아
이내말씀 들어보소
역류같은 천지요
유수같은 광음이라

인의여지 성품타서
사람이 생겼으니

만물중에 최귀함은
삼강오륜 그아닌가

부모혈육 타고나서
인자도구 어찌하리
재물이 중타해도
없다가도 다시있고

금옥이 중타해도
없다가도 다시있네
낙일같은 부모연세
다시있기 가망없다

제 二 장

불행한 이내몸이
여자로 생겨나서
이십에 미급하야
혼인을 지낸후에
신행날 당도하니
바삐가자 재촉하네

자애하신 우리부모
금옥같이 나를길러
더울세라 추울세라
매한찰을 아끼더니
오날은 무삼일로
이다지도 재촉하노

삼사마의 짐을실코
사인교를 비겨타고
어마옷깃 후려잡고
작별을 하자하니
연연이 눈물이요
자자히 한숨이라

춘추의 놀던친구
한숨으로 작별하고
강보에 어린동생
후에오면 다시보자
수하의 있는비복
부디부디 잘있거라

하님맺게 앞세우고
대문밖을 썩나서니
허후룩한 이내심사
비할곳이 전혀없다
청산은 우울하고
유수난 창창한데
버들가지 우는 새는
부모찾아 저리우나
자식찾아 저리우나
나의수심 절로난다
까옥까옥 까마귀도
반포할줄 알거마는
이내몸은 여자되어

금수만도 못할소냐
부모친척 멀리하고
천리타향 먼먼길에
눌보라고 이리가노

제3장

현대식 결혼

제 3장. 현대식 결혼(結婚)

예식장 또는 호텔, 저택의 정원 회관이나 공공장소에서 보통 일반인이 가장 많이 행하고 있다.

주례로는 평소에 존경하던 분이나 학창시절의 은사 가운데서 인격이 원만한 분을 모시는 것이 좋으며, 주례를 위촉할때에는 반드시 신랑 신부될 사람이 직접 찾아 뵈옵고 인사를 드려야 하며, 대개의 경우는 청첩인이나 부모가 동반해서 부탁드리는 것이 예의이다.

특히 평소에 친면이 없는 사람에게 주례를 부탁하는 것은 결례가 된다는 사실을 명심하여야 할것이다.

예식은 신랑이 입장하는 것으로 시작하며, 이때에는 음악이 없는 것이 보통이나 간혹 피아노 반주나 가벼운 성악곡에 맞추어 신랑이 입장하는 예도 있다.

신랑이 입장하여 주례자 앞에 서면 주례에게 공손하게 인사를 올린다.

등단한 신랑은 주례자의 지시에 따라 뒤로 돌아서서 입장하는 신부를 맞게 되는데 신부가 계단밑까지 왔을때에 단에서 내려가 가볍게 신부의 왼손을 잡아 단으로 이끌어 올린다.

신부는 아버지나 오빠의 안내를 받아 음악(웨딩마치)에 맞추어 입장한다.

입장이 끝난 신랑 신부는 주례의 지시에 따라 신랑이 신부의 베일을 벗긴후 허리를 굽혀 맞절을 한다.

그리고 주례사, 성혼선언, 내빈께 인사 등으로 행하여진다.

신혼여행에서 돌아오면 그 다음날 주례와 청첩인을 찾아가 인사를 올리며, 이밖에도 자신들의 결혼을 위하여 힘써 준 분들을 찾아가 일일이 인사를 해야 한다.

♣ 현대에 들어서는 일정한 형식을 벗어나 개성적인 결혼식을 행하는 일이 점차 증가되고 있는 실정이다.
당사자 양인이 불전, 혹은 신전을 참배한 후 서약만으로 간략하게 결혼식을 대신하는 경우도 있으며, 여러종류의 레저 및 스포츠를 통하여 특이한 결혼식을 올리는 경우도 있다.

현대식(現代式) 결혼의 순서

(1) 혼담(婚談)

❶ **배우자의 선택:** 우리나라의 옛날 풍습에서 합근례(合梶禮)라 하여 조롱박을 둘로 쪼개 만든 표주박으로 신랑과 신부가 함께 술을 마셨다. 이것은 한 남자와 한 여자가 결혼을 통하여 한몸과 한마음이 되어 온전한 화합과 화평을 이룬다는 뜻이 있다. 이 까닭은 둘로 쪼개진 표주박은 이 세상에 그 짝이 단 하나밖에 없으며, 그 둘이 합쳐져야만 온전한 하나를 이룰수 있기 때문이다.

우선,

첫째로 두사람이 진실된 사랑과 믿음위에서 합쳐져야 한다. 둘째로 사물에 대한 판단과 현실인식에 같은 생각을 가져야 하며 또 바라는 이상이 일치해야 한다.

셋째로 생활감각과 취미가 서로 비슷하고 유머가 있으면 더욱 좋다.

넷째로 건강한 생활을 영유할 수 있도록 사회적인 생활인이 되야한다. 이 조건위에 두 사람이 힘을 합쳐나가면 성공적인 백년해로의 주인공이 될것이다.

사람의 개성에 따라 차이가 있으나 대체로 다음과 같이 일반적으로 상대방을 알아본다.

♣ 1.용모 2.체격 3.성격 4.건강 5.학력 6.가정과 가문 7.직업

❷연애와 중매(仲媒): 혼인이 이루어지기 위해서는 남녀간에 미리부터 교제가 있었거나 또는 소개나 중매인을 통해서 간선(看選=선보기)이나 맞선을 본다음, 어느정도의 교제기간(연애)을 가진다음 합의에 도달하면 약혼, 혹은 결혼에 임한다.

중매를 하는 경우에 중매인도 좋지만 친척이나 친구 또는 이웃사람들이 더 좋은 중매인이 될수도 있다.

♥ 중매를 통한 교제기간 중 알아야 할 사항

1.사진교환(여러장의 상대방 사진을 참고한다)

2.신원조사(중매인의 말만 그대로 믿지말고 첫째, 호적 및 주민등록 등본을 떼

어본다. 둘째, 출신학교와 성적, 품행, 교우관계를 알아본다. 셋째, 상대방의 직장이나 회사근무처의 동료나 상사에게 문의한다. 넷째, 기타 거주하는 동네나 집근처에서 상대방 집안에 대해 문의한다.)

(2) 맞선

맞선은 사진이나 서류 교환 등을 통하여서도 뜻이 어긋나지 않으면 중매자가 본인들이 만나볼 수 있도록 장소와 시간을 마련하여 줌으로써 이루어진다.

장소는 조용한 접객업소를 택하거나, 또는 중매자 자신의 집으로 정하여 본인들과 두 집안사람이 동석하는 것도 좋을 것이다.

보통은 남자쪽에서 중매자의 안내를 받아 신부댁으로 가는 경우도 있다.

시간은 밤보다 낮에 행하는 것이 좋으며 상대방이 원하지 않는 한 식사 시간을 피하는 것이 좋다. 그리고 맞선보는 시간은 너무 오래 끌어서 당사자들이 피로를 느끼지 않도록 가능하면 2시간 이내가 좋다.

복장은 평소에 입던 옷을 깨끗이 손질하여 단정하게 차려입고 용모 또한 각별히 단정하여야 할 것이다. 특히 여자는 평범한 악세서리와 가벼운 화장으로 요란을 피우지 않는 것이 좋으며, 검소한 차림새가 돋보인다.

그리고 가장 중요한 화제는 동반인과 중매인이 분위기를 살려가면서 자연스러운 일상생활의 주변화제에서부터 만들어 가는것 이 좋다.

다음에는 인사소개와 의례적인 대화를 교환하고 당사자들만의 시간을 갖도록 기회를 적절히 마련하여 주어야 할 것이다.

▶ 중매인의 소개로 인사부터 나눈다. 이때 당사자들은 맞은쪽에 자리 잡는다.

▶ 어른들이 자리를 비키고 단둘이 남아서도 상대방의 자존심을 상하게 할 말은 삼가해야 하며 끝까지 예의바른 자세로 대해야 한다.

결혼이란 어디까지나 상대적이므로 비록 자신이 어떠한 결함이 없는데도 상대방 눈에는 좋게 보이지 않는 일이 많다. 때문에 맞선에서 퇴짜를 맞았다 할지라도 억울하다거나 열등의식을 가질 필요가 전혀 없다. 거절하려는 쪽에서도 되도록이면 조심스럽고 신중을 기해서 상대방의 마음을 상하지 않도록 좋은 말로 거절하는게 예의이다. 즉, 상대방을 추켜세우는 반면에 자신을 낮추는 방법이다.

결혼이란 인생대사(人生大事)인만큼 마음에 들지 않으면 빨리 그만 두는게 서로 상방간에 불행을 막는 일이다. 그러므로 분명하게 거절해야 할것은 빨리 거절해야 한다.

제 三 장

(3) 약혼(約婚)

약혼은 앞으로 결혼하겠다는 약속에 지나지 않지만 특별한 경우를 제외하고는 약혼이 결혼의 전주곡임에는 틀림없는 사실이다.

약혼식 당일의 비용은 신부측에서 전담하는 것이 관례이므로 상대방의 부담을 고려하여 신랑측에서 이에 충분한 배려가 있어야 할 것이다.

약혼식장은 보통 신부의 집으로 하지만 집이 협소하거나 불편할 경우는 조용한 접객장소(식당, 그릴, 호텔라운지 등)를 빌려서 하는 경우가 많아지고 있다.

약혼은 두 사람의 말로도 성립될수 있으나, 그 법률적 보호와 사회적인 공인(公認)을 위하여 서로가 약혼서를 교환하는 것이 바람직하다. 또한 가정의례준칙에서는 약혼식을 금하고 있으며 약혼서와 건강진단서의 교환으로 대신하도록 규정하고 있다.

약혼식

▶ 약혼은 가까운 장래에 결혼을 하겠음을 약속하는 의식이다.

▶ 약혼예물은 주로 반지로 하는데 근래에는 결혼예물을 미리 교환하는 경우도 많다.

1. 약혼식 순서

❶개식사

❷약력소개

❸예물교환

❹약혼서와 건강진단서 교환

❺주례사

❻가족소개

❼케익 자르기

❽폐식사

❾식사

제 三 장

2. 건강진단서

예비 신랑,신부가 받아야 하는 건강검진의 필수검사는 앞으로 태어날 아기를 위해 모든 병을 사전에 예방한다는 생각을 가져야 한다.

❶ 간염검사: 태아가 B형 간염 바이러스에 걸릴 가능성은 임신 기간보다 출산 과정에서 확률이 더 높다.

❷ 풍진검사: 풍진은 열이 나고, 종기가 생기는 급성 바이러스 감염병이다. 임신 초기 풍진에 걸린다면 태아는 백내장, 청력장애, 심장질환, 발달장애 등의 선천적인 질병을 갖고 태어나기 싶다. 풍진에 대한 면역성이 없다는 진단을 받으면 예방 백신을 맞아야 한다. 이 기간 동안에는 임신을 피하는 것이 좋다.

❸ 혈액검사: 기본 검사를 하면 혈액형뿐만 아니라 적혈구, 백혈구

및 혈소판 수치를 알 수 있으며, 특히 희귀혈액형인 경우 분만시 특수 치료가 필요하므로 꼭 해야한다.

❹ 초음파 검사: 규칙적으로 생리를 하는 여성이들이라도 생리통이나 생리과다 증상이 있다면 검사를 통해 자궁과 난소의 이상 여부를 알아봐야 한다.

❺ 성병검사: 혼전 성관계 경험이 있는 여성들은 받아야 할 검사로서 매독, 에이즈, 헤르페스 등이 있다. 만약 성병을 치료하지 않고 방치하면 불임이 될 수도 있고 골반염이나 자궁암 등 치명적인 병으로 진행될 수 있다.

■ 약혼서(約婚書) ■

본적(신랑측)

주소

성명 ○○○

년 월 일생

본적(신부측)

주소

성명 ○○○

년 월 일생

위 두 사람은 혼인할 것을 이에 서약합니다.

첨부1) 호적등본 1통

첨부2) 주민등록등본 1통

첨부3) 건강진단서 1통

약혼자 (신랑) ○○○ 인

(신부) ○○○ 인

동의자

(남자측 성명) ○○○ 인

(여자측 성명) ○○○ 인

년 월 일

제 三 장

(4) 종교식 약혼

1. 기독교식

기독교식은 대개 목사가 주례사 겸 사회자가 되어 식을 진행한다.

각 교파에 따라 의식 절차가 다소 차이는 있지만 대개는 다음과 같은 보편적인 의식순으로 약혼식을 진행한다.

① 개식사

약혼식을 진행하겠다는 말과 함께 간단한 성경구절을 인용한다.

약혼의 중요성을 인식시키는 의도적인 내용이 포함되어 있는 구절을 인용하는 것이 좋으며, 이때는 신랑 신부를 가운데 앉힌채 의식을 진행한다.

② 기도

혼인할때까지 하나님의 뜻가운데서 살수 있도록 보호하여 달라는 의미로 기도한다.

③ 문답

신랑 신부에게 묻는 것을 대개는 생략하고, 성경위에 두 사람의 손을 얹게 하고 약속하는 의식으로 대체한다.

④ 선물교환

선물은 증표이니 후일에 서로 약혼식 증표가 되도록 주고 받는다.

목사가 일단 받아서 공개한 이후에 신랑은 신부에게, 신부는 신랑에게 예물을 건네준다.

⑤ 주례사

하나님의 뜻 가운데서 하나님의 자녀답게 살라는 부탁과 함께 약혼과 결혼은 엄연히 다른 것인만큼 순결한 교제를 계속하여 결혼에 임해 줄것을 당부한다.

⑥ 찬송

축하곡 1곡으로 하며 대개는 생략한다.

⑦ 폐회

폐회를 사회자가 선언하고 그 뒤 음식접대 등 여흥은 임의대로 진행한다. (사회자는 신랑의 친구가 담당하는 것이 좋다)

제 三 장

2. 천주교식

천주교에서의 약혼은 혼배로 하자는 계약으로 규정하고 있다. 한국 카톨릭 지도서에 의하면, 약혼은 문서로 하고, 두 당사자의 서명 날인과 본당 신부나 감목, 혹은 두 증인의 서명날인이 있어야 한다.

(신랑측)주소 (신부측)주소

성명 OOO 성명 OOO

년 월 일생 년 월 일생

위 두사람은 혼배할 것을 서약합니다.

(위 두사람은 문서를 쓸 줄 모르므로 증인에 대신 기입하고 서명날인 합니다.)

년 월 일

증 인(성명) 印

증 인(성명) 印

본당신부 印

위의 약혼서와 같이 천주교의 약혼은 문서가 가장 중요하며 교리에 따라 약혼자끼리의 육체관계나 동거를 절대로 금하고 있다.

3. 불교식

불교(佛敎)의 예규(禮規)인 석문의범(釋文儀範)에 약혼에 관한 언급이 없는 것으로 보아 일반 사회의식으로 거행하여도 무방하다는 견해로 보아도 무방할 것이다.

불교식으로 굳이 약혼식을 거행하려면 승려를 초대하여 그 분에게 모든 절차를 일임하거나 가까운 사찰을 찾아 적당한 순서를 의논하여 시행하면 될 것이다.

4. 천도교식

천도교(天道敎)의절(儀節)에는 약혼에 대하여 특별하게 설명한 부분이 없고, 다만 약혼시에 당사자 및 가족일동이 청수(淸水)를 봉전하고 심고(心苦)한 후 당사자 쌍방이 약혼서를 교환한다고만 명시되어 있다.

(5) 약혼신표(約婚信標)

약혼신표로는 대개가 반지를 사용하고 있다.

약혼반지는 여성에게 있어서는 매우 소중하며, 처음으로 받는 가장 값진 선물이라고 보아야 할 것이다.

그러한 까닭에서인지 값비싼 것일수록 좋다고 여겨 고가(高價)의 다이아몬드를 요구하는 사람도 있지만 지나친 허욕은 금물이며, 형편에 따라 적절한 것을 선택하여야 한다.

경우에 따라서는 모조품을 사용해도 무방하다. 물론 경제상태가 허용된다면 약혼반지로 탄생석(誕生石)을 쓰면 좋을 것이다.

현재 세계적으로 통용되고 있는 탄생석은 1912년 미국 보석상 조합에서 선정한 것으로 다음과 같은 것이 있다.

* 1월석: 가네트(석류석)
(아름다운 우애가 변하지 않고 충실함)
* 2월석: 아메지스트(자수정)
(성실, 참된마음, 마음의 평화)
* 3월석: 블러드스톤(산호), 악카마린(남옥)
(정열, 용감, 총명)
* 4월석: 다이아몬드 또는 수정(水晶)
(청초, 청순무구, 영원한 행복)
* 5월석: 에메랄드(녹옥)
(행복, 매력, 애정)
* 6월석: 진주(眞珠), 문스톤(月長石)
(건강, 장수)
* 7월석: 루비(홍옥), 마노
(지성, 순수)
* 8월석: 사도니크스(홍마노), 감람석
(화합, 행복)
* 9월석: 사파이어
(청순, 덕망)

제 三 장

* 10월석: 오팔, 전기석
(온화, 인내, 우정, 희망)
* 11월석: 토파즈
(화락, 사랑, 행복)
* 12월석: 터키석
(성공, 행운)

약혼반지는 왼손가운데 손가락(중지)에 낀다. 약혼식장에서 신랑이 신부의 손가락에 끼워준다.

(6) 현대식 결혼순서

현대식으로 결혼을 진행함에 있어서 사회자가 순서에 따라 말하면 주례가 내용에 따라서 잘 진행하여 나아간다.

식순

❶ 개식선언(開式宣言): "지금부터 신랑 홍길동군과 김삼순양의 결혼식을 시작하겠습니다."하고 사회자가 시작을 선언한다.

❷ 주례임석(主禮臨席): 주례가 주례석 상단에 선다.

❸ 신랑신부 입장(入場): 신랑이 먼저 입장하여 주례석상 앞에 선다. 그다음에 신부가 결혼행진곡에 맞춰 신부의 아버지와 함께 입장한다.

❹ 신랑신부 약력소개(略歷紹介): 주례가 하객들에게 신랑과 신부에 대한 약력을 간략하게 소개한다.

❺ 신랑신부 상견례(相見禮): 신랑은 오른편으로 돌아서고, 신부는 왼편으로 돌아서서 마주 서게 되는데, 각 15° 정도의 각도로 인사한다.

❻ 서약(誓約): 신랑과 신부는 생사와 고락을 같이하고, 생명이 다하는 날까지 행

제 三 장

현대 결혼식

▶ 신랑입장 : 바른자세로 주례 앞에 나와 가볍게 인사하고 돌아서서 신부를 기다린다.

▶ 신부입장 : 아버지는 신부의 오른편에 서서 음악에 따라 입장한다.

▶신랑신부 맞절 : 약간씩 뒤로 물러서서 지나치게 허리를 굽히지 말고 45° 정도의 각도로 맞절을 한다.

▶신랑신부 서약 및 성혼선언 : 주례는 신랑신부에게 혼인서약을 받는다. 서약이 끝나면 주례는 성혼을 선포한다.

교배석(交拜席)
(현대식 결혼식장)

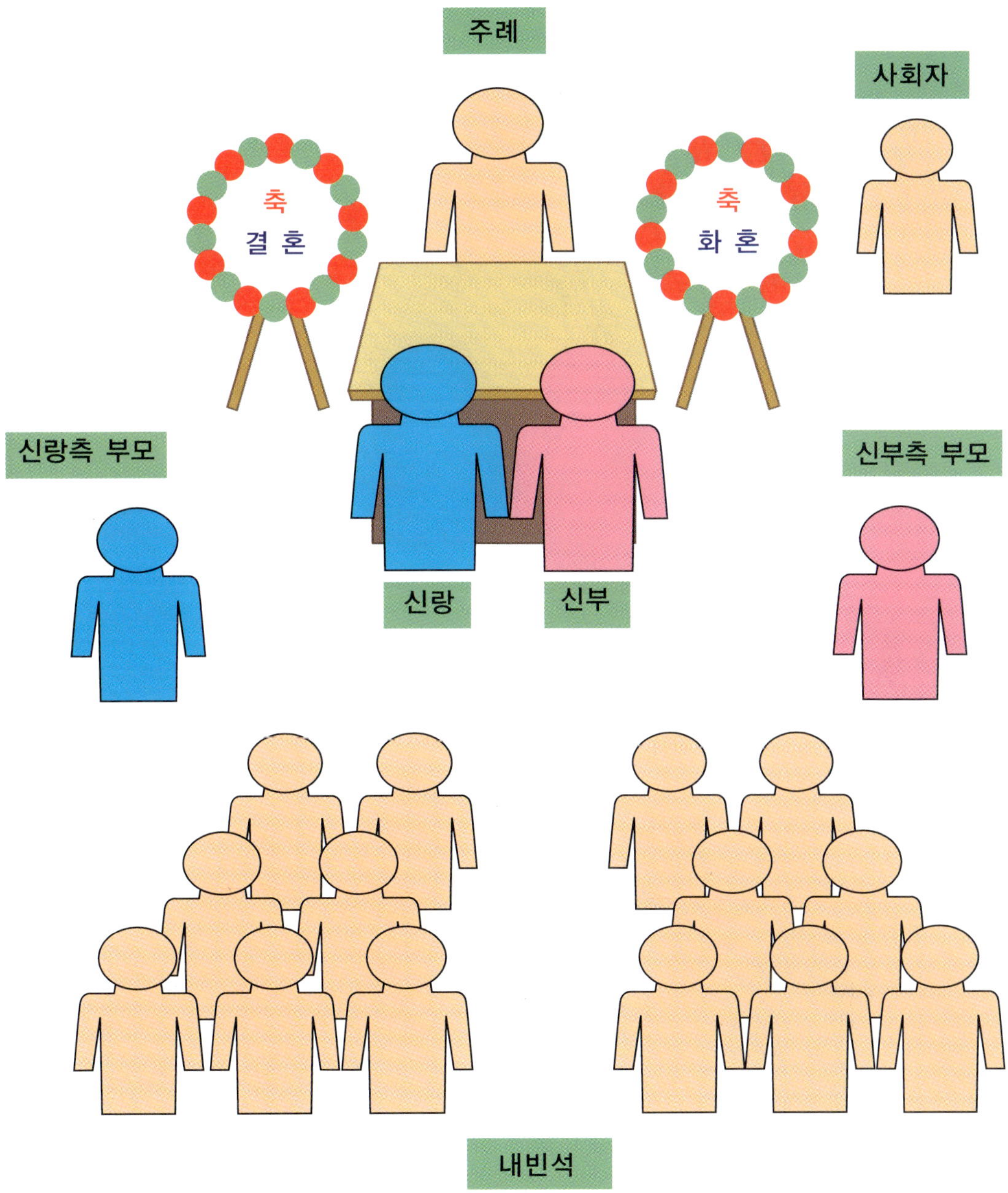

현대식결혼

▶ 주례사 : 주례의 주례사가 끝나면 신랑신부는 고개를 약간 숙여 예의를 표한다.

▶ 축가(연주)와 양가 인사 : 축가(연주)는 반드시 있어야할 순서는 아니지만 분위기를 더욱 경사스럽게 할수 있어 좋다.

제 三 장

▶ 신랑신부 인사 : 주례의 지시에 따라 돌아서 단상에서 내려와 내빈을 향해서 부부가 되었다는 인사를 올린다.

▶ 퇴장 및 폐식 : 웨딩마치가 울리면 신랑신부는 천천히 입구까지 걸어간다.

현대식 결혼

복하게 살것을 하느님께 서로가 "예."하고 분명하게 맹세한다. 이때, 고천문을 낭독하는 경우도 있다.

혼인서약

신랑 홍길동군과 신부 김삼순양은
어떠한 경우라도 항상 서로 사랑하고 존중하며
어른을 공경하고 진실한 남편과 아내로서
도리를 다할것을 맹세합니까?

2006년 3월 10일
주례 이진만

제 三 장

고천문(告天文)의 예

삼가
하느님께 아룁니다. 오늘 이 식전에서 홍길동군과 김삼순양의
혼인예식을 거행하오니, 이 식전의 모든 순서를 보살피사
지금부터 이루어지는 새로운 가정에 넘치는 복이 있게 하옵서소.

2006년 3월 10일
주례 이진만

❼ 예물교환(禮物交換): 신랑이 신부의 왼손을 잡고 네째손가락에 반지를 끼워준다. 신부도 예물을 받아서 주되, 시계일 경우 신랑의 팔목에 손수 채워준다.

❽ 성혼선언(成婚宣言): 이로써 원만한 부부가 되었음을 선언한다.

성혼 선언문

신랑 홍길동과
신부 김삼순양은
그 일가 친척과 친지를 모신 자리에서 일생동안 고락을 함께할
부부가 되기를 굳게 맹세하였습니다.
이에 주례는 이 혼인이 원만하게 이루어진것을 여러분 앞에
엄숙하게 선언합니다.

2006년 3월 10일
주례 이진만

❾ 주례사(主禮辭): 부부는 인생행로에서 행복과 고통이 서로 교차하는 것임으로 어떠한 어려움이 와도 이것을 견디고 이겨서 영원한 행복을 얻게 되기를 말한다.

❿ 축사와 축전

⓫ 화환 증정

⓬ 친척대표 인사

⓭ 신랑신부 인사

⓮ 신랑신부 퇴장

⓯ 폐식 선언

(7) 식후행사

❶ 사진기념 촬영

❷ 피로연: 식이 끝나면 여러 친지분들과 도움을 주시고 축하를 해주신 분들에게 신랑신부가 감사의 뜻을 전하는 한 방법으로 정갈하고 정성스런 음식으로 간단하게 대접한다. 요즘은 대체로 식장근처의 큰 음식점이나 조용한 레스토랑을 많이 이용하며 여의치 않을때는 집에서 하는 것도 무방하다.

이때, 주의할 점은 참석한 하객들은 조용히 식사를 마치고 즐겁고 명랑한 분위기 속에서 신랑과 신부를 축하해 주며 또한 신랑신부는 간단한 감사의 인사를 드리고 항상 기쁜 표정을 짓도록 한다. 그리고 시간을 너무 끌어 신혼여행을 떠나는 신랑신부를 피곤하지 않게 한다.

❸ 폐백: 결혼식을 마친 신부가 시가(媤家)의 어른들에게 첫인사를 드리는 것을 말한다.

제
三
장

♣ **현구례(見舅禮)**: 신부가 시부모와 시댁 친척들에게 처음으로 절을 올리는 절차로써 우귀일 혹은 다음날 아침에 행한다. 신랑의 직계존속에게는 폐백을 올리면서 사배(四拜)를 행하고, 나머지 친척들에게는 한번 절한다. 이로써 신부는 시댁가족의 구성원이 된다.

신랑집에서는 친척들이 많을 경우, 신부에 대한 배려로서 여러명씩 한꺼번에 절을 받도록 하는 것도 좋다.

♣ **우례(于禮)=우귀(于歸)**: 요즘은 신행(新行)이라고도 하며 신부가 신랑집으로 들어가는 예식을 말하며 시부모의 앞에 나가서 먼저 시아버지께 두번 절하고

폐백을 올린다음, 시어머니께도 두번 절하고 폐백을 올린다. 이때 폐백에는 대개 삶은 닭고기와 술을 차리는 것이 보통이다.

❹ 신혼여행: 옛날에는 신부집에서 신혼초야를 지냈다. 그러나 요즘은 서로의 애정을 확인하고 새로 시작될 삶을 계획하기 위하여 평소에 가보고 싶었던 곳 또는 추억이 있던 조용한 곳으로 크게 경제적 부담이 되지 않도록하여 여행을 떠난다.

보통 기간은 3박 4일이 정당하다.

신혼여행의 준비물

- 신랑측: 속옷, 양말, 잠옷, 면도기, 티셔츠, 와이셔츠, 손수건, 칫솔, 치약, 비누, 카메라, 타올, 모자, 잠바, 지도
- 신부측: 속옷, 스타킹, 잠옷, 티셔츠, 화장품, 액세서리,우산, 필기도구, 모자, 잠바

여행경비는 남자측에서 준비한다. 신부는 친척이나 친구들에게 줄 선물 경비를 준비한다.

❺ 재행(再行): 신행 뒤에 신랑이 두번째로 신부의 집에 인사의 목적으로 가는 것을 말한다. 이때에도 약간의 음식을 마련하여 신부집에 같이 보내는데 신랑은 장인장모에게 인사의 절을 올리고 폐백을 드린다.

❻ 근친(覲親): 예전에 신부는 시집간지 1년이 되면 친정으로 가서 부모님께 인사를 올리는데 이것을 말한다. 그러나 요즘은 이것이 없어

졌다. 왜냐하면 요즘은 빠르면 일주일만에도 갔다왔다하기 때문이다.

결혼기념일

❶ **지혼식(紙婚式)**: 결혼 1주년 기념일

❷ **고혼식(藁婚式)**: 결혼 2주년 기념일

❸ **과혼식(菓婚式)**: 결혼 3주년 기념일

❹ **혁혼식(革婚式)**: 결혼 4주년 기념일

❺ **목혼식(木婚式)**: 결혼 5주년 기념일(이때 초대된 사람들에게는 나무로 만든 기념품을 준다.)

❻ **화혼식(花婚式)**: 결혼 7주년 기념일

❼ **석혼식(錫婚式)**: 결혼 10주년 기념일(이때 초대된 사람들에게는 주석으로 만든 기념품을 준다.)

❽ **마혼식(麻婚式)**: 결혼 12주년 기념일

❾ **동혼식(銅婚式)**: 결혼 15주년 기념일(이때 초대된 사람들에게는 동으로 만든 기념품을 준다.)

❿ **도혼식(陶婚式)**: 결혼 20주년 기념일(이때 초대된 사람들에게는 도자기로 만든 기념품을 준다.)

⓫ **은혼식(銀婚式)**: 결혼 25주년 기념일(이때 초대된 사람들에게는 은으로 만든 기념품을 준다.)

⓬ **진주혼식(眞珠婚式)**: 결혼 30주년 기념일

⓭ **산호혼식(珊瑚婚式)**: 결혼 35주년 기념일(이때 초대된 사람들에게는 산호로 만든 기념품을 준다.)

⓮ **홍옥혼식(紅玉婚式)**: 결혼 45주년 기념일

⓯ **금혼식(金婚式)**: 결혼 50주년 기념일(이때 초대된 사람들에게는 금으로 만든 기념품을 준다.)

⑯ **금강석혼식(金剛石婚式)**: 결혼 75주년 기념일(이때 초대된 사람들에게는 금강석으로 만든 기념품을 준다. 대체로 60주년만에 하는 경우도 있다.)

(8) 결혼(結婚)의 종류

결혼식이란 남녀가 부부생활을 맺는 서약을 하는 의식으로, 가정결혼식, 신전결혼식, 불전결혼식, 교회결혼식, 신식결혼식 등 여러가지 형식이 있다.

1. 가정(家庭) 결혼식(結婚式)

예로부터 전래되어 오는 혼례식으로 모두 주자가례(朱子家禮)에 의한 것으로 유교(儒敎)에 따른 것이다.

장소는 대개가 신부집에서 행하여지며, 소정의 예복(남자는 사모관대(紗帽冠帶), 여자는 족두리원삼 등)을 입고, 진배(남자는 재배, 여자는 4배), 전안, 순작 등을 행한다.

전통 혼례의 진행순서

① **주인영서우문외(主人迎壻于門外)**: 주인이 나아가 신랑을 맞이한다.

② **서읍양이입(壻揖讓以入)**: 신랑이 읍하고 들어온다.

③ **시자집안이종(侍仔執雁以從)**: 侍者(시자)가 나무로 만든 기러기를 가지고 신랑을 자리로 안내한다.

④ **서취석(壻就席)**: 신랑이 자기 자리로 들어선다.

⑤ **포안우좌기수(抱雁于左基手)**: 신랑이 기러기의 머리를 왼쪽으로 가도록 앉는다.

현대식 결혼

⑥ **북향괴(北向跪)**: 북쪽 정청쪽을 향하여 꿇어앉는다.

⑦ **치안우지(置雁于地)**: 기러기는 소반위에 올려놓는다.

⑧ **면복흥(免伏興)**: 일어난다.

⑨ **소퇴재배(小退再拜)**: 약간 뒤로 물러서서 두번 절한다.

⑩ **서지석말(胥至席末)**: 신랑이 초례청(醮禮廳) 동편자리에 들어 선다.

⑪ **무도부출(毋導婦出)**: 신부의 시자(侍者:한섬)가 신부를 부축하여 나오되 백포(白布)를 깔고 그 위를 밟고 나옴.

⑫ **서동부서(胥東婦西)**: 신랑은 동편에, 신부는 서편에서 초례상을 중앙으로 두고 마주선다.

⑬ **진관진세서관 우남부관우북(進灌進洗書盥 于南婦灌于北)**: 신랑의 손씻을 물은 남쪽에, 신부의 손씻을 물은 북쪽에 놓는다.

⑭ **서부종자옥지(胥婦從者沃之)**: 신랑 신부 각각 손을 씻고 수건에 닦음.

⑮ **부선재배(婦先再拜)**: 신부가 먼저 두번 절한다.

⑯ **서답일배(胥答一拜)**: 신랑이 한번 절한다.

⑰ **부우재배(婦又再拜)**: 신부가 다시 두번 절한다.

⑱ **서읍부각괴좌(胥揖婦各跪坐)**: 신랑이 신부에게 읍하고 각각 꿇어 앉는다.

⑲ **시자진찬(侍者進饌)**: 시자의 술잔을 신랑에게 준다.

⑳ **시자각침주(侍者各斟酒)**: 시자가 잔에 술을 부어준다.

㉑ **서읍부제주거효(胥揖婦祭酒擧肴)**: 신랑은 읍하고 술을 땅에 조금 붓고 안주를 젓가락으로 집어 상위에 놓는다.

제 三 장

㉒ **우침주(又斟酒)**: 시자가 신랑 신부 술자에 다시 술을 붓는다.

㉓ **서읍부거음불제무효(壻揖婦擧飮不祭無肴)**: 신랑은 읍하고 신부가 술을 마시되 안주는 들지 않는다.

㉔ **우취근서부지전(又取巹壻婦之前)**: 표주박을 신랑 신부에게 준다.

㉕ **시자각침주(侍者各斟酒)**: 시자가 표주박에 술을 붓는다.

㉖ **거배상호서상부하(擧盃相互壻上婦下)**: 신랑 신부 표주박을 바꾼다.

㉗ **각거음(各擧飮)**: 신랑 신부 술을 마신다.

㉘ **예필철상(禮畢撤床)**: 예를 끝내고 상을 치운다.

㉙ **각종기소(各從基所)**: 신랑 신부 각각 처소로 들어간다.

♣ 혼례식 이후에 각 지방에 따라 다른 관습상의 여러 행사가 있다.

2. 신전(神殿) 결혼식(結婚式)

우리나라와 가까운 일본등지에서 행하고 있는 예식으로 신관의 지시에 따라 참전, 수발, 서배, 합장배례 등의 식순으로 행한다.

3. 기독교(基督敎)식 결혼식(結婚式)

종교에 의한 결혼식에 대하여 가정의례준칙에서는 다음과 같이 열거하고 있다. 가정의례준칙에 위배되지 않은 범위내에서 종교 고유의식 절착에 따라 결혼식을 행할 수 있다.

기독교식은 교회에 따라 다소의 차이점은 있지만, 대개가 친지, 친구 신자들이 먼저 참석해서 예식을 기다린다.

현대식결혼

기독교 결혼식

▶ 예식 : 하나님에 대한 서약으로 예배, 서약식, 설교, 축복기도의 순으로 진행된다.

▶ 예배 : 결혼에 관한 찬송과 기도, 성경봉독, 성가대찬양 등으로 예배가 진행되며 참석한 사람은 교인이 아니더라도 경건하게 진행에 따르는 것이 예의이다.

천주교 결혼식

▶ 혼인공고 : 적어도 한달전에 본당 신부를 찾아가 절차를 밟고 혼인 공고하여 혼례에 이의가 있는지 묻게된다.

▶ 영생체송 : 혼배미사는 봉헌기도, 감사송, 영생체송, 영생체후 기도, 미사 끝 강복으로 예식이 끝난다.

정면을 향하여 오른쪽이 신랑, 왼쪽이 신부측 자리이다.

신랑 신부의 부모가 맨 앞쪽에 앉고 그 뒤에 형제자매가 앉는다.

웨딩마치가 울리면 일동이 일어나 신랑 신부의 입장을 맞는다.

신랑 신부가 입장하는 방법은 일반 보통 예식과 동일하다.

성약식 때에는 목사가 묻는 말에 신랑 신부는 "예"하고 대답하거나 고개를 가볍게 숙여 긍정의 표시를 나타낸다.

그리고 결혼반지를 교환한다.

목사 교훈은 신랑 신부로 하여금 손을 맞잡게 하고 그 위에 목사가 손을 얹어 기도한 후에 선구를 인용하여 교훈을 준다.

선언은 주님과 참석자 앞에 신랑 신부 양인이 부부됨을 선언하는 절차이다.

신랑 신부 퇴장시에는 멘델스존의 결혼행진곡에 맞추어 신랑이 오른쪽, 신부가 왼쪽이 되어 앞에 서고 중매인이 뒤에 서서 2열종대로 퇴장한다.

일단 퇴장한 후에 다시 입구에 나와서 하객들로부터 축하와 악수를 받는다.

결혼 식순

① 주례입석

② 신랑 신부 입장(이때 주악)

③ 예배(찬송가, 성서낭독, 기도)

④ 성약식

⑤ 예물교환

⑥ 목사교훈(축사)

⑦ 축가

⑧ 축도

⑨ 양가대표 인사

⑩ 신랑 신부 퇴장(이때 주악)

⑪ 폐회식

♣ 일요일은 예배관계로 하지 않으며 토요일이나 평일을 이용한다. 사회와 주례를 목사가 담당한다.

4. 천주교(天主敎)식 결혼식(結婚式)

천주교에서의 예식은 혼배(婚配)미사로 신부가 주관한다.

혼배미사란, 혼인하는 부부에게 천주교의 강복을 비는 특별한 기구문이 되어 있는 미사를 말한다.

혼배미사 일정이 정하여 지면 일정기간 혼배공시를 하게 된다.

혼배하는 신랑 신부에게 혼배조당, 즉 혼인을 할 수 없을만한 약점이 있는지 없는지를 알리기 위함에서이다.

조당은 혼내에 불합리한 14가지의 결함이 있을경우 신자들이 미리 알려 혼배미사를 치루지 못하도록 한다.

천주교식은 의식이 매우 복잡하고 엄숙하게 행한다.

사회자의 지시에 따라 행동하며, 엄숙한 주위 분위기를 깨뜨리지 않도록 각별히 유념하여야 한다.

결혼식 전날 두 사람은 고백성사를 올리고 영혼과 육신을 깨끗하게 하여 혼인에 임한다. 보통 여자쪽 성당에서 행하여지며 사진은 모든 서류를 완비하여 이를 교적(敎籍)에 기록한다.

결혼 식순

① 신랑 신부 입장-입당송(시편 3편, 5편, 19편)

② 기도와 축사

③ 성서 낭독(창1:26~31, 고전6:13~20, 마태3:4~6, 19)

④ 강론

⑤ 신랑 신부 악수

⑥ 반지 축성

⑦ 예물 교환

⑧ 서약사

⑨ 찬송-성가대

⑩ 결혼증명서 서명 날인

⑪ 신자들의 기도

⑫ 성찬의 전례-봉헌기도, 감사송, 영성체송, 영성체 후 기도, 강복

⑬ 신랑 신부 퇴장

5. 불교(佛敎)식 결혼식(結婚式)

불교에서는 화혼식이라 하여 꽃을 바치는 예식인데, 사찰의 본당인 대웅전에서 한다. 주례자를 사혼자(司婚者=주례법사)라 한다. 예식의 순서는 다음과 같이 행한다.

결혼 식순

① 개식-종을 다섯번 친다.

불교 결혼식

▶ 화혼식 : 부부가 되는 인연을 불교에서는 전생의 인연이라 하며 석가모니와 조상들의 영혼을 향하여 부부가 될것을 서약한다.

▶ 기타 결혼식 : 합동결혼식, 야외결혼식, 캠퍼스결혼식, 산상결혼식 등 이벤트회사에서 특별히 치루는 결혼예식이 있으나 엄숙하고 검소한 분위기를 잃지 말아야 한다.

현대식 결혼

② 일동 착석

③ 사혼자 등단

- 신랑 신부로 하여금 부처를 향하여 꿇어앉게 한다

④ 신랑 신부 입당

- 신랑 신부에게는 각각 들러리가 양결에 서서 따른다

⑤ 사혼자 불전에 분향, 삼귀의례

- 오분향(五分香): 신랑 신부가 향을 사른다
- 창삼귀의(창삼귀의): 사혼자가 창도(唱導), 신랑 신부 수창(鬚唱)

⑥ 신랑신부 불전에 진배(進拜)

⑦ 사혼자 고유문 낭독 -설송(設頌)

- 사혼자가 범음(梵音)으로 외면 모두 조용히 듣는다

♣ 지금 이 수월도장(水月道場)에서 우바세 ○○와 우바이 ○○가 이미 항려(杭麗)의 약(約)을 맺고 혼인의 예를 올리매 삼가 석가여래 인행(因行)때의 고사를 받들고, 둘이 다 무위도(無爲道)의 대원(大願)을 꼭 구할 것을 다짐하였과 칠지화(七枝花)의 헌공(獻供)을 공행(恭行)하였삽기, 시방부처(시방부처)님께 밝히 증(證)하여 주시길 굽어 청하옵니다.

⑧ 신랑신부 상견례-반절

⑨ 헌화(신랑은 다섯가지 꽃을 부처님께 바친다)

- 신부는 두가지 꽃을 꽃병에 꽂는다

⑩ 신랑신부 삼배

- 신랑신부 부처를 향하여 세번 절하고 일어선다

⑪ 성약식

- 사혼자가 먼저 신부에게 묻는다

문: 석가여래의 인행고사(因行故事)의 절의(節儀)에 따라 이제 신부에게 묻노니, 신부는 하나 하나 진실되게 대답할지어다.

신부는 오늘부터 신랑 ○○에게 몸을 맡겨 아내됨으로서 그의 원에 따르되, 선행을 함께 닦으며 무위도를 구하고 부모를 존중하며, 스승을 공경하고 친족과 화목하며 가난한 이를 대혈(大血)하고 고독한 이를 불쌍히 여겨 크게 자비로우며, 보시에 힘쓰고 삼세공불의 일을 이어 받아 불퇴전 하되, 게으르거나 고달파 하지 않겠느뇨?

(신부는 합장하고 대답한다)

답: 다 정원(情願)이 나이다.

(사혼자가 이번에는 신랑에게 묻는다)

문: 보살의 성은 본래 불사음(不邪淫)한바, 신랑은 신부를 아내로서 자족하게 여기며 달리 아내를 구하지 말고 다른 아내나 시비(侍婢), 친척붙이나 달리 매정(媒定)하는 여자 및 법으로 보호되는 여자들에 대하여 탐욕에 물든 마음을 먹지 않겠느뇨?

(신랑은 합장하고 대답한다)

답: 신부를 아내로서 자족하게 알고 달리 아내를 구하지 않으며, 그 밖의 가르침을 다 받들겠나이다.

사혼자는 신랑을 시켜 화관을 신부의 머리에 씌워주고 나서 홍상(紅裳)을 신부몸에 입혀준다. 그다음 신랑 신부 다함께 부처님께 삼배한다.

⑫ 동창(同唱)

- 모두 일어서서 여래십대발원문 사홍서원 및 찬불가를 동창한다.

⑬ 예물 교환

⑭ 유고(諭告)및 선서

⑮ 신랑신부 분향

⑯ 독경

⑰ 내빈 축사

⑱ 양가대표 인사

⑲ 신랑신부 퇴장

⑳ 사혼자 및 참석자 퇴장

㉑ 폐식

6. 천도교(天道教)식 결혼식(結婚式)

혼례식장은 교당(教堂), 사가(私家), 그밖의 어느 장소든 상관없이 행할 수 있다.

예식의 순서는 다음과 같이 진행한다.

결혼 식순

① 청수봉전

② 신랑 신부 예탁을 향하여 경배

③ 상견례(相見禮)

④ 고천문 낭독(이때 참례자는 일어선다)

⑤ 신랑신부 청수 분작(分酌)

⑥ 신랑신부 심고(心苦)

⑦ 예물교환

⑧ 상향배례(上向拜禮)

⑨ 고사(주례가 고사(告辭)를 한다)

⑩ 축복기원(참례자 일동이 함께 기원)

⑪ 신랑 신부 내빈 향해 경례(참례자 일동 일어선다)

⑫ 폐식

♣ 천도교식은 조촐하면서도 품위와 격식이 경건하다.

고천문(告天文)

포덕(布德) 年 月 日

고천문 ○ ○ ○ 君

○ ○ ○ 孃

한울님과 스승님의 은덕으로 금일 혼례식을 행하옵고 부부의 의(誼)를 맺사오니 한울님 감응(感應)하시와 영원한 행복을 누리게 하여 주옵소서.

주례 ○ ○ ○

(9) 청첩(請牒)

혼인날이 결정되면 청첩장을 보내게 되는데, 청첩장은 혼인을 진심으로 축복해 줄 수 있는 사람에게만 보내야 할 것이다.

결혼식에 초청해야 할 사람으로는 극히 가까운 친척과 친지 그리고 평소에 친분이 있는 인사, 은사, 직장상사와 동료들, 학교 친구들에 한한다.

평소에 미리 명단을 작성해 두었다가 청첩장을 발송해야 좋다. 청첩장의 양식에는 아래와 같이 여러가지가 있다. 보통 이주일 전에는 모든 준비가 완료되어야 한다.

청첩장(請牒狀)의 서식(書式)

예문1) 청첩장 서식(한글)

모시는 글
삼가 아뢰옵니다.

○ ○ ○ 씨의 장남 ○ ○ 군
○ ○ ○ 씨의 영애 ○ ○ 양

이 두사람의 혼례를 ○ ○ ○박사님(목사님) 주례로 ○월 ○일(수요일) 상오 11시에 목화예식장(서울교회)에서 거행하게 되었사오니 부디 오셔서 복된 자리를 더욱 빛내주소서.

년 월 일
청첩인 ○ ○ ○
청첩인 ○ ○ ○

○ ○ ○ 귀하

예문2) 청첩장 서식(한문)

謹啓(근계)

○ ○ ○ 氏　次男　○ ○ 君
○ ○ ○ 氏　令愛　○ ○ 孃

上兩人結婚式如何擧于玆尊駕幸賜掃萬光臨之榮 伏望)
(상양인결혼식여하거행우자존가행사소만광림지영 복망)

一. 式場　○ ○예식장
一. 于歸　月　日
一. 日時　年　月　日(陰　月　日)

主禮 ○ ○ ○ 牧師

親族代表 ○ ○ ○ (新郎便)
○ ○ ○ (新婦便)
友人代表 ○ ○ ○ (新郎便)

金某某氏
同令夫人　座下

예문3) 청첩장 서식(한글)

오곡이 무르익는 결실의 계절을 맞이하여
○ ○ ○씨 장남 ○ ○ 군과
○ ○ ○씨 삼녀 ○ ○ 양이
존경하옵는 친지 여러분을 모시고 혼례식을 치르게
되었사오니, 바쁘신 중에라도 오시어 자리를 빛내 주시면
더 없이 감사하겠습니다.

언제: ○월 ○일 오후 ○시 어디서: ○ ○예식장
주례: ○ ○ ○박사

예문4) 청첩장 서식(한글)

삼가 아뢰옵니다.
○ ○ ○씨 차남 ○ ○군
○ ○ ○씨 차녀 ○ ○양

이 두분은 기쁨과 행복이 깃들어질 아름다운 사랑의 보금자리를 이루고저, 이에 여러 어르신과 벗을 모신 자리에서 화촉을 밝히고자 하오니, 부디 오셔서 복된 자리를 더욱 빛내어 주시옵소서.

일시: ○월 ○일 오후 ○시 장소: ○ ○예식장 년 월 일
청첩인: ○ ○ ○
우인대표: ○ ○ ○

(10) 축의금(祝儀金=扶助)

경사스러운 일에 선물이나 축의금을 직접 가지고 가서 축하해 주는 것을 말한다.

이 축의금품에 대하여 가정의례준칙에서는 보내지 않는것으로 되어 있다. 그러나 큰경사를 맞이하여 많은 경비에 도움을 조금이라도 주기 위하여 선의로 해석하면 미풍양속(美風良俗), 상부상조(相扶相助), 십시일반(十匙一飯)으로 생각할수도 있으나 이해관계나 체면등에 의한 부조행위는 그만두어야 할것이다.

단자(單子) 쓰는 법

한문예문1)

祝 華 婚

一金　○ ○원 整

年　月　日

○ ○ ○ 謹呈

○ ○ ○ 貴下

현대식결혼

한글예문2)

결혼을 축하합니다.

일금 ○ ○원정

년 월 일
○ ○ ○드림

○ ○ ○군
○ ○ ○양 두분께

제 三 장

한문예문3)

○ ○ ○先生宅

令愛의 婚禮를 祝賀합니다.

○ ○ ○(물건 이름과 수량 혹은 금액)

年 月 日
○ ○ ○ 謹呈

한문예문4)

○ ○ ○(물건 이름과 수량 혹은 금액)

두분의 百年佳約을 祝福드리오며 簡素하나마
이로써 祝賀의 뜻을 表합니다.

年 月 日
○ ○ ○ 謹呈

○ ○ ○ 先生宅

♣ 주혼자의 아들이면 영윤(令胤)이라 하고 딸이면 영애(令愛), 손자이면 영손(令孫), 손녀일 경우 영손녀(令孫女), 누이동생이면 영매(令妹)라 쓴다.

축의봉투 쓰는 법

예문1) 단자를 써넣었을때

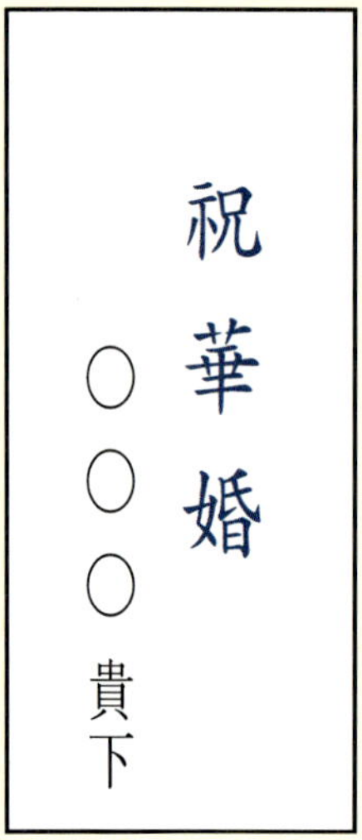

(앞면)

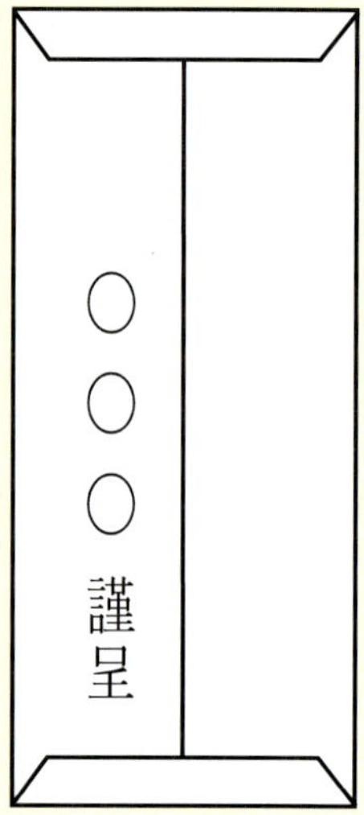

(뒷면)

예문2) 봉투에만 쓸때

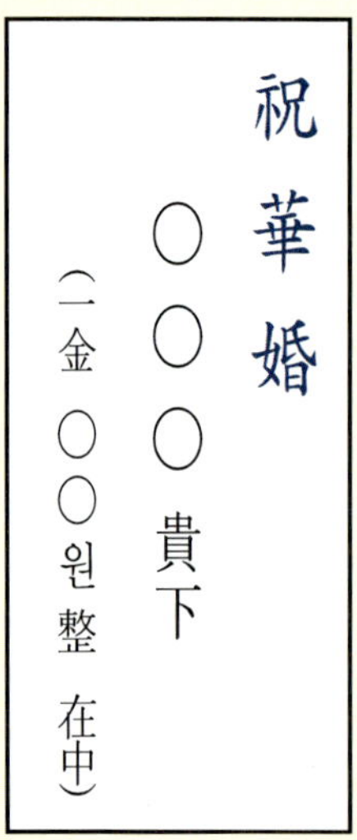

(앞면)

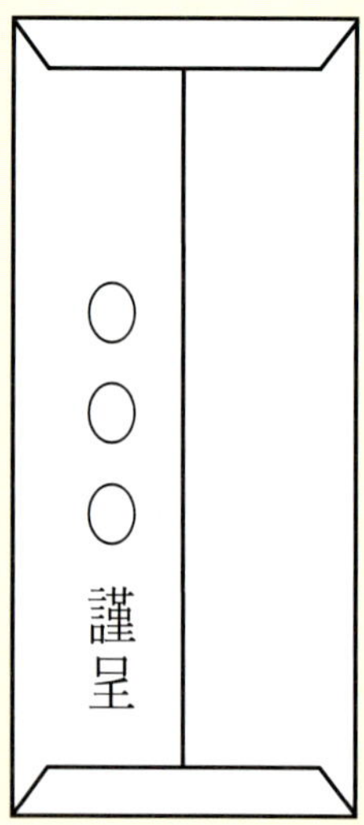

(뒷면)

※기타 축의봉투에 사용되는 문구

★축결혼(祝結婚)

★축의(祝儀)

★축성혼(祝盛婚)

★하의(賀儀)

★화촉의(華燭儀)

(11) 혼인신고(婚姻申告)

신랑신부 두 사람이 합법적인 부부임을 서류로 작성하여 공인받는 순서이다. 민법 제812조에 의하면 호적법에 정해진대로 신고함으로써 효력이 발생된다.

이때 반드시 당사자 외에 성인 두 사람의 증인이 있어야 한다.

현대식결혼

제4장

전통 상례

전통상례 차례

1. 임종과 유언
2. 수시
3. 고복
4. 입상주와 발상
5. 호상과 집사자
6. 설전
7. 부고
8. 염습
9. 소렴과 대렴
10. 입관
11. 영좌
12. 명정
13. 상복
14. 성복과 복제
15. 조문
16. 부의
17. 만장
18. 장일과 장지
19. 영결식
20. 조사와 조전문
21. 천구
22. 치장
23. 천광
24. 횡대및 지석
25. 발인
26. 발인제
27. 운구
28. 하관과 성분
29. 위령제
30. 반곡
31. 우제
32. 조장과 답조장
33. 탈상의 기간
34. 졸곡
35. 부제
36. 소상
37. 대상
38. 담제
39. 길제

제 4장. 전통 상례(喪禮)

상례(the ceremonies of mourning)란 사람이 죽은후 매장, 또는 화장 등의 장의 절차를 치루고 탈상을 마칠때까지 행하는 일체의 제례의식을 말한다.

의식절차는 씨족 또는 민족의 습속이나 그 신봉하는 종교 또는 정부의 시책, 시대나 국가에 따라 서로 다르게 행하여 지고 있다.

우리나라에 있어서 상례제도를 살펴보면, 상고시대에는 주군이 죽으면 그 종자까지도 묘역에 동시에 생매장하던 순장제도를 비롯하여, 고구려 시대에는 늙고 병든 사람을 산채로 광중에 두었다가 죽으면 그곳에 매장하던 고려장 제도도 있었다.

불교가 전래된 삼국시대에 이르러서 부터는 불교식 상례의식에 따라 백일탈상 및 사회적 신분에 따른 조상봉사의 차등이 시행되어 오다가 고려 말엽에는 송대의 주자가례가 도입되었고, 이조 초기인 중종조에 이르러서는 조광조의 유교식 개혁정치가 실시되었고, 이조 말엽에 이르러서는 이재의 사례편람이 출간되어 모든 혼례, 상례, 제례의 의식절차가 유교식으로 일변되어 왔던 것이다.

그러기에 우리 전통 관습인 통과의례 즉, 관혼상제 중 가장 엄숙하고 정중하게 예를 다하여 고인을 유가족(遺家族)들의 정성으로써 상례를 갖추어 장사를 지내게 된다.

그런데 예로부터 우리 겨레의 조상(祖上)들이 받들어오던 상례범절에 있어서는, 그가 하나의 엄숙한 의식(儀式)의 절차라 할지라도 오늘날 우리들의 생활 실정과 시대의 풍조(風潮)에 잘 어울리지 않는 점이 많이 드러나고 있다.

「중용(中庸)」에 따르면, '죽은 자를 섬기기를 산 사람과 같이 하고, 없는 자를 섬기기를 있는 사람과 같이 해야 한다' 고 했다.

또 「예기(禮記)」에 이르기를, 부모가 돌아가시면 3년 동안 상사(喪事)를 치르고, 임금에게는 3년의 복(服)을 입으며, 스승에 대해서는 3년 동안 심상(心喪)을 입는다고 했다.

상례의 유래는 우리나라의 경우에 「주자가례」에 의거하여 조선시대 500년간 지켜져 왔다. 그러나 현대로 내려오면서 이 상례는 점점 간소화되어 현재에는 아주 간단한 의식으로 치러지고 있으며 더욱이 기독교식 상례에 의하면 일체의 제사 의식이 폐지되고 다만 기도와 찬송으로 대신하게 되어 매우 간단하다.

전통상례(傳統喪禮)의 순서

(1) 임종(臨終)과 유언

임종이란 사람이 숨을 거두기 전에서 숨을 멈추는 과정까지를 말한다. 이것을 운명(殞命)이라고도 한다. 이러한 상황에 이르렀으면

첫째, 다른곳에 가있는 직계가족 및 친척에게 빨리 사실을 통보하여 임종을 지키도록 한다.

▶ 임종(臨終): 운명(殞命)이라고도 하며 조용히 앉아서 숨이 거두기를 지켜본다.

▶ 염습(殮襲): 시체를 닦고 수의(壽衣)를 입힌 뒤, 염포로 묶는 절차이다.

둘째, 평상시에 거처하던 방을 깨끗이 치우고 환자를 눕힌 다음, 옷을 새로 갈아입히고 요나 이불도 새것으로 갈아끼운다.

세째, 조용히 앉아서 마지막 남길 말(遺言)을 주의깊게 듣고 가시는 분의 곁을 지킨다.

넷째, 돌아가시기 직전(운명)에는 남자는 여자의 손을 잡지 말고 여자는 남자의 손을 잡지 않는다. 그 이유는 선한 남자의 양기, 또는 여자의 선한 음기가 공기중으로 돌아가기 때문이다. 그래서 속세의 혼탁한 기(氣)와의 접촉을 피하기 위함이다.

다섯째, 완전히 숨진 것이 확인되면 비로소 슬픔을 다해 울어도 된다. 그리고 곧 장의를 치를 준비와 계획을 세운다.

제四장

(2) 수시(收屍)

운명하면 지체없이 다음과 같이 수시(收屍)한다.

대체로 친척 가운데서 경험이 아주 많은 자가 해야한다.

❶ 깨끗한 백지나 솜으로 코와 귀를 막는다.

❷ 눈을 곱게 감기고 입을 다물게 한뒤 머리를 높게 하여 괴이고 손발을 바로 펴서 베, 백지 등으로 잡아맨다. 특히, 엄지발가락과 엄지손가락의 매듭을 끈으로 잘 연결하여 단단히 묶어야 한다. 이것은 몸이 뒤틀리지 않고 반듯하게 하기 위함이다. 만일 이것을 정성스럽게 하지 않으면 수족이 오그라 들어 펴지지 않으므로 염습(殮襲)할때 큰 걱정이 될수도 있다.

❸ 향안(香案)설치: 나무판위에 시신을 누이고 홑이불로 덮은 뒤에

시상(屍床)으로 옮겨 병풍이나 장막으로 가리고 상(床)이나 탁자위에 고인의 사진을 모시고 촛불을 밝힌 뒤 향을 피운다.

♣ **시상 :** 시상은 입관하기 전에 쓰는 널판 또는 나무로 만든 평상을 말한다.

♣ **천시(遷尸) :** 시신의 자리를 옮기는 것을 말한다. 바닥에 평상을 놓거나 또는 자리를 만들어서 짚으로 둘둘 말아서 시신의 머리를 남쪽으로 두고 머리, 허리, 다리 부분에 놓는다. 그런다음 홑이불로 덮어둔다.

(3) 고복(皐復)

고복은 이른바 혼부르기(招魂)인 것이다. 시체를 대면하지 않은 사람으로써 남자의 초상에는 남자가 여자의 초상에는 여자가 죽은 사람이 평소에 입었던 상의 즉 저고리, 두루마기를 가지고 북쪽을 향해 옷을 휘두르면서 죽은 사람의 주소와 성명을 부른 다음에 "복(復)! 복! 복!" 하고 3번 외친다.

이는 죽은 사람의 혼이 서북쪽으로 향하고 있다고 생각하여 혼이 다시 돌아오도록 외치는 것이나, 이렇게해도 살아나지 않으면 그때서야 죽은 것으로 생각하고 곡을 하는 것이라 했다.

그리고 옷은 지붕위에 놓아두거나 시체위에 덮어두었다가 입관할때 같이 넣는다. 만일 죽은 사람이 벼슬이 있으면 모관모공(某官某公)이라며 벼슬이름을 불러주고 없을시에는 학생모공(學生某公)이라 한다.

♣**사자(使者)밥 :** 사자밥이란 것은 밥상위에 밥 세 그릇, 술 석잔, 노트 한 권,

▶ 고복(皐復): '혼'을 부르는 의식으로 동쪽지붕으로 올라가 죽은 사람의 주소와 성명을 부른 다음에 "복! 복! 복!" 하고 외친다.

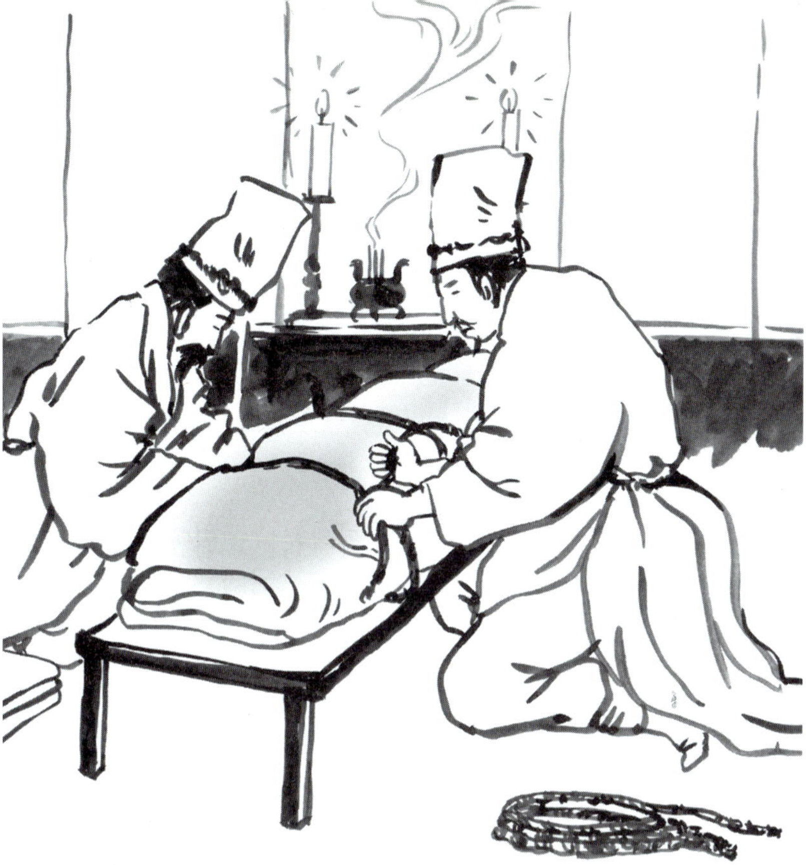

▶ 소렴(小殮): 시신을 소렴상위에 눕히고 옷과 이불로 싸는 것을 말한다.

▶ 조문(弔問): 부음을 듣는 즉시, 상가(喪家)댁으로 찾아가 조의를 표하고 위로한다.

명태 세 마리, 짚신 세 켤레, 화폐나 동전 등을 얹어 놓고 촛불을 켜서 뜰 아래나 대문밖에 차린다. 죽은 사람을 데리러 온다고 믿는 저승의 사자(使者)를 잘 대접함으로써 편하게 모셔가 달라는 뜻에서 차리는 상이다.

(4) 입상주(立喪主)와 발상(發喪)

발상이란 초상이 났음을 다른 사람이 알도록 하는 방법이다.

상주이하 모든 상제들이 소리내어 곡을 함으로써 상을 알린다.

수시가 끝나면 가족은 검소한 옷으로 갈아입고 근신하며 애도하되, 맨발이나 머리푸는 일은 아니하고 호곡을 삼가한다.

(5) 호상(護喪)과 집사자(執事者)

호상은 곧 상주를 대표해서 장례식에 대한 모든 일을 관장하는 사람을 일컫는다.

상중에는 호상소를 마련하고 주상은 친족간이나 친지 중에서 상례에 밝고 경험이 많은 사람을 호상으로 하여 장례에 관한 안내, 연락, 조객록, 사망신고, 매장허가 신청 등을 다루게 한다.

그리고 위와 같은 진행에 대한 여러 일을 책임질 집사자(執事者)를 정하여 그 중에서도 서기(書記)나 사서(司書)는 문서, 부고와 조문객의 관리를 맡고, 사화(司貨)는 부의금 수납과 출납 등을 처리하도록 한다.

(6) 설전(設奠)

이는 곧 죽은 사람(고인)을 생시와 똑같이 섬긴다는 뜻이며 아침,저녁으로 고인에게 전(奠:식사)를 올린다. 즉 제물을 올리는 것을 말한다.

장사 지내는 날짜가 여러날이 걸리면 날마다 한번씩 전을 올려야 한다. 모든 초상 예절에 상인(喪人)들은 슬픔에 잠겨서 일을 볼수가 없기 때문에 집사자가 시신의 동쪽어깨 부근에 놓인 제사상에 포(脯)와 과일 그리고 간단한 술을 차려서 올려 놓는다.

다음으로 축관(祝官)이 손을 씻고, 잔에 술을 부어 제상위에 올린다.

(7) 부고(訃告)

호상과 사서가 상주(喪主)와 상의하여 친족과 친지에게 부고를 보낸다. 만일 호상과 사서가 없는 경우에는 상주가 직접 부고를 친척과 친지에게 빨리 알려야 한다.

(8) 염습(殮襲)

염습이란 시체를 깨끗이 닦고 수의(壽衣)를 입히는 일이다.

염습을 하는데 있어서는 우선 그에 필요한 여러가지 물건을 준비해야 하며 그 절차가 옛날에는 매우 복잡하였다.

옛날에는 습(襲)과 염(殮)을 따로따로 했었다. 즉, 습은 목욕시키고 깨끗이 닦고 하는것을 말하고, 염은 소렴과 대렴으로 나누며 소렴은 사망한 이튿날 아침에 수의를 입히는 것이고 대렴은 사흗날 아침에 입관하는 것이다.

그러나 요즘은 한번에 계속하여 상례의 복잡함을 간소화시켜 나가고 있다. 정성껏하고 또 가세(家勢)의 형편에 따라서 간소화하고 있는 경향이다.

습(襲)

여자의 시체일 경우에는 목욕과 수의를 입히는 일은 여자들이 해야 하며, 목욕시킨 물과 수건 등은 땅을 파고 묻는 것이 좋다.

염습 하는데 필요한 준비물은 다음과 같다.

제
四
장

목욕 준비물

- 목욕물 2~3그릇: 향나무 또는 약쑥을 삶은 물
- 새솜 3벌: 머리, 윗몸, 아랫몸 씻길때
- 새수건 3벌: 머리, 윗몸, 아랫몸 닦을때
- 주머니 5개: 머리털, 왼쪽 오른쪽의 손톱, 발톱을 각각 따로 넣을 것
- 버드나무 비녀 1개: 여자의 경우에만 사용함

수의 준비물

- 내의(内衣): 속적삼, 속바지
- 의복(衣服): 바지, 저고리, 버선, 대님, 허리띠, 행전, 두루마기
- 복건(幞巾): 검은 명주베로 만든 모자 비슷한 것
- 충이(充耳): 새솜으로 대추알만큼 만들어 귀를 막는다

- 명목(瞑目): 명주베로 얼굴을 싸는 것(길이가 가로 40㎝, 세로 40㎝)
- 악수(握手): 명주베로 손을 묶는 것(길이가 가로 40㎝, 세로 20㎝)
- 이(履): 명주베에 종이를 덧붙여 만든 신
- 천금(天衾): 시체를 덮는 홑이불
- 지금(地衾): 시체밑에 까는 겹이불
- 소렴포(小斂布): 시체를 싸는 베(길이가 가로 3m 한 폭, 각각 1m 20㎝ 세 폭)

♣ 기타 베개, 폭건, 두건, 망건, 속포, 턱받침 등이 있다. 참고로 수의는 윤년이나 윤달을 택해 준비하는 것이 우리 풍습인데, 수의에는 비단, 마직, 베 등 자연섬유를 이용하며 색깔은 흰색이 좋다. 바느질 할때는 실의 매듭을 짓지 않는데, 이것은 가시는 길에 막힘이 없도록 하는 배려에서이다.
실제 체격보다 크게 만들어야 입히기가 좋다.

(9) 소렴(小殮)과 대렴(大殮)

❶ **소렴(小殮):** 사망한 다음날 아침에 시신의 몸을 향나무 삶은 물이나 쑥을 삶은 물로 깨끗하게 닦고 수의를 입히는 일이다.

그리고 머리를 빗질하고 손톱과 발톱을 깍아 주머니에 넣는다. 이것은 대렴을 할때 관 속에 넣는다.

집사자는 소렴에 쓸 옷과 이불을 준비하되 머리를 묶을 삼끈과 베끈을 준비하고, 다음으로 습전(襲奠)이라 하여 소렴상을 마련한뒤, 제물을 올리고 주인이하 모두가 자리에서 곡을 시작한다.

이것이 끝나면 시신을 침상에 눕히고 수의를 입히는데, 옷은 모두 오른쪽으로 여민다.

소렴상위에 겹이불을 깔고 그 위에 소렴포를 깔되 횡포는 옆으로 펴고 장포는 길이로 깐다음, 시신을 그 위에 모시고 머리를 반듯하게 눕혀 옷을 입히는데 입힐때는 오른편으로 여미되 고름은 매지 않으며, 손은 악수로 싸매고 명목으로 눈을 가리고 폭건과 두건을 씌운다.

이불은 겹으로 고르게 싼 다음, 장포 두 끝을 찢어 각각 매고, 속포(束布)로 묶는다. 이때 속포 한쪽 끝을 세갈래로 찢어서 아래로부터 묶어 올라간다.

이어 시신의 입속에 구슬과 쌀을 물려주는데 이를 반함(飯含)이라 한다.

염습의 절차가 끝나면 시자(侍者)는 이불로 시신을 덮는데 이를 졸습(卒襲)이라 한다. 이때, 화톳불을 피우고 영좌(靈座)를 꾸민다. 상위에는 혼백(魂帛)을 만들어 얹고 명정(銘旌)도 세워 놓는다. 이 절차가 끝나면 친족, 친지들이 들어가서 곡을 하기 시작한다.

제
四
장

반함(飯含) 준비물

- 쌀(생쌀 반수저 가량)
- 버드나무 수저
- 무공주(無孔珠): 진주 또는 가재의 눈

♣ **반함(飯含)** : 상주가 손을 깨끗이 씻고 버드나무 수저로써 쌀을 조금씩 입 오른편에 넣고 왼편에 넣고 다시 한가운데로 넣은다음 무공주를 넣는다. 이것이 끝나면 보공(補空)을 하는데 새솜이나 백지로써 양편 어깨의 쑥 들어간 곳을 채우고 거둬낸 다음 양편 다리며 발끝까지도 편편하게 한다.

그리고 명목과 복건을 씌우고 손을 모아서 싸매고 수의가 완전히 입혀졌으면 장포의 끝을 세갈래로 찢어서 아래위를 묶고 횡포는 묶을만큼 자르되, 한 폭씩의 끝을 세 갈래로 찢어서 아래서부터 위로 차례차례 묶는다.

이때 상인(喪人)들은 여자는 풀었던 머리를 거두고 남자는 두건을 쓰며 중단(中單: 소매가 넓은 두루마기)을 입고 곡(哭)을 한다.

❷ **대렴(大殮):** 소렴을 끝낸 이튿날 즉, 사망한 날로부터 3일날 아침에 입관하는 것을 말한다.

먼저, 관속에 출회(秫灰)와 백지를 깐다음 횡포(橫布) 두 폭의 양쪽 끝을 세갈래로 찢어서 여섯끝을 만들며 장포(長布) 한 폭도 양쪽 끝을 찢어서 편다.

그리고 겹이불(地衾)을 깔고 시체를 모신 다음, 먼저 발을 여미고 다음에 머리를 여미되 왼편을 먼저하고 오른편을 나중에 여민다. 또 장포를 매고 횡포를 매되 양끝 세갈래 중에서 두 매씩만을 묶고 가운데 매는 한 끝만을 매어 모두 다섯매가 되게한다.

머리털, 손톱, 발톱을 넣어둔 주머니를 각각 제자리에 넣고 고복할 때 쓰던 옷과 평소에 입었던 옷을 솜과 백지 등으로 관속을 움직이지 않도록 채우고 홑이불(天衾)으로 덮은 다음 널뚜껑을 덮고 은정(銀釘=나무로 만든 못)을 박는다.

그리고 명정(銘旌)을 쓴다음에 장지(壯紙)로 싸고 노끈으로 묶은다음 다시 초석(草席)으로 싸고 동아줄로 밖을 묶은뒤에 제자리로 바르게 모신다.

♣ 수의는 하나 하나씩 입히기가 어려운 것이니 미리 여러가지의 옷을 겹쳐서 아

전통상례

래옷부터 웃옷의 순서로 입히고, 옷고름은 매지 않으며 옷깃은 산사람과 반대로 오른편으로 여민다.

(10) 입관(入棺)

운명후 24시간이 지나면 염습을 하고 입관을 하는데 입관할 때에는 관의 벽과 시체 사이의 공간을 깨끗한 백지나 마포(麻布)로 채워 시체가 관속에서 흔들리지 않도록 한다음 홑이불로 덮고 관뚜껑을 덮은 다음 나무로 만든 못을 박는다.

그리고 관상명정(棺上銘旌)을 쓴 다음에 장지(壯紙)로 싸고 노끈으로 결관(結棺)한다.

제四장

입관(入棺) 준비물

- 관(棺): 시체 넣는 널
- 출회(秫灰): 차조를 불에 태운 재로서 관 속에 깔때 사용한다.
- 백지(白紙): 관 속에 까는 종이
- 대렴포(大斂布): 시체를 싸는 베(가로길이 3m 세로길이 1m 20㎝ 한 폭, 가로세로 길이 1m 20㎝ 두 폭)
- 첩의하(疊衣下): 명주베 1m정도를 반으로 접어서 새솜을 두텁게 넣어 시체의 머리밑에 두는 것
- 장지(壯紙): 두껍고 질긴 백지로서 널싸는 종이
- 노끈: 내결관(內結棺) 하는 것
- 초석(草席): 돗자리로서 널싸는 것
- 동아줄: 백지로 싸서 만든 끈으로서 외결관(外結棺) 하는 것

(11) 영좌(靈座)

입관(入棺)한 후에 병풍이나 가리개로 가려놓고 따로 정결한 위치에 영좌를 마련하여 혼백(魂魄)=영위(靈位)을 모시되, 요즈음에는 일반적으로 고인의 사진이나 지방을 모시고 촛불을 밝히고 향을 피운다.

영좌의 오른쪽에 명정(銘旌)을 만들어 세운다.

영좌앞에 탁자 혹은, 소반(小盤)을 위에 술과 실과를 차려놓고 조석(朝夕)으로 평상시와 같이 봉양하되 그 앞에는 향합(香盒)과 향로, 촛대, 모사그릇 등을 갖춘다.

그리고 시체를 모신 남쪽의 혼백뒤에 포장(布帳) 밖으로 횃대를 만들어서 망인이 평소 입었던 옷을 걸어놓고, 그밖에 즐겨 쓰던것을 살아있을때와 같이 놓아둔다.

♣ 혼백(魂魄) : 예전에는 신주(神主)가 있었다. 혼백은 신주를 만들기 전에 삼베(넓이가 한 폭에 길이 40㎝)나 흰색비단, 백지로 접은 뒤, 오색실로 만든 동심결(同心結)을 끼워 만든다. 이 혼백은 상좌(혼백함)에 넣어, 영좌(옛말로는 궤연이라 함)에 모신다.

장래후 2년 동안 빈소에 모셨다가 대상(大祥)을 치룬뒤, 신주가 만들어지면 장삿날에 묘에 묻어두고 신주만 모시고 왔다. 요즘은 신주가 없어지고 혼백을 대신 사용해 왔다. 때문에 혼백을 묻지 않고 모셔와서 영좌(궤연)에 모셔 놓았다. 그러나 요즘은 혼백 대신에 영정(사진)으로 대신한다.

전통상례

(12) 명정(銘旌)

명정은 죽은 사람의 직위(사회적 계급)와 성명(本)을 적은 기(旗)를 말한다. 명정은 한글로 비단 홍포에 흰색으로 ○ ○(직함), ○ ○(본관),○ ○(성명의 널(군))를 쓰고, 그 크기는 가로길이45㎝, 세로길이는 2m로 한다. 보통 아교물에 분(粉)을 풀어서 흰색으로 글씨를 쓴다. 옛 풍속대로 한문으로 한다면 (學生○ ○ ○ (本貫公)○ ○(姓名之柩)또는 여자의 경우에는 (儒人○ ○ ○ (本貫姓)氏之柩)라고 쓴다. 명정을 쓴 다음에는 위 아래의 끝에 대(竹)를 넣어 편편하게 하고 출상(出喪)전에는 영좌의 동편에, 출상시에는 긴 장대에 달아 영구앞에서 들어간다. 이는 상여로 출상할 때의 경우를 말한다.

명정은 고인이 신분을 상징하기 위한 기(旗)이다. 예전에는 고인의 관직, 직품, 직위 등을 기록하여 지위와 계급의 등급에 따라 명정의 크기가 달랐다.

◆ **명정 서식**

慶州崔公○○之柩 (경주최공 ○○지구)

密陽朴氏〈女士〉○○之柩 (밀양박씨 〈여사〉 ○○지구)

◆ **명정(옛날서식)**

學生○○○(本姓)公○○(名)之柩

남자의 경우

孺人○○○(本姓)氏之柩

여자의 경우

◆ **명정(현대서식)**

六堂 崔南善先生 之柩

物理學博士 南陽 洪公 吉童 之柩

(13) 상복(喪服)

종부(宗婦)는 대수장군(大袖長裙)을 입은 위에 요질과 교대를 띠고 흰 족두리를 쓰고 엄신을 신었다.

그러나 요즘은 남자의 경우에는 흰 도포나 두루마기에 굴건을 쓰고 여자는 흰 치마저고리(素服)에 수질을 두르는 정도로 간소하게 입는다.

상복은 복제에 따라 본종(本宗) 오복인상조(五服人相弔) 즉, 동성동본의 모든 친족들이 입는 것이다.

복은 대체로 다섯으로 나누는데, 이를 오복(五服)이라 한다. 첫째는 참최(참쇠:斬衰) 3년이니, 아들이 아버지를 위해 입는 복인데 적손(嫡孫)이 그 아버지가 안 계실때 조부나 증조 고조를 위해서 승중(承重)하는 자와 또 아버지가 적자(嫡子)를 위해 입는 복도 마찬가지이다.

그러나 비록 승중은 했어도 3년복을 입지 못하는 경우가 세가지 있다. 즉 폐질(廢疾)이 있어 종묘(宗廟)의 일을 맡아 다스리거나 제사를 지낼 수 없는 자가 그 뒤를 이었을때, 서손(庶孫)이 그 뒤를 계승할 때, 서자(庶子)를 세워 대를 잇게 했을 때이다.

위에 말한 것은 정복(正服)의 경우이고 의복(義服)으로는 며느리가 시어머니를 위해서와 남편이 승중했을때 그 아내가 그 복을 따라서 입는 경우이다.

둘째는 재최(재쇠:齋衰) 3년으로 아들이 어머니를 위해서 입는 복이다. 그러나 아버지가 있는데 어머니가 죽은 경우와 출가한 딸이 어머니를 위해서는 3년을 입지 못한다.

다음은 재최장기(杖朞) 1년으로 적손(嫡孫)이 그 아버지가 죽고 조부가 생존했을때 조모를 위해 입는 복이다. 재최부장기(不杖朞) 1년은 조부모, 백숙부모, 형제, 중자(衆子)를 위해 입는 복이다.

세째 대공(大功) 9월은 종형제(從兄弟)와 종자매(從姉妹)를 위한 복이다. 이미 시집 간 손녀와 적자(嫡子)가 있을때 장손(長孫)을 위해서도 같다.

네째 소공(小功) 5월은 종조부와 종조모, 형제의 손자, 종형제의 아들, 재종형제를 위해서 입는 복이다. 외조부모와 외숙, 생질에게도 같다.

다섯째 시마(緦麻) 3월은 종증조부, 종증조모, 증조의 형제나 자매, 형제의 증손과 증조부 증조모를 위해서 입는다.

모든 요절한 사람을 위해서 입는 상복은 차례대로 한 등급을 낮춘다. 남자로서 남에게 양자로 간 자나 여자로서 시집 간 자가 그 생가부모나 친정부모를 위해 입는 복도 한 등급씩 낮춘다. 또한 최(쇠:衰), 공(功), 시(緦)는 즉, 베(布)의 굵고 가는 것을 말한다. 최복(衰服)은 제일 거칠고 굵은 베로 지은 것이며 공복과 시복은 가는 베로 지은 것인데 마포(麻布)를 쓰는 것이 보통이지만, 요즘에는 기복(朞服) 1년 이하는 대개 광목으로 만든다.

1. 상복(喪服)의 종류

① 굴건(屈巾)

• **상관(喪冠)**: 두꺼운 종이로 심을 넣는데 폭은 5치2푼 반을 베로 싸되, 베의 샛수(升)는 최(쇠:衰)에 비하여 조금 가는 것으로 한다.

3년상은 다듬어 빨지 않는 것, 기년(朞年)이하는 빨아서 다듬어 둔 것으로 세줄을 접는다. 굴관(屈冠)이라고도 하며, 마포에 종이를 부하여 노삼으로 만든 것.

• **효건(孝巾)**: 관을 받드는 것. 두건(頭巾)이라고도 하며 마포로 만든 것.

② 제복(祭服)

• **중단(中單)**: 마포로 만든 것인데 참최에는 베의 끝단을 가위로 베인채 호매지도 않고 꿰매지도 않은 것.

• **상(裳)**: 치마를 마포로 만든 것이나 복제에 따라서 광목을 쓰기도 한다.

• **행전(行纏)**: 마포로 만든 것.

• **의복(衣服)**: 바지, 저고리, 버선등을 만들때는 광목을 빨지않고 깃광목으로 만듬.

• **수질(首絰)**: 건위에 쓰는 것으로 삼으로 두가닥을 서로 꽈서 만들며, 꽈 놓은 둘레가 참최(참쇠:斬衰)는 약 27㎝, 제최(제쇠:齊衰)는 약 22㎝, 대공에는 약 16㎝, 소공에는 약 14㎝, 시마에는 약 11㎝으로 한다. 여자의 머리에 두르는 것인데, 참최에는 노삼으로 수질을 달고, 제최에는 마포로 단다.

• **치마**: 앞폭은 여섯폭, 뒤폭도 여섯폭으로 앞은 웃옷앞섭과 같이 떠놓는다.

전통상례

• **요질(腰絰)**: 교대위에 매는 것으로 허리띠를 말한다. 짚에 삼을 엮어서 굵은 동아줄 같이 만들며, 그 굵기가 참최는 약 22㎝, 제최에는 약 17㎝, 대공에는 약 14㎝, 소공에는 약 11㎝, 시마에는 약 9㎝으로 한다.

• **교질(絞絰)**: 요질밑에 두르는 띠.

• **짚신(이:履)**: 참최에는 보통 짚신이고, 제최에는 백지 또는 베로 감은 것이며 삼신, 대공에는 노신, 소공이하는 보통 신을 신는다.

• **지팡이(상장:喪杖)**: 지팡이를 말하며, 대나무로 만드는데 높이는 가슴에 닿게하고, 제최에는 오동나무를 깎아서 네모나게 만든다. (버드나무로 대용해도 무방하다)

• **동자복(童子服)**: 아이들의 상복인데 어른것과 같으나, 상관(喪冠), 효건(孝巾), 수질(首絰), 상장(喪杖)을 쓰지 않는다.

2. 요질, 수질, 상장과 짚신, 굴건교대의 모양

요질 수질 교대

상장과 짚신

굴건

3. 굴건제복, 굴건, 요질, 한폭 뒤, 앞폭폭, 부상, 짚신, 모상, 행전, 상복

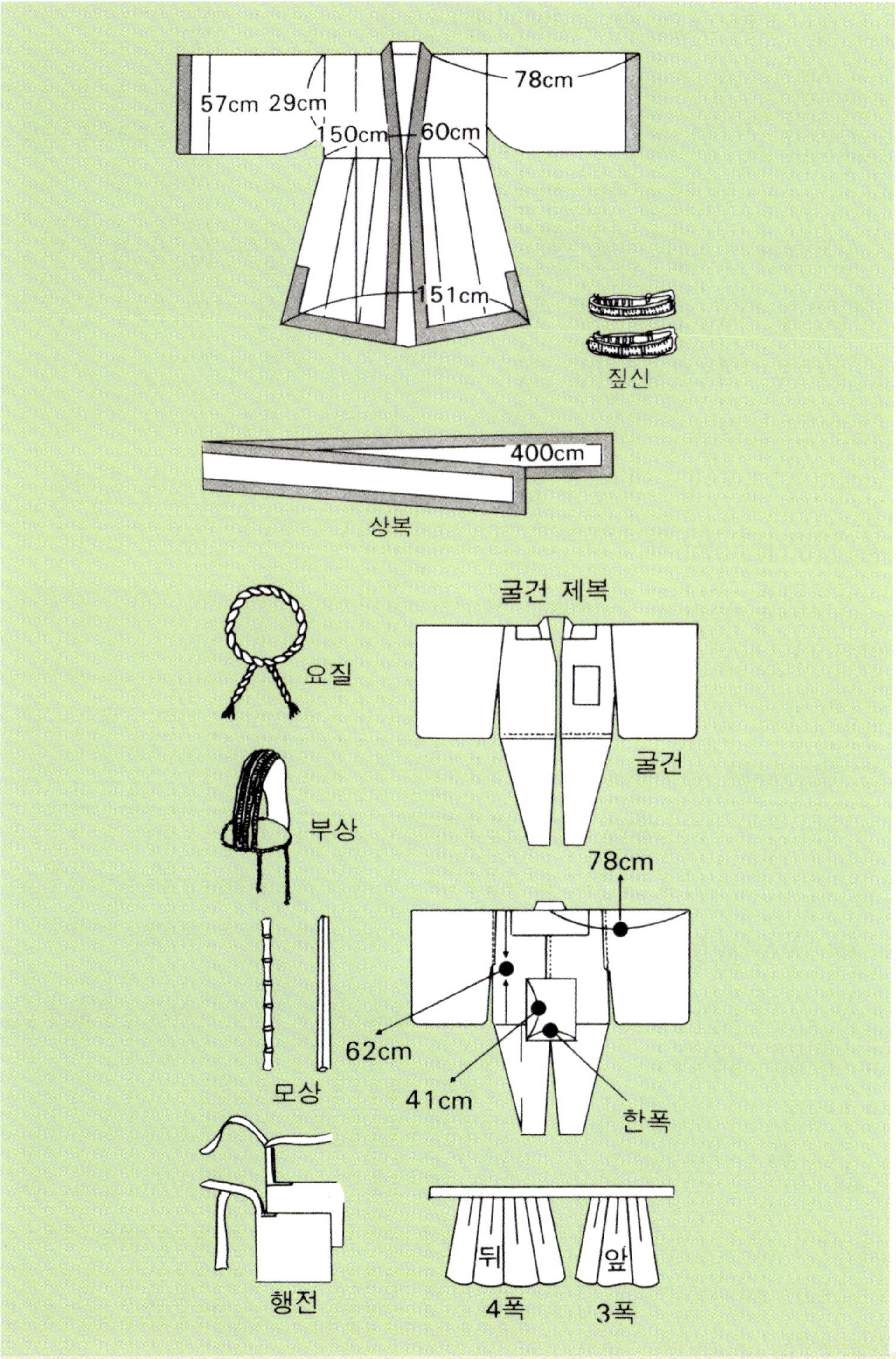

전통상례

(14) 성복(成服)과 복제(服制)

입관이 끝나면 상제와 복인은 성복을 하되 그 성복제는 지내지 않는다.

성복이란 상복을 입는 것을 말하는 것인데 최상(衰喪:쇠상)을 입고, 교(絞)를 띠고 행전(行纏)을 치고, 효건(孝巾)을 쓰며 또한 상관(喪冠)을 쓰고 수질(首絰)을 쓰며 짚신을 신고 지팡이를 짚는것을 말한다.

여자의 경우에는 최상을 입고 질(삼미)을 하고 관을 쓰며 짚신을 신고 지팡이를 짚는다.

성복제를 지내는 경우에는 제수를 올리고 향불을 피우지만 축문을 읽지 아니하고 술만 올린다.

성복제가 끝나면 호곡을 하고 절을 하며, 성복 이전에는 조례(弔禮)와 배례(拜禮)는 하지 않는다.

(이와 같은 성복제는 가정의례준칙에서 금하고 있다)

성복(成服: 상복을 입는 절차)

성복이란 상주이하 모든 복인(服人)들이 복제에 해당하는 상복을 입는 의식을 말한다.

❶ 자식된 도리로 부모가 죽은 것으로 여길 수가 없어서 급히 성복을 하지 않고 4일이 지난 후, 즉 대렴한 그 이튿날 성복을 한다.

상복은 머리를 걷고 단정히 상관을 쓰되, 효건으로 받들고 그 위에 수질을 맨다.

치마를 입고 교와 요질을 띠며 짚신을 신고 기년복 이상은 모두 지팡이를 짚는다.

어린이도 성인과 같은데 다만 관과 수질을 하지 않을 뿐이다.

남자는 널 동쪽에 서쪽을 행하여 자리를 잡고 각각 차례로 복을 입으며 모두 슬프게 조상한다.

초상에는 성복 이전에 조례와 배례를 하지 않는다.

❷ 정복(正服)은 아들이 아버지를 위하여 입는 옷이다.

적손(適孫)이 아버지가 죽어서 조부나 증조, 고조를 위하여 승중(承重)을 하는 자와, 비록 아버지가 적자가 되어서 후계자 된 자도 마찬가지다.

승중이 되어도 3년을 못입는 경우로 4가지가 있다.

- 적자가 폐질(廢疾)이 있어서 종묘(宗廟)에 주장을 다하지 못하는 자.
- 가계(家系)를 전하는데 정실(正室)의 몸이 아닌 자.
- 몸이 정실이 아닌 것 (서자(庶子)를 세워서 후계를 삼았을 때)
- 정실이되 몸이 아닌 것 (적손(適孫)을 세워 후계를 삼은 것)

이상은 정복(正服)을 말한 것이고 의복(衣服)은 며느리가 시부모를 위하는 것과 남편이 승중 되었을 때 따라서 입는 복들도 이와 마찬가지다.

또한 아들이 아버지를 위하여 복을 입다가 소상(小祥)전에 죽으면 다시 그 아들이 소상때부터 복을 받아 입는다.

전통상례

이것을 대복이라 말한다.

참최의 상복은 석세베(삼승포:三升布)로 만들며, 이것을 참(斬)이라고 이름지은 것은 몹시 애통하다는 뜻에서 비롯된 것이다.

또한 최(衰:쇠) 역시 효자의 애통하는 뜻을 밝힌 것이다.

3년복을 입는 것은 예경칙령(禮經則令)에 의한 것으로, 위로는 하늘을 본받고 아래로는 땅에서 법을 취하며, 가운데는 사람에게서 취한 것이라고 본다.

❸ 제최는 아들이 어머니를 위하여 입는 옷이다.

그러나 아버지가 생존해 계신데 어머니가 죽었거나 딸이 시집을 갔으면 어머니를 위하여 3년을 입지 못한다.

시집갔다가 돌아와 집에 있는 여자나 서자가 그 어머니를 위하여 입는 복도 마찬가지이다.

또한 첩의 아들이 적모(嫡母)를 위해서도 같고, 계모가 장자를 위해서나 첩이 남편의 장자를 위해서도 마찬가지이다.

아버지가 죽으면 어머니를 위하는 것이나 아버지가 죽은지 3년안에 어머니가 죽으면 그대로 기년만 복을 입는다.

그렇지만 아버지 빈소를 모시지 않고 있다가 어머니가 죽으면 3년복을 입어야 한다.

❹ 장기(杖忌)

막대기를 짚고 기년을 입는다. 정복은 적손이 일찍 아버지를 여의고 조부가 계신데 조모를 위한 복이다.

승중 했을때는 증조모 고조모의 경우도 동일하다. 또한 부친이 생존해 계신때, 모친을 위해서도 마찬가지이다. 계모, 적모, 자모(慈母)에게도 의복(衣服)을 입는다.

또한 시집간 모친과 쫓겨난 어머니를 위하는 것은 부친의 뒤이면 복을 입는다. 며느리가 시아버지 생존시 시어머니를 위해서도 의복을 입는다.

❺ 부장기(不杖朞)

막대기를 짚지 아니하고 기년을 입는다. 정복은 조부모, 백숙부모, 형제, 중자를 위해서 입는 복이다.

누이가 시집을 갔지만 남편이나 자식이 없어도 마찬가지이다. 그리고 여자가 남편형제의 아들을 위해서, 첩이 큰 부인을 위해서도 마찬가지이다.

그리고 여자가 남편 형제의 아들을 위해서, 첩이 큰 부인을 위해서, 남편의 여러 아들을 위해서 시부모가 맏며느리를 위해서도 마찬가지이다. 또 부모가 계시는데 양부모를 위해서도 같다.

❻ 다섯달 복을 입는다.

정복은 증조부모를 위해서 입는다. 의복으로는 계증조부모를 위하여 입는다.

❼ 석달 복을 입는다.

정복은 고조부모를 위해서 입는다. 의복은 계고조부모(별거중인 계

전통상례

부(繼父)의 복, 즉 딴집에서 사는 의붓 아버지를 말함)를 위해서 입는다.

❽ 대공(大功)에는 아홉달을 입는다.

정복은 종형제와 종자매를 위하여 입는다. 중손의 남녀를 위해서도 마찬가지이다.

손녀가 시집 갔다가 쫓겨왔거나 서손에 승중이 된자도 같다. 적자가 있는데 장손을 위하는 것과, 지자가 적손을 위하는 것도 마찬가지이다.

❾ 소공(小功)에는 다섯달을 입는다.

정복은 증조부와 증조모, 형제의 손자, 종형제의 아들, 재종형제의 경우에 입는다.

외조부모와 외숙, 생질의 경우도 마찬가지이다. 의복으로는 종조모와 남편의 형제, 손자, 남편 종형제의 아들을 위해서 입는다.

형제의 아내와, 남편의 형제에게도 같으며, 제부와 질부끼리도 소공복을 입는다.

❿ 시마(緦麻)에는 석달을 입는다.

정복은 종증조부, 증조모, 증조의 형제와 자매, 그리고 형제의 증손과 증조부, 증조모를 위해서 입는다.

종형제의 자매, 외손내외 종형제에게도 마찬가지이다. 의복으로는 남편 형제의 증손과 남편의 손자와 남편 종형제의 아들에게도 마찬가지이다. 서모, 유모, 사위, 장인에게도 마찬가지이다.

⓫ 아이 죽은 것을 위해 입는 복은 차례로 한등씩 내린다.

보통 8세에서 11세 사이에 죽은 경우는 하상(下殀), 12세에서 15세 사이에 죽은 경우는 중상(中殀), 16세에서 19세 사이에 죽은 경우는 장상(長殀)이라고 한다.

8세가 못되면 복이 없는 상이니 그저 곡만 할 뿐이다. 그러나 아이로 죽은 것이 기년(耆年)복에 친(親)이면 열흘에 3일씩 곡을 하고, 시마에 친이면 3일로 제한한다.

낳은지 석달미만은 곡도 하지 않는다. 단, 약혼했거나 결혼했으면 상이라 할 수 없다. 그러나, 예라는 것은 사람의 정으로 인연한 것이요, 골육의 정이라는 것은 어른이나 아이나 다른것이 없으니 아이들이 죽은 복이 있게 마련이다.

⓬ 모든 남자가 남의 후계자가 될 사람과 여자가 남에게 간 사람이 자기의 친당을 위하는데는 모두 한등씩 내린다.

딸이 남에게 간 사람은 복(服)이 내려간다. 그리고 제상(除喪)이 되기전에 쫓겨났으면 그의 본복(本服)을 입는다. 이미 제상했으면 복을 다시 입지 않는다.

부인이 남편의 당(黨)을 입을 대에 상사를 당하여서 쫓겨 났으면 그 복을 벗는다. 첩이 자기 친당을 위해 입는 복은 일반 사람과 같이 한다.

⑬ 마음으로 슬퍼하기를 3년으로 한다.

심상(心喪)이란 몸에 베옷을 입지 아니하고 마음으로 슬퍼한다는 뜻으로, 원칙으로는 스승에게 해당되는데, 마음으로 3년을 채운다는 뜻이다.

그리고 기년을 입되 3년을 펴(伸)는 것은, 아버지가 계시는데 어머니를 위하는 것, 적모, 계모도 같다.

또는 쫓겨나간 어머니, 시집간 어머니, 부모가 계신데 양부모, 적손이 조부가 계신데 조모, 그리고 본생부모, 며느리가 시부가 계신데 시모를 위함과 첩의 아들의 처가 남편의 적모, 남편의 승중도 그의 부모를 위하는 것 등도 마찬가지이다.

또한 서자로서 아버지의 뒤가 된자는, 어머니를 위하는 것은 비록 복은 없으나 3년을 펴(伸)는 것이다.

제
四
장

⑭ 조복(弔服)에 삼(麻)을 더한다.

복이 없는 부인이나 일가고모, 맏누이 혹은 누이동생으로 시집을 간 사람, 또는 친구들이나 선비, 종들이 위하는 것이다. 그러나 삼 한가닥으로 테두리를 하여 머리에 쓴다는 것이 어려워서 그저 흰띠로 석달이면 정을 편다고 한다.

⑮ 성복 한날 주인 형제들이 처음으로 죽을 먹는다. 아들들은 죽을 먹는다. 처나, 첩 또는 기년이나 아홉달 복을 입는 사람들은 거친 음식을 먹고 물을 마시며, 맛있는 나물이나 과일은 먹지 않는다.

다섯달 복이나, 석달복을 입은 사람도 술을 마시고 고기를 먹되 즐

거워 하지 않는다.

이때부터 연고가 없으면 밖에 나가지 않고, 만일 부득이한 일로 출입을 하게 되면 순박한 말에 배안장을 하거나 흰가마에 베주렴한 것을 탄다.

(15) 조문(弔問)

조문은 고인의 명복을 빌고, 유가족을 위로하기 위하여 찾아가 인사하는 것을 말한다.

❶ 전통식 상례의 경우 조문은 원래 성복 뒤에 하며 성복 전에는 가까운 일가, 친척, 친구 등이 가서 상주에게만 인사하고 영구(靈柩)에는 절을 하지 않는다.

❷ 그런데 성복 뒤라고 해서 무조건 영좌앞에 곡하고 두 번 절하는 것은 아니다. 망인(亡人)과 생존에 안면이 없다던지 또는 아래 사람이거나 면식이 있더라도 여사인 경우, 영좌에 절하지 않고 곡을 하며 상주에게만 인사한다.

❸ 조객이 호상의 안내를 받아 들어가면 상주는 일어나서 "에고 에고…"하고 곡을 하며 조객은 "어이 어이…"하고 곡을 하면서 두 번 절을 한다.

❹ 인사가 끝나면 조객은 상주와 맞절을 한다음 무릎을 꿇고 "상사를 당하시어 얼마나 망극하십니까." "참으로 뜻밖의 일이 었습니다." 라고 인사를 하면 상주는 "망극하옵니다." 또는 "죄송합니다." "감사

합니다." 하고 대답하기도 한다.

조문은 탈상 이전에는 언제라도 할 수 있다.

(16) 부의(賻儀)

부의란 초상집에 부조금이나 부조물품을 보내는 것을 말한다.

부의를 보낼때는 부의장(단자:單子)을 써서 부의금과 함께 봉투에 넣어 보내며 조물(弔物)일 경우에는 따로 싸고 부의장만 봉투에 넣어서 보낸다.

옛날부터 우리나라는 십시일반(十匙一飯)이라는 말처럼 이웃이나 친척 등이 어려운 일을 당할때면 서로 돕고 위로하며 슬픔을 나누는 미풍양속(美風良俗)이 있었다.

인간상사 가운데서 가장 어려울때가 초상을 당할때이다.

(17) 만장(輓章)

만장이란 죽은 사람을 애도하여 지은 글을 비단이나 종이에 적어서 기를 만들어 상여를 따르게 하는 것을 말하는데, 만사(輓詞)라고도 한다.

가정의례준칙에서는 사용을 금지하고 있다.

만장의 첫 머리에는 근조(謹弔)라고 쓰고 만장의 본문을 쓴다음 끝에는 자기의 성명을 쓰되(본관 후인 성명 곡재배 즉 ○○(본관) 後人 ○○○(姓名) 哭再拜)라고 쓴다.

만장 쓰는 법

예문1) 친구일 경우

소시수습매동연 (少時修習每同筵)
만경회해상노년 (晩境詼諧相老年)
무단홀연선화거 (無斷忽然仙化去)
송군휘누석양천 (送君揮淚夕陽天)

〈풀이〉

어렸을때는 언제나 자리를 같이 하여 공부를 하였고
늙어서는 서로가 늙은이라고 농담하던 사이인데
이제 말 한 마디 없이 갑자기 가버리니 이게 웬 말이요
그대를 보내고 눈물만 흘리다보니 벌써 해는 저물어 어두워 졌네

예문2) 친구일 경우

통곡군영누불경 (慟哭君靈淚不輕)
여하선아상제경 (如何先我上帝京)
요억소상한야월 (遙憶簫湘寒夜月)
인하척안인오성 (忍何隻雁咽嗚聲)

〈풀이〉

그대의 영혼 앞에서 통곡을 하니 눈물이 그치지 않구나

어찌하여 나보다도 먼저 천국에 갔단 말인가
멀리서 퉁소소리 들려오는 고요한 달밤에
짝잃은 외기러기의 슬피우는 소리를 들으니 가슴이 찢어지는구나

예문3) 친구일 경우

문군하사작사행 (問君何事作斯行)
적강신선반옥경 (謫降神仙返玉京)
인사친붕송차결 (隣社親朋送此訣)
잠연휘누불감정 (潛然揮淚不堪情)

〈풀이〉
그대는 어찌하여 이 길을 간단 말인가
신선으로 인간사회에 내려왔다가 이제야 돌아가는구나
이웃동네 여러친구들이 여기 모여서 작별하는데
몰래 눈물 흘리며 북바치는 슬픔을 참지 못하네

예문4) 일반적인 경우

증장인생일몽장 (證場人生一夢場)
나하감인송사행 (奈何敢忍送斯行)
부노해시영결지 (父老孩堤永訣地)
해가호곡총처량 (薤歌呼哭總悽凉)

〈풀이〉

인간세상이 일장춘몽 같다는 것은 알았지만
그대를 못본다니 정말 꿈 같소이다
어찌하여 참지 못하고 이 길을 떠나보낸다니
젊은이 늙은이 아이들 모두 나와서 영결(永訣)을 하니
상여소리 울음소리로 슬픔과 눈물이 바다를 이루는 구료

♣ 해가(薤歌=해로가薤露歌) : 호리곡(蒿里曲)과 더불어 한(漢)나라때에 부르던 애달프고 슬픈 상여소리로 인생이 부추잎의 이슬처럼 덧없음을 노래한 것임.

예문5) 선생님의 경우

오배차무복 (吾輩嗟無福)
선생엄구천 (先生奄九泉)
도여사인거 (道與斯人去)
언공백세전 (言空百世傳)

〈풀이〉

우리들이 복이 없는 것을 탄식하노라
선생님이 천국으로 돌아가셨습니다
도덕은 선생님과 함께 이 세상에서 사라지고
세세(歲歲)토록 지식을 전해줄 사람이 어디 있습니까

전통상례

예문6) 정치가의 경우

추성일야낙동성(樞星一夜落東城) 지통천비수자명(地慟天悲水自鳴)
별누진진창해활(別淚津津滄海濶) 분심첩첩태산경(憤心疊疊泰山輕)
당당대의생전업(堂堂大義生前業) 열열정신사후명(烈烈精神死後名)
천추원한빙수문(千秋怨恨憑誰問) 적막황능백일명(寂寞荒陵白日明)

〈풀이〉
동쪽성의 으뜸 별이 하루밤 사이에 떨어지니
땅도 통곡하고 하늘도 슬퍼하며 물도 스스로 목메어 우네
이별의 눈물이 나루마다 가득하며 넓은 바다를 슬픔으로 메우니
울분한 마음이 쌓이고 쌓이니 오히려 태산이 가볍도다
살았을적에 당당히 큰 일을 감당하시고
세차고 뜨거운 정신은 돌아가신 뒤에 더 이름이 날리네
천추에 이 원한을 누구에게 물어야 할까
고요하고 거칠은 무덤가에는 밝음만이 찾아오네

(18) 장일(葬日)과 장지(葬地)

요즘 장일은 부득이한 경우를 제외하고는 사망한 날로부터 3일이 되는 날로 한다.

예로부터 전해 내려오는 관습에는 우수(偶數)를 쓰지 아니하고, 기수(奇數)를 써서 3일장, 5일장, 7일장으로, 또는 일진이 중상일(重

喪日)인 경우를 피하여 행한다.

보통 3일장을 원칙으로 하나 부득이한 경우 5일장, 7일장을 하는 경우도 있다. 또한 가세나, 신분이나, 계급에 따라서 장일을 결정한다. 옛날에는 대부가(大夫家)에서는 삼월장(三月葬), 사부가(士夫家)에서는 일월장(一月葬)을 했다.

장사는 매장이나 화장으로 한다. 장지는 일반적으로 공동묘지를 이용하는 실정이지만 경제적으로 여유가 있는 집안은 가족묘지나 선산으로 모신다.

합장을 하는 경우는 좌남여우(左男女右)로 한다. 그리고 상례 준비에 있어서 도시에서는 보통 영구차 및 여러가지 상구를 장의사에게 부탁하여 구비하고, 농촌에서는 대체로 위친계(爲親契)의 공동 소유물인 상여가 있어서, 그것을 사용하며 경제적으로 형편이 넉넉한 경우 새것을 만들어 사용한다.

안장길일(安葬吉日)

편안하게 장사 지내려면 살이 없는 날을 택해야 한다. 택일 하는 법은 일진(日辰)을 기준으로 한다.

- **정월:** 계유(癸酉), 정유(丁酉), 신유(辛酉), 임진(壬辰), 임오(壬午), 병오(丙午)
- **이월:** 병인(丙寅), 임신(壬申), 경인(庚寅), 병신(丙申), 임인(壬寅), 기미(己未), 갑신(甲申), 경신(庚申)
- **삼월:** 임신(壬申), 갑신(甲申), 병신(丙申), 계유(癸酉), 신유(辛酉), 을축(乙丑), 경오(庚午), 정축(丁丑), 갑오(甲午)

• **사월:** 을유(乙酉), 정유(丁酉), 계유(癸酉), 신유(辛酉), 임오(壬午), 을축(乙丑), 경오(庚午), 정축(丁丑), 갑오(甲午)

• **오월:** 갑신(甲申), 병신(丙申), 경신(庚申), 임신(壬申), 갑인(甲寅), 경인(庚寅), 임인(壬寅), 신미(辛未), 갑술(甲戌), 경진(庚辰), 갑진(甲辰)

• **유월:** 계유(癸酉), 을유(乙酉), 신유(辛酉), 임신(壬申), 경신(庚申), 갑신(甲申), 병신(丙申), 갑인(甲寅), 경인(庚寅), 신유(申酉)

• **칠월:** 계유(癸酉), 을유(乙酉), 정유(丁酉), 임신(壬申), 병자(丙子), 임오(壬午), 갑신(甲申), 병오(丙午), 병진(丙辰), 임자(壬子), 임진(壬辰), 병신(丙申)

• **팔월:** 임신(壬申), 갑신(甲申), 병신(丙申), 경신(庚申), 임인(壬寅), 경인(庚寅), 임진(壬辰), 을사(乙巳), 정사(丁巳), 계유(癸酉), 을유(乙酉), 기사(己巳)

• **구월:** 임오(壬午), 병오(丙午), 병인(丙寅), 경인(庚寅), 갑술(甲戌), 술오(戌午), 신해(辛亥)

• **십월:** 병자(丙子), 갑진(甲辰), 병진(丙辰), 병오(丙午), 임오(壬午), 경오(庚午), 임진(壬辰), 갑자(甲子), 경자(庚子), 신미(辛未), 계유(癸酉), 을미(乙未)

• **십일월:** 경인(庚寅), 임인(壬寅), 갑인(甲寅), 임신(壬申), 갑진(甲辰), 병신(丙申), 임자(壬子), 임진(壬辰)

• **십이월:** 임신(壬申), 임인(壬寅), 갑인(甲寅), 계유(癸酉), 갑신(甲申), 병신(丙申), 을유(乙酉), 병인(丙寅), 술인(戌寅), 경인(庚寅)

(19) 영결식(永訣式)

영결식은 돌아가신 고인(故人=망인:亡人)과의 마지막 작별하는 의식이다.

상가(喪家)의 뜰에서나 혹은 특별한 장소, 광장 등에서 하기도 하며 영구(靈柩)앞에 과실과 포(마른고기) 등의 제물로 제사상을 갖추고 면저 상주가 분향하며 술잔을 올리고 견전고사(遣奠告辭)를 읽은 다음, 두 번 절한다.

그다음에는 친척과 조객(弔客)들의 순서로 분향하고 배례한다. 상여가 장지로 떠나기(발인:發靷)전에 적당한 장소에서 영구를 모시고 영결식을 거행한다.

영결식의 순서

❶ 개식 선언

❷ 약력 보고(略歷 報告)

❸ 조사(弔詞) 및 조문(弔文) 낭독(순서에서 생략해도 무방함)

❹ 상주 및 근친 분향(焚香) 배례(拜禮)

❺ 조객(弔客) 분향

❻ 전원 합동경례

❼ 폐식 선언

♣ 천구고사(遷柩告辭) : 옛날에는 장례지내는 날자가 오랜 기간 계속되고 발인(發靷)하기 전 날 가정에 사당이 있어서 영구와 영위를 모시고 조전을 지내게 되어서 천구고사와 조전고사(弔奠告辭)를 읽었으나 근래에는 대체로 발인 당일 영구를 옮기므로 천구고사만을 읽는다.

천구(遷柩)고사의 예

금이길진천 (今以吉辰遷)
구 감고 (柩 敢告)

취여(就輿)고사의 예 (상여로 모실때)

금 천 (今 遷)
구 취여 감고 (柩 就輿 敢告)

♣ 감고(敢告) : 아내와 아우 이하의 상일때는 자고(玆告)로 고쳐 쓴다.

제四장

견전(遣奠)고사의 예

영이기가 왕즉유택 재진견례 영결종천
(靈輀旣駕 往卽幽宅 載陳遣禮 永訣終天)

♣ 영결종천(永訣終天) : 아내의 상일때는 불승감창(不勝感愴)이라 하고 아들의 상일때는 심언여훼(心焉如燬), 아우의 상일때는 비불자승(悲不自勝)이라 한다.

(20) 조사(弔詞)와 조전문(弔電文)

조사란 죽은 사람을 위하여 애도하는 마음으로 쓰여진 글이다. 장례식에 참석하여 읽으면서 문상하는 것이다.

죽음에 따라서는 천명(天命)을 다 하는 경우와 요절(夭折), 전사(戰死), 순직(殉職), 희생(犧牲) 등의 여러 경우가 있는 것이므로 슬픔과 위로가 각각 다르다.

♣ 조전문의 예

- 삼가 조의를 표함 ○○○
- 삼가 조의를 표하오며 명복을 빕니다 ○○○
- 아버님의 돌아가심을 슬퍼하오며 삼가 조의를 표합니다.
- 멀리서 삼가 명복을 빕니다.
- 갑자기 슬픈 소식을 듣고 충심으로 조의를 표합니다.

(21) 천구(遷柩)

영구를 상여로 옮기는 의식으로 발인 전날 거행한다. 이때는 오복(五服)의 친척들이 모두 자기의 복을 입고 배례한다.

축관이 혼백을 받들고 앞서 가서 사당앞에 뵈면 집사는 제물을 진설하고 조전을 올린다. 다음에 명정이 따르고 복인(服人)들이 영구를 들고 나가면 상주이하 모두는 곡을 하면서 뒤를 따라간다.

집이 좁을 경우, 혼백으로 영구를 대신해도 된다. 이어서 영구를 다시 마루로 옮기는데 축관이 혼백을 받들고 영구를 안내하면 주인이하 모두가 곡하면서 뒤를 따른다. 해가 지면 조전을 올리고 이튿날 날이 밝자마자 영구를 상여로 옮긴다.

(22) 치장(治葬)

치장은 발인하여 성분(成墳)까지의 절차를 말한다.

옛날에는 석달만에 장사를 지냈는데, 먼저 장사를 지낼만한 땅을 고르고 묘자리를 정하면 장사지낼 날짜를 잡고 산소에 산역(山域)을 시작하고 또한 토지신에게 사토제(祠土祭)를 지낸다. 먼저 산신(山神)에 주과포(酒果脯) 등을 차려놓고 축(祝)을 읽으며 제사를 지낸다.

산신에게 고하는 축문

유	維
세차갑오오월을미초오일기해	歲次甲午五月乙未初五日己亥
유학 ○○○ 감소고우	幼學 ○○○ 敢昭告于
토지지신 금위군수경주박공	土地之神 今爲郡守慶州朴公
영건택조	營建宅兆
신기보우 비무후간	神其保佑 俾無後艱
근이청작포해 지천우신 상	謹以清酌脯醢 祇薦于神 尙
향	饗

제四장

〈풀이〉
갑오년 오월 오일 박○○가 감히 고하나이다
토지신께 군수벼슬 하던 박○○의 유택을 마련하오니
신께서 보살펴 주시어 어려움이 없도록 하여 주시옵소서
이에 맑은 술과 포와 젓갈을 올리오니 받아주시옵소서

(23) 천광(穿壙)

천광은 묘자리를 파는 일인데 이는 출상하기 전에 미리 준비하여야 한다. 이때에는 토지신을 달래는 개토제(開土祭)를 지내는데 대개는 일꾼들이 땅에 술을 뿌리며 말로서 하지만 주과포해(酒果脯醢)등으로 제상을 차려 개토고사를 읽는 것이 관습이다.

묘소의 왼편에 남향으로 제상을 차려놓고 고사자가 신위앞에 북향하여 분향(焚香)하고, 두번 절하고 술을 부어놓고 개토고사를 읽은 뒤 두번 절한다.

그리고 선산내(先山內)에 장사하려면, 먼저 선영에게 고사 지내되 제일 위 어른이나 또는 묘 자리에서 가까운 분에게 지낸다.

♣ 천광(穿壙): 사토제가 끝나면 땅을 파기 시작하여 광중(壙中)을 만든다. 땅을 팔때는 금정기(金井機)를 땅위에 놓고 일을 시작한다. 금정기는 나무막대 4개를 가지고 우물 정(井)자 모양으로 만들어서 관의 크기를 짐작하여 바르게 놓고 네모퉁이마다 말뚝을 박아서 표시한 뒤, 그 모양대로 파면된다.

그리고 다 파고 난 뒤, 석회에 모래를 섞어 발라서 관이 들어갈 정도

크기의 곽(槨)을 만든다.

(24) 횡대(橫帶) 및 지석(誌石)

횡대는 나무판이나 대나무로 한다.

이것은 하관하고 석회를 덮을때 회가 직접관에 닿지않게 덮는 것이다. 지석은 돌, 회벽돌, 혹은 질그릇으로 하고 글자를 쓰거나 새긴다.

지석에 쓰는 글은 위쪽은 누구의 묘라는 것을 쓰고 바닥밑에는 약력과 인적 관계를 쓴다.

(25) 발인(發靷)

영구가 장지를 향해 떠나는 것을 말한다. 영결식이 끝나면 명정(銘旌)을 선도로 공포(功布), 만장(輓章), 요여(腰輿), 수행원(隨行員), 영구, 상주(喪主), 상인(喪人), 조객의 순서로 장지를 향해 출발한다.

매장(埋葬)의 경우에는 성분(成墳)후에 위령제를 지내며 화장(火葬)의 경우에는 그곳에서 분향 및 합동배례를 한다.

♣ 공포(功布): 관을 닦는때 쓰는 삼베 헝겊을 말한다. 발인할때 명정과 같이 앞에 세운다.

(26) 발인제(發靷祭)

발인제는 영구가 상가(喪家), 또는 장례식장을 떠나기 직전에 그 상가 또는 장례식장에서 행한다.

발인제는 고인(故人)과의 마지막 작별을 고하는 의식으로 상가의 뜰에서나, 혹은 특별한 장소에서 행하는 수가 있다.

장례식에서 영구를 옮길때는 천구고사(遷柩告辭)를 읽고, 제상을 갖추어 상주가 분향하고 술잔을 올리고, 견전고사(遣奠告辭)를 읽은 다음에 두번 절한다.

식장에서 영구를 모시고 그 옆에 명정을 세우고, 촛대, 향합, 그리고 사진이나 위패를 준비한다.

발인제의 순서

❶ 개식
❷ 주상 및 상제들의 분향
❸ 고인의 약력소개
❹ 조객 분향
❺ 폐식

▶ 운구(運柩): 영구를 운반하여 장지까지 가는것을 말하며 명정, 공포, 만장, 요여, 영구, 상주, 복인, 조객의 순서로 나아간다.

▶ 천광(穿壙):
땅을 팔때는 금정기(金井機)를 땅위에 놓고, 나무막대기 4개를 가지고 우물 정(井)자 모양으로 말뚝을 박아 파들어 간다.

▶ 성분(成墳): 흙과 회로 광중을 채우고 봉분을 만드는 것을 말하며, 성분이 끝나면 제물을 올리고 제사를 지낸다.

(27) 운구(運柩)

영구와 영위를 운반하여 장지까지 가는 것을 운구라 한다.

운구하는 도중에는 상주이하 모든 조객들이 곡하면서 뒤를 따른다. 만일 장지가 멀리 떨어져 있는 경우 묘소 근처까지는 영구차로 운구하고 상여로 운구할때는 묘소 가는 도중에 조전노제(弔奠路祭)를 지내기도 하며, 이때 고인(故人)과 친한 친구나 친척 중에서 뜻있는 사람이 조전자(弔奠者)가 되어 제물을 준비했다가 지낸다.

적당한 장소에 장막 혹은 병풍 등으로 제청(祭廳)을 꾸미고 영여(靈輿)를 모신다음, 제물을 차린 뒤 조전자가 분향 후 술을 올리고 제문(祭文)을 읽고 모두 곡을 하며 두 번 절을 한다.

제四장

1. 상여를 매고 갈때 운구의 행렬순서

❶ 고인의 사진
❷ 명정(銘旌)
❸ 영거(靈車: 혼백을 싣고가는 수레, 지금은 지틀(의:椅)을 이용한다.
❹ 만장(輓章)
❺ 공포(功布)
❻ 대여(大轝)
❼ 상주와 상인
❽ 존장(尊長)

❾ 무복지친(無服之親)

❿ 빈객(賓客)

⓫ 조객의 순으로 한다.

우리의 관습으로는 사진을 선도로하여 명정(銘旌), 공포(功布), 만장(輓章), 요여(腰輿)와 배행원(陪行員), 영구(靈柩)와 시종(侍從), 상인(喪人)과 조객(弔客)의 순서로 발인하는데, 이것은 상여(喪輿)로 운구할 경우에 한한다.

♣ **정상소(停喪所):** 묘지에 도착해서 하관하기까지 시간이 오래 걸리므로 미리부터 천막과 병풍 등으로 묘상각(墓上閣)을 짓는 것을 정상소라 한다. 영구가 도착되면 그쪽으로 모시어 외결관을 풀고 명정을 풀어서 관위에 덮은 다음, 모두 마주서서 곡하며 두 번 절한다.

♣ **상여소리:** 관을 나르는 것은 상여이고 그 상여를 메는 것은 상두꾼이다. 상두꾼이 움직이지 않으면 운구가 불가능해 진다. 그러나 이 상두꾼을 움직이게 하는 것은 '상여소리' 이다.

"간다 간다 나는 간다 북망산천 나는 간다"하는 앞소리꾼의 노래 가사에 따라 상여가 움직이면서 상두꾼들은 "너호 너호 에이넘차 너호"하고 뒷소리를 받는다.

발인제를 지낸 뒤, 상여꾼들이 상여를 망자의 집쪽을 향하여 3번 올렸다 내렸다 하는데 이것은 망자의 집을 향한 마지막 인사인 것이다.

2. 상여소리

상여소리 예문1)

북망산이 머다드니
門턱밖이 북망일세
어! 허이 에! 헤
에헤! 어! 헤
서른두명 상두군이
양쪽에서 메고가네
앞산도 착잡하고
뒷산도 첩첩하다
황천이 어디라고
그리쉽게 가랴는가
애초시에 이세상에
생기지나 말을것을
죽어서 하직하니
불쌍하고 서른지고
왔다가면 그저가지
놀던터에 이름두고
그리바삐 가단말가
그리쉽게 가단말가
칠성님전 복을빌고

성황님전 명을빌고
옥황님전 수를빌고
아버님전 뼈를빌어
어머님전 살을빌고
하느님의 은덕으로
우리인생 생겨났네
가엽게도 생겨났네
아침나절 성턴몸이
저녁나절 병이들어
염라대왕 찾아오고
사자님이 찾아와서
처자식을 모두두고
저승길을 떠난다네
일가친척 많다한들
어느누가 대신가리
대문밖을 썩나스니
없던곡성 진동하네
어서가세 어서가세
아조갈길 어서가세
이제가면 언제오나
내년이때 다시오나
옹솥안에 삶은팥이
싹이나면 오실랑가

병풍에 그린닭이
날개치면 오실랑가
구름같은 이세상에
草露같은 우리인생
칠팔십을 사잣더니
일장춘몽 꿈이로다

상여소리 예문2)

" 이제 가면 언제 오나 친구나 보고 떠나가자
사위 사위 우리사위 만나보고나 떠나갈까
오늘 한번 이래 보면 우리사위 언제볼고
잘 있그라 잘 살어라 북망산천 나는 간다
어지 갈꼬 어이 갈꼬 산 설고야 물 선곳에
못 갈다야 못 갈다야 노자 없어 못 갈다야
황천가는 이 길에야 노자 한 푼 보태주니
간다 간다 나는 간다 황천길로 나는 간데이 "

상여소리 예문3)

" 상주상주 우리 상주 어데 가고 아니오노
이제 보면 언제 볼꼬 막죽이고 하직이데이
혼자 남은 너거 어메(어머니) 생고생도 많이 했데이

상주상주 내상주야 너거 어메를 잘 섬겨라
……
이제 가면 언제 올로 내년 이맘때 제삿날에
다시 한번 만나보자 잘 있거라 잘 가거라
우리 딸네 울지 마라 내 가슴이 더 답답다
내가 가면 아주 가나 저승길에 만나 보재이 "

상여소리 예문4)

" 한번 아차 죽어지니 저승길이 분명하데이
대궐같은 집을 두고 나의 갈길 찾어가네
이제 가면 언제 오노 한번 오기 어려워라
우리 인생 한번 가면 다시 오기 어려워라 "

상여소리 예문5)

" 저승길이 멀다해도 문전 앞이 저승이데이
대궐같은 집을 두고 저승으로 가는 길에
노비라도 보태주면 고맙기도 고맙데이
내가 가면 아주 가나 저승길에 만나보제이 "

상여소리 예문6)

" 일직사자 월직사자 한손에 창검들고
또 한손에 철봉들고 쇠사슬을 비껴들고
활등같이 굽은 길로 쏜살같이 달려와서
성명삼자 불러내니 뉘분부라 거역하며
……
저승원문 다다르니 우두나찰 마두나찰
소리치며 달려들어 인정달라 하는구나 "

상여소리 예문7)

" 석가여래 공덕으로
아버님전 뼈를 빌고 어머님전 살을 빌고
칠성님전 명을 빌어 이 세상에 태어나서
세상천지 만물중에 사람밖에 또 있는가

염라대왕전 굴복하니 추상같은 호령일세
살아생전 이웃들에게 선심공덕 하였더냐
배 고픈 자 밥을 주어 기갈공덕 하였더냐
목 마른 자 물을 주어 갈수공덕 하였더냐
헐벗은 자 옷을 주어 누의공덕 하였더냐 "

제四장

상여소리 예문8)

" 열일곱에 시집 오니 어린 신랑 철 모르고
홀시아버지 섬기는데 웬 제사는 그리 많고
시동생들 뒷바라지 없는 살림 갖은 고생
아들 못낳아 설움받다가 막죽판에 너를 놓고
들어봐라 맏상주야 내가 너를 키울 적에
진자리에 내가 눕고 마른 자리에 너를 눕혀
어이그리 키웠든고 눈물밥은 얼마든고
천년만년 살라고야 알뜰살뜰이 벌었는데
앞산에 팔발쪼아 발뙈기도 장만하고
외동상주 잘 키울라고 갖은 애를 다 썼건만
애닯고도 애닯도다 살 만하이 병이 드네
박복한 내 팔자야 내 몸 하나 죽어지니
태산같이 모은 재물 세상만사가 헛사된다
박복한 요내몸이 갓 육십에 나는 간다
육십평생 고생하다 갈라 하니 원통하다
발뙈기도 못미덥고 외동상주 못미덥다 "

♣ 내폄(乃窆) : 상여가 장지에 이른 뒤, 하관에서 성분까지의 순서이다. 대여(大轝=상여)가 장지에 도착하면 상여에서 영구를 부축하여 광중 가까이 옮긴 뒤, 결관(結棺)을 풀고 공포(功布)로 관을 닦는다.

전통상례

(28) 하관(下棺)과 성분(成墳)

적당한 시간에 하관할때 상주들은 곡을 그치고, 하관하는 것을 살펴본다. 이때 다른 물건이 광중으로 떨어지거나 영구가 바르게 되어있나(영구의 좌향坐向) 등을 살핀다.

하관이 끝나면 공포로 관을 깨끗이 닦고 나서, 명정으로 먼저 관위를 덮고 그다음 구의(柩衣)로써 덮는다. 이 때에 산폐(山幣)를 드리는 수도 있으나, 이는 현(玄: 검은 비단실), 훈(纁: 붉은 비단실)을 상주가 집사자에게 주면 현은 관의 동쪽 위편에 놓고, 훈은 서쪽 아래편에 놓으며 상주는 곡하면서 두 번 절한다. 이때 모두 다 같이 슬피 곡을 한다.

흙과 회(灰)로 광중을 채우고 흙으로 봉분을 만든 뒤, 잔디로 덮는 것을 말한다.

그 다음에는 천개(天蓋), 즉 회(膾), 동(棟), 송(松), 죽(竹) 등으로 만든 것을 덮고 평토(平土)하되 지석(誌石: 보통 상석이라고 하는데 누구의 묘라고 새긴 것)을 묻고 성분(成墳)을 한다.

또 묘앞에 영위를 모시고 술상을 차려놓고 상주가 분향하고 술잔을 올리며 사토고사(祠土告辭)를 읽은 다음, 곡하며 두 번 절한다. 그리고 집으로 돌아올때에 혼백을 모셔온다는 뜻으로 신주를 영여에 모시고 집사자가 분향하며 술을 부어놓고 상인들은 오른편에 꿇어앉아서 반혼고사(返魂告辭)를 읽은 다음, 모두 곡하며 두 번 절한 다음에 집으로 모셔온다.

제四장

묘터 잡기에 넣기

" 천하 명산
올러 간다
일심 받어
땡겨 주소
올러 갈때
힘많이 든다 "

덜구소리(봉분 다지기)

평토제 뒤에 반혼이 이루어지면 묘터의 산역꾼과 상두꾼들은 흙을 다져가며 봉분 만드는 일을 한다. 이 가운데 무덤 다지는 일은 산역일 가운데 가장 큰 일이다.

'덜구소리' 에 맞추어 덜구꾼들이 흙을 다지는 소리는 마치 춤을 추는 듯 하다. 후렴구도 "워어 덜구어"는 2음보격이다.

예문1) 덜구소리 (서두부분)

" 덜구꾼은 여덟인데 나까지 아홉일세
줄맞추고 대맞추고 한발을랑 내디디고
쿵덕쿵덕 찧어주소"

전통상례

예문2)

" 온세상 벗님네들
집구경을 가쟈스라
기와집은 누집일로
산천초목 울(울타리)을 삼고
떼딴재미(잔디) 이불삼고
널판질랑 요를 삼고
까막까치 벗을 삼고
눈을 감고 누웠는 세상
슬프고도 애닯도데이 "

예문3)

" 산지조종은 곤륜산이요
수지조종은 황하수인데
곤륜산 일진맥은
우리조선 생겼으되
백두산이 주산되고
한라산이 안산된데이
두만강이 청룡되고
압록강이 백호되니
……

천하명산을 골라잡아
편한 양지 어디든고
팔도강산 좋은 명산
역력히도 둘러보소
서울앞산 삼각산은
한강물이 둘러있고
평안도라 묘향산은
대동강이 둘러있고
……
안동땅에 비봉산은
반변천이 둘러있고
이산맥을 밟아보이
천하에도 제일인데
편한 양지 여기로데이

(29) 위령제(慰靈祭)

위령제는 성분이 끝난 후 영좌를 묘소 앞으로 옮기고 간소한 제수를 차려놓고 다음의 순서로 지내며, 화장시에는 혼령자리를 유골함으로 대신하여 고인의 명복을 비는 제를 지낸다.

● 위령제의 순서

❶ 분향
❷ 잔 올리기
❸ 축문읽기
❹ 재배(두번 절한다)

♣ 반우(返虞) : 집으로 돌아올때 혼백을 모셔온다는 뜻으로 신주를 영여(靈輿)에 모시고, 집사가 분향하고 술을 부어놓고 상제들은 오른편에 꿇어앉아 반혼고사(返魂告辭)를 읽은 다음 모두 곡을 하고 두번 절한 뒤에 모시고 왔던 길로 돌아간다.

위령제문의 예

서기　　년　월　일

아들(또는 딸) ○○는 삼가 아뢰옵나이다.
아버님(또는 어머님)이시여, 오늘 이 자리에 유택(幽宅)을 정하여 모시었사오니, 영령은 길이 평안하시옵소서.
(화장의 경우에는 '다비(茶毘)에 모시었사오니' 라고 함.)

사토고사(祠土告辭)의 예

유 세차 갑자오월 을미초오일 기해
유학 ○○○(고사자 명) 감소고우
토지지신 금위 군수경주박공 폄자유택
신기보우 비무후간 근이 청작포혜 지천우
신상 향

維 歲次 甲午五月 乙未初五日 己亥
幼學 ○○○(告祀者名) 敢昭告于
土地之神 今爲 郡守慶州朴公 窆玆幽宅
神其保佑 俾無後艱 謹以 淸酌脯醢 祗薦于
神尙 饗

반혼고사(返魂告辭)의 예

유 세차 갑자오월 을미초오일 기해
유학 ○○○(고사자 명) 감소고우
현○(제위) 군수경주박공 형귀둔석
신반실당 신주미성 권봉지방 복유존령

維 歲次 甲午五月 乙未初五日 己亥
幼學 ○○○(告祀者名) 敢昭告于

顯○(祭位) 郡守慶州朴公 形歸窀穸
神返室堂 神主未成 權奉紙榜 伏惟尊靈

(지방의 경우에는 권봉지방(權奉紙榜)
사진의 경우에는 권봉사진(權奉寫眞) 이라고 함.)

(30) 반곡(反哭)

평토제가 끝난 뒤, 장례를 마치면 상주이하 상제들은 혼백(=신주)을 모시고 곡하며 돌아오는데 이를 반곡 혹은 반우(返虞), 반혼(反魂)이라 한다.

집사자는 궤연 등 영좌를 설치하고(설영좌:設靈座) 상주가 집에 도착하면 축관으로 하여금 신주를 모시게 한 뒤, 신주뒤에 혼백함을 모신다. 그러면 상주이하 모두가 나아가 슬피 곡을 한다. 이때, 빈객 가운데 친척, 친구 등은 상주에게 조위(弔慰)한다.

제四장

(31) 우제(虞祭): 초우, 재우, 삼우

우리의 관습으로는 장례를 지낸 3일만에 가는 것인데 첫 성묘를 가기전에 먼저 우제(虞祭)를 지낸다.

우제는 혼백을 편안하게 모신다는 뜻으로 지내는 제사이며 초우(初虞)는 묘소에서 돌아온 그날 저녁에 영좌(靈座)에 혼백을 모시고 제례(祭禮)로서 지낸다.

재우(再虞)는 장사지낸 그 이튿날 식전에 지내되 그날의 일진이 강일(剛日: 甲, 丙, 戊, 庚, 壬)이면 그 다음날인 유일(柔日: 乙, 丁, 巳, 辛, 祭)에 지낸다.

삼우(三虞)는 재우를 지낸 다음날 식전에 지낸다.

♣ 초우(初虞) : 장례를 지낸 뒤, 집에 돌아와서 그날 중으로 지내는 제사이다. 혹시 집이 멀리 떨어져 그날 오지 못할 경우, 그곳 유숙하는 집에서라도 지내야 한다.

이때, 상주이하 모두가 목욕을 하지만 머리에 빗질은 금한다. 이 초우부터 정식으로 제사를 지내는 것이기 때문에 제물과 제구(祭具) 이외에 과일(대추, 밤, 배, 감, 사과 등), 식혜, 고기젖, 나물, 김치, 식초, 면, 밥, 국, 생선, 쇠고기, 술, 차를 준비한다.

초우의 순서

❶ 분향재배: 영좌 앞에 꿇어앉은 다음, 향을 사르고 두 번 절한다.

❷ 뇌주재배: 주인이 술병을 받아 집사자가 들고 있는 잔에 술을 따르고 집사자에게 주면, 동편 탁자에 놓는다.

주인은 잔대를 잡고 오른손으로 잔을 잡아 모사(茅沙)위에 기울여 따르고 제자리에 놓는다. 그리고 두 번 절하고 다시 제자리에 나아간다.

❸ 진찬(進饌): 쟁반에 쇠고기를 담아 올리고, 다음에는 면, 생선, 떡, 밥, 국의 순서로 음식을 올린다.

❹ 초헌(初獻): 짐주(斟酒), 제주(祭酒)

첫째, 주인이 집사자가 들고 있는 잔에 술을 따르고 꿇어앉으면, 집사자도 꿇어앉아서 술잔을 내민다.

주인이 집사자에게서 술잔을 받아 모사에 세 번 제주(조금씩 기울여 세 번 따르되, 술잔의 삼분의 이 정도가 남도록 하는 것)하고, 고개를 숙였다가 일어나서 원위치에 올린다.

둘째, 집사자는 밥그릇 뚜껑을 여는데 이것을 계개(啓蓋)라 한다.

세째, 독축(讀祝) - 주인이하 모두 다 제상 앞에 꿇어앉는다. 그리고 집사자가 축을 읽는다.

네째, 제배 - 두 번 절을 한다.

다섯째, 퇴주(退酒) - 집사자는 제상에서 모든 잔을 내려 퇴주그릇에 술을 따른다. 빈 잔은 제상에 올려 놓는다.

❺ 아헌(亞獻): 아헌은 주부(主婦)가 하고, 집사자도 부인이 한다. 순서는 초헌과 같으나 계개와 독축은 아니한다. 부인은 네 번 절한다.

❻ 종헌(終獻): 종헌은 남녀 관계없이 친한 손님이 하는데, 여자의 경우 네 번 절하며, 순서는 아헌과 같으나 오직 퇴주만 아니한다.

❼ 유식(侑食):

첫째, 첨작(添酌) - 집사자가 술병을 들고, 주인이 올린 잔에 술을 더 가득히 따른다.

둘째, 삽시(揷匙) - 집사자는 숟가락을 밥그릇 가운데 꽂는다.

세째, 정저(正筯) - 집사자는 시첩에 놓은 젓가락을 집어 상위에 '톡, 톡, 톡' 하고 세 번 친 뒤에 다른 시첩에 놓고 제자리로 간다.

❽ 합문(闔門): 상주 일동이 모두 문밖으로 나가면 집사자가 마지막으로 나오면서 문을 닫는다. 합문하는 시간은 보통 밥을 아홉번 떠 먹는 시간이다.

❾ 계문(啓門): 집사자가 먼저 세 번 기침한 뒤, 문을 열고 들어서면 상주 이하는 곡을 하며 들어선다.

❿ 사신(辭神):

첫째, 취위(就位) - 주인이하 모두 제자리에 선다.

둘째, 점다(點茶) - 집사자는 국그릇을 내어 놓고, 차 혹은 숭늉을 올린다음, 수저로 밥을 떠서 조금씩 세 번 넣는다. 잠시 뒤, 그 수저를 거두어 상위에 놓고 밥뚜껑을 덮는다.

세째, 렴주갑지(斂主匣之) - 신주를 독(櫝)에 넣는다. 신주가 없을 때는 혼백상자의 뚜껑을 덮는다.

네째, 재배 - 주인이하는 두 번 절하고, 또 곡을 한다. 그리고 축문을 불살라 재로 만든다.

♣ 신주가 있는 경우 : 초우가 끝나면 혼백상자를 깨끗한 곳에 묻는다. 그러나 없을 경우에는 혼백으로 신주를 대신함으로 묻지 않고, 3년 이상 영좌에 안치해 둔다. 아침 저녁으로 올리는 전(奠)을 상식(上食)으로 대신하며 점다(숭늉에 밥을 말은 것)가 끝나면 집사자는 주인의 오른편에서 서쪽을 보고 서서 '이성(利成)' 하고 부른다.

◆ 우제축(虞祭祝)의 예

유 세차 갑오이월 을미삭초오일 기해
고자(부모 구망이면 고애자) ○○(봉사자 명) 감소고우
현고학생부군 엄급초우 숙흥야처 애모불녕 근이
청작서수 애천겁사상 향

維 歲次 甲午二月 乙未朔初五日 己亥
孤子 (父母 俱亡이면 孤哀子) ○○(奉祠者 名)敢昭告于
顯考學生府君 奄及初虞 夙興夜處 哀慕不寧 謹以
清酌庶羞 哀薦祫事尚 饗

제四장

- ♣ 엄급초우(奄及初虞): 재우때는 엄급재우(奄及再虞), 삼우때는 엄급삼우(奄及三虞)라 쓰며 겁사(昅事)를 재우때는 재사(再事), 삼우때에는 성사(成事)라 쓴다.
- ♣ 재우(再虞): 요즘은 대체로 초우 다음날에 재우를 지내는데 원칙상으로는 초우를 지낸 뒤, 첫 유일(柔日)에 지낸다. 예를 들면 장일(葬日)이 유일인 경우, 하루 건너가 유일이므로 삼일째 재우를 지내게 된다.
  제사 지내는 순서와 요령은 초우와 같다.
- ♣ 유일(柔日): 을(乙), 정(丁), 기(己), 신(辛), 계(癸)에 해당하는 날
- ♣ 삼우(三虞) : 삼우는 재우 다음날인 강일(剛日)에 지낸다. 제사 지내는 절차와 요령은 초우때와 같다.
- ♣ 강일(剛日) : 갑(甲), 병(丙), 무(戊), 경(庚), 임(壬)에 해당하는 날

(32) 조장(弔狀)과 답조장(答弔狀)

상가에서 부고(訃告)가 왔으나 거리가 멀거나 또는 어떤 사정이 생겼을 경우, 직접 조문을 못하게 되면 조장으로서 위문과 위로를 한다. 그리고 상주는 이와 같은 조장을 받고 또는 부의(賻儀)를 보내준데 대하여 답조장을 보낸다.

◆ 조장의 예1)

선대인(先大人)께서 별세하셨다 하오니, 참으로 놀라운 일이오며 부득이한 사정으로 곧 가서 조문치 못하고 서면으로써 삼가 조의를 표하나이다.

년 월 일
○○○ 근조(근소상)

○○○ 귀하

◆ 조장의 예2)

삼가 글월로 올리나이다.
뜻하지 않은 흉변으로 ○○○(망인 칭호)께서
이 세상을 돌아 가셨다는 부고를 받고서 깜짝 놀랐습니다. 엎드려 살피옵건데 평소에 효성이 지극하시고 사모하시더니, 그 얼마나

전통상례

상심이 크시옵니까.
이제 애통하신들 어찌 하오며, 망극(罔極)하신들 어찌 하오리까.
직접 살피지 못하오나 너무 근심만 하시지 말고 몸조심하시기 바라며, 부디 굳세게 삶의 마음을 가지시기 바랍니다.
저는 직장에 소속이 되어 있으므로, 바로 달려가서 위로해 드리지 못함과 또한 근심걱정하심에 같이 동참하지 못하옴을 깊이 양해바라오며 삼가 글월로 받드옵니다.
바라옵건데 두루 살피시옵소서. 예를 다 갖추지 못하옵고 이만 줄입니다.

년 월 일

○○○올림

○○○씨 애전

제四장

◆ 조장의 예3)

謹弔
○○○(亡人 稱號)
喪事

年 月 日

○○○(弔慰者 姓名) 再拜

○○○(喪主 姓名)氏 哀前

답조장의 예1)

선고(先考=선비:先妣) 상중에는 정중하신 위문과 부의(賻儀)를 보내주시어 감사합니다.
염려하여주신 덕택으로 장례를 무사히 마치었기에 삼가 감사의 뜻을 표합니다.

년 월 일
○○○올림(재배)

○○○귀하

답조장의 예2)

伏蒙 尊座 (복몽 존좌)
俯賜 慰問 (부사 위문)
不勝 哀感 (불승 애감)

年 月 日
○○○(喪主 姓名) 再拜

○○○氏 座前

답조장의 예3)

머리 숙여 말씀 올리나이다.
○○○(상주 성명)은 죄가 많음에도 스스로 어쩌지를 못하고 오히려 그 화가 ○○(망인 촌칭)께 미치었으니 아무리 부르짖고 땅을 치고 하늘을 향해 소리쳐도 아무런 소용이 없습니다.
시간은 계속 흘러 일단 장례는 지냈사오나, 무거운 죄와 벌을 입은 몸인지라 삶의 희망이 없사온데 여러분들의 정에 넘친 위로와 은혜를 받아서, 비로소 오늘의 영좌(靈座)를 섬기어 모시고 먼저 글월로써 감사의 말씀을 드리오니,
두루 용서하시옵기 바랍니다.

년 월 일
○○○올림(재배)

○○○씨 귀하(좌전)

- 근조(謹弔)는 부모상(父母喪)과 승중상(承重喪)에 한하여 쓰고, 그 외에는 근위(謹慰)라 쓴다.
- 망인칭호(亡人稱號)는 남의 죽은 사람을 존대하는 칭호인데, 상주의 아버지일 경우 '선대인(先大人)', 어머니는 '선대부인(先大夫人)', 할아버지이면 '선왕대인(先王大人)', 할머니이면 '선왕대부인(先王大夫人)', 아내이면 '고현합(故賢閤)'이라 쓴다.
- 상사(喪事)가 손아랫 사람인 경우에는 '상변(喪變)'이라 쓴다.

제四장

♣ 애전(哀前)은 부모상과 성중상에 있는 사람에게만 쓰고 그밖에는 '복좌전(服座前)' 이라 쓰며 장사 지내기 전에는 '점전(苫前)' 이라 쓴다.

♣ 망인존칭(亡人寸稱)은 돌아가신 분이 아버지이면 '선고(先考)', 어머니이면 '선비(先妣)', 할아버지이면 '선조고(先祖考)', 할머니이면 '선조비(先祖妣)'라 쓴다.

♣ '고자(孤子)' 는 아버지의 상사때에 쓰고, 어머니이면 '애자(哀子)', 부모가 모두 돌아가신 뒤에는 '고애자(孤哀子)' 라 쓰며, 할아버지의 상사때에는 '고손(孤孫)', 할머니는 '애손(哀孫)', 조부모가 모두 돌아가신 뒤에는 '고애손(孤哀孫)' 이라 쓴다.

(33) 탈상의 기간(喪期)

옛날에는 부모상을 당한 사람은 죄인과 같다했으며 일상 생활의 모든 행동을 근신(謹愼)해야 했으며, 외출해야 할때는 하늘을 쳐다봐도 안된다고 하여 상립(喪笠: 삿갓 비슷한 큰 갓)을 쓰고 다녔으며 탈상하는 3년 동안은 상례(喪禮)로서 책임을 다해야 된다.

아직도 상기(喪期)에 있어서 탈상하기까지 일반적으로 3년 상으로 한다.

의례규범에는 집상기간(執喪期間)에는 장후(葬後) 부모상은 7일간, 기타상은 3일간으로 한다.

그리고 탈상기(脫喪期)는 부모상은 1주년, 기타상은 100일로 한다. 단, 상주는 상기가 끝나는 날에 탈상제를 지낸다.

전통상례

탈상제의 축문 예

아들(혹은 손자) ○○는
아버님 또는 할아버님 영전에 삼가 고합니다.
세월은 덧없이 흘러
어느덧 상기를 마치게 되었사오니
애모하는 마음 더욱 간절하옵니다.
이에 간소한 제수를 드리오니
강림 하시와 흠향 하시옵소서.

♣ 옛날 관습으로 보면 탈상은 초상난 날로부터 만2년동안 복을 입으면서 매월 초하루와 보름날마다 아침에 상식을 올리고, 명절에 차례를 지내며 소상과 대상의 제례를 지낸 후에 있는 마지막 순서이다

제四장

(34) 졸곡(卒哭)

졸곡은 사망한 달로부터 3개월(1월에 사망하면 3월)째 되는 달, 강일(剛日: 甲, 丙, 戊, 庚, 壬)에 지내는 제사인데 축문은 우제축(虞祭祝)과 같으나 다만 '엄급초우(奄及初虞)' 를 '엄급졸곡(奄及卒哭)' 이라 고쳐 쓰며, 졸곡때 제사 절차도 우제와 거의 같다.

다만 이로부터는 비록 슬픈 마음이 들어도 수시로 곡을 하지 않고, 조석곡(朝夕哭)만 한다. 졸곡이 지난 후부터는 밥도 먹고 물도 마신다. 잠 잘때는 목침을 벤다.

옛날에는 3년 상 동안에는 다른 제사는 지내지 않는다고 했지만, 장사를 지내기 전에만 폐지하고 졸곡을 지낸 뒤에는 절사(節祀)와 기제(忌祭), 묘제(墓祭) 등은 지내되, 복(服)이 가벼운 사람을 시키는 것이 좋다. 옛날 3월 장을 하던 때는 삼우(三虞)를 지난 뒤의 첫 강일이 졸곡이었으나 지금은 3, 7일장을 하므로 삼우 뒤, 3개월이 된다.

(35) 부제(祔祭)

졸곡을 지낸 다음날 지내는 제사로서 새신주를 조상신주 곁에 모실 때 지낸다.

이 제사도 졸곡때와 같이 차리지만, 사당에 같이 모시기 위해 지내는 제사다. 그러나 요즘은 거의 신주를 사용하지 않는다.

(36) 소상(小祥)

소상은 사망일로부터 1년이 지난 뒤, 돌아오는 사망일에 지내는 제사다. 소상은 윤달과 상관없이 13개월만에 지낸다. 옛날에는 날을 받았으나 요즘은 첫 돌아오는 사망일에 지낸다.

하루전에 상주 이하는 모두 목욕 제기하고, 다음날 제사 지낼 준비를 한다.

연복(練服): 주인은 초상때 입었던 상복(喪服)을 다음과 같이 바꾸어 입는다.

- 굴관(屈冠): 마전한 베로 만듬.
- 효건(孝巾): 마전한 세포(細布)로 만듬.
- 중단(中單): 마전한 베로 만듬.
- 행전: 마전한 베로 만듬.
- 수질(首絰), 요질(腰絰): 칡으로 꼬아서 끈은 베로 단다.

제찬(祭饌): 우제때와 같이 제기(祭器), 제수(祭需) 등을 준비한다. 복은 연복을 입는다. 주인은 수질을 하지 않고, 주부는 요질을 하지 않는다. 그리고 기년복(朞年服)에 해당되는 사람은 보통옷으로 갈아입는다.

- 진설은 우제의 진설도와 같고, 강신에서 사신(使臣)까지의 절차도 똑같다.
- 소상이 끝나면 조석곡을 그친다.

소상축의 예

유 세차 갑오이월 을미삭초오일 기해
○○(봉사자 존칭)○○(봉사자 명) 감소고우
현고학생부군 일월불거 엄급소상 숙흥야처 애모불녕 근이
청작서수 애천상사상 향

維 歲次 甲午二月 乙未朔初五日 己亥
○○(奉祠者 寸稱)○○(奉祠者 名)敢昭告于
顯考學生府君 日月不居 奄及小祥 夙興夜處 哀慕不寧 謹以
清酌庶羞 哀薦常事尚 饗

처상연제축(妻喪練祭祝)의 예

유 세차 갑오이월 을미삭초오일 기해
부○○○(성명) 소고우 망실유인○○(본)○씨
일월불거 엄급연제 비도산고 부자승감 자이
청작서수 진차전의상 향

維 歲次 甲午二月 乙未朔初五日 己亥

夫○○○(姓名) 昭告于 亡室孺人 ○○(本)○氏
日月不居 奄及練祭 悲悼酸苦 不自勝堪 玆以
清酌庶羞 陣此奠儀尙 饗

(37) 대상(大祥)

사망 후 2년(소상 뒤 1년)째 되는 사망 당일에 지낸다. 남편이 아내를 위해서는 13개월만에 지낸다. 제사 절차는 소상때와 같으며 사당에는 새 신주를 모셔야하므로 먼저 고하고, 대상이 끝나면 즉시 부묘(祔廟)한다.

주인은 효건을 쓴 뒤 흰 도포나 흰 두루마기를 입고, 흰 신을 신으며 또한 백세포로 만든 망건에 백립(白砬)을 쓰고 백직령(白直領)에 띠를 두르며 행전을 치고 제사를 지낸다. 또한 부인도 흰색 치마저고리를 입고 역시 흰 신을 신는다.

대상의 제사 절차는 모두 우제와 같다.

제사를 마친 뒤 궤연(几筵=영좌:靈座)을 철수하고 지팡이와 짚베개 등을 불사른다.

신주가 있으면 신주를 사당에 모시되, 지금은 신주가 없으므로 대체로 하지 않는다. 혼백은 고인의 묘소 근처에 묻는다. 이 제사로 상복을 벗고 젓갈이나 간장, 포 같은 것을 먹는다.

연상(練祥): 연상은 아내가 사망한 뒤 11개월째(그 달까지 침) 되는 달, 중순이나 하순의 정일(丁日)을 가려 지내므로 이를 정일 제사라 한다.

이 정일 제사는 부재모상(父在母喪)이라 한다. 즉 아버지가 살아 계실때의 어머니 상을 말한다. 이 제사의 절차는 소상과 같으며 대체로 아들이 아버지를 대신하여 지내기도 한다.

처(妻)의 대상(大祥): 아내의 대상은 일반의 소상, 즉 사망한 뒤 1년째 되는 사망 당일에 지낸다. 제사 절차는 모두 대상때와 같다.

(38) 담제(禫祭)

대상을 지낸후 한 달을 지나 두 달이 되는 달에 지낸다. 사망한 달로부터 27개월째 되는 달(그 달까지 침) 하순중에 정일(丁日)이나 해일(亥日)에 옥색 옷을 입고 지내는 제사이다. 이것을 담사(禫祀)라 하기도 한다.

담제일을 택일할때는 사당 문밖에 탁자를 놓고 향을 피운 뒤, 주인 이하 친척들이 감실 앞에서 두 번 절하고 나서 함께 모여 날짜를 결정한다.

날짜가 정해지면 지방을 써 붙이고 다음과 같이 고유한다.

- 모장이 ○월 ○일 기천 담사우선고학생부군 상 향

- 某將以 ○月 ○日 祇薦 禫祀于先考學生府君 尙 饗

제사 절차는 대상때와 같으며 이 담제가 끝나면 비로서 술을 마시고, 고기를 먹는다. 이로써 주인 부부는 평상복으로 갈아입고 보통 사람과 같이 행동해도 된다. 완전히 탈상이 된 셈이다.

그리고 이밖에 천(薦)이라는 제례가 있었는데 이것을 천신(薦伸)이라 해서 철에 따라 새로나온 곡식으로 만든 음식이나 과일 등을 사당에 올리는 것을 말한다.

(39) 길제(吉祭)

담제를 지낸 다음, 바로 뒤에 날짜를 정해서 길제를 지내는데 이는 아무 연고 없이 부모의 상을 치렀다하여 길제라 한다. 담제를 지낸 달중에서 정일(丁日)이나 해일(亥日)로 정한다.

날짜가 정해지면 담제때와 같이 먼저 사당에 고한다. 이때에 궤연에 있던 신주가 비로소 대의 위패가 있는 사당에 봉안됨과 동시, 일반 기제(忌祭)로 옮겨지고 따라서 오대조고비(五代祖考妣)는 기제에서 묘제(墓祭)로 옮겨지게 된다.

아버지가 먼저 죽어 사당에 들어갔으면 어머니 초상이 끝난 뒤에 따로 길제를 드린다. 대체로 길복(吉服)은 3년 상을 다 마친 다음에 입는 평복을 말한다.

날이 밝아서 제사를 지낼때에는 주인이하 모두 화려한 옷으로 바꾸어 입고, 사당앞에 가서 뵙는다. 그 밖의 절차는 보통때의 제사와 같다.

제5장

현대식 상례

제五장

제 5장. 현대식 상례(喪禮)

인간이 이 세상에 태어났다가 언젠가는 한번은 죽는 법이요, 죽은 뒤에는 이 세상에 남아 있는 가족, 친척, 친지에게 이 이상 슬프고 애통한 일이 없을 것이다. 이 세상에서 다시 만날 수 없는 저승길과 천국길로 가는 고인(故人)에 대하여, 그와 같은 정성을 다한다는 것은 인간의 상정으로서 당연한 도리인 것이다.

현대에 이르러서는 1969년 1월 15일자로 가정의례준칙에 관한 법률 제 2079호가 제정공포 되었고 동년 3월 5일자로 대통령 고시 제 15호로 가정의례준칙이 전문 72개 조항으로 제정 공포되어 권장되어 왔다.

그후 1973년 3월 13일자로 종전의 가정의례준칙에 관한 법률의 4개 전문조항을 전문 12개 조항으로 전면 개정하여 가정의례에 관한 법률을 제정 공포하였으며 곧이어 전문 24개 조항의 가정의례준칙이 대통령령 제 6680호로 제정 공포되어 법률과 함께 1973년 6월 1일부터 시행되었다.

현행의 법률과 준칙에 규정된 상례의 의식절차를 살펴보면 다음과 같다.

법으로 금지된 행위

- 인쇄된 부고장의 개별고지

현대식상례

- 2개 이상의 조화 진열이나 장식물의 사용
- 굴건제복의 착용
- 만장의 사용
- 상가에서 조객에 대한 주류 및 음식물의 접대
- 사망후 매장 또는 화장 완료시까지 행하는 장례의식은 발인제와 위령제에 한하고, 그외의 초혼의식, 성복제, 조전의 절차, 노제, 산신제, 반우제, 재우제, 삼우제, 졸곡제 등의 의식.

상기(喪期)에 있어서도 3년복을 입는 경우는 거의 사라지고, 백일(百日)에 탈상하는 것이 대부분이며, 따라서 소상 대상은 물론, 담제 길제의 의식도 거의 사라진 상태이다. 그러므로 상례의 변천 과정을 돌이켜 보면 전통사회에서 유교에 의한 예법과 우리의 토속 신앙과 불교 의식이 많이 더해졌던 것은 사실이다. 요즘에는 장례절차에 있어서 다양한 종교로 인해 많은 변화와 변모를 낳고 있다.

그러나 지금도 우리 사회에서는 이에 대한 새로운 것을 찾지 못하고, 일을 당하게 되면 의례히 재래(在來)의 상례 절차를 따르게 된다. 이는 곧 오랜 관례(慣例)를 버리지 못하는 원인도 있겠지만, 한편 이에 대한 새로운 의례준칙(儀禮準則)이 뚜렷하지 못한 점에도 있는 것이다. 또한 재래의 상례범절에 있어서도 그를 지금까지 전하고 밝혀오는 문헌(文獻)의 거의가 한문(漢文)으로 되어 있기에, 일반에게 널리 잘 알려지지 못하고 있을뿐더러 또한 허례(虛禮)와 번폐스럽기 한이 없는 것이어서 막상 일을 당하게 되면 서로가 어떻게 한다는 등의 옳고 그릇됨을 논하게 되는 것이다.

여기에 전통의 상례범절 및 그에 따른 서식(書式)과 아울러 현대의

의례준칙에 따른 새로운 것을 참고하고 간소화(簡素化)하며 개선하는 데 좋은 교과서가 되리라 생각된다.

장의사 선정

현대에는 장의사들이 염습, 입관, 매장 신고 등 장례에 관한 일들을 대신해 주며, 보통 장의사에서 담당자가 오면 치장(治葬)에 소홀함이 없도록 잘 상의하여야 한다.

임종으로부터 위령제까지의 장례절차

❶ 시체 거두기

❷ 입관

❸ 혼령 자리설치

❹ 발인제

❺ 관 나르기

❻ 위령제

장일(葬日)과 장지(葬地)의 선택

현대에는 장일은 부득이한 경우를 제외하고는 사망한 날로부터 3일이 되는 날로 한다.

종래에는 장일을 최단 3일로부터 최장 3개월 또는 9개월로 잡아 장례를 치른 일도 있었으나 오늘날에 와서는 3일장이 원칙이고, 묘지 선정의 지연등 부득이한 경우에 한하여 5일장 혹은 7일장으로 할 수 있다.

사망 시간이 늦은 밤일때는 시간이 넉넉치 않으므로 일정을 서둘러야 한다. 발인제나 연결식 시간은 참석자들의 시간, 장지에의 도착 시간 등을 고려하여 정해야 한다.

장지는 미리 정해서 얼마나 걸릴지 알아두면 편리하다.

상기는 부모, 조부모와 배우자에 한하여 사망일로부터 100일만에 탈상하고, 기타 상기는 3일장이면 3일만에, 5일장이면 5일만에 탈상토록 하였다.

제 1절 현대상례(現代喪禮)의 순서

(1) 임종(臨終)

임종이란 사람이 숨을 거두기 전에서 숨을 멈추는 과정까지를 말한다. 이것을 운명(殞命)이라고도 한다. 이러한 상황에 이르렀으면

첫째, 다른곳에 가있는 직계가족 및 친척에게 빨리 사실을 통보하여 임종을 지키도록 한다.

둘째, 평상시에 거처하던 방을 깨끗이 치우고 환자를 눕힌 다음, 옷을 새로 갈아입히고 요나 이불도 새것으로 갈아끼운다.

세째, 조용히 앉아서 마지막 남길 말(遺言)을 주의깊게 듣고 가시는 분의 곁을 지킨다.

넷째, 완전히 숨진 것이 확인되면 비로소 슬픔을 다해 울어도 된다. 그리고 곧 장의를 치를 준비와 계획을 세운다.

(2) 유언(遺言)

유언이란 죽기전에 마지막 남기고 가는 말이다. 자손 및 가족들은 임종 환자의 말을 무슨 말이든 공경스럽고 근엄하게 생각하여야 한다.

유언은 반드시 침착한 마음으로 기록하거나 녹음해 두어야 한다. 보통 미리 자필로써 유서를 준비해 두는 사람도 있다.

그러나 대체로 유언은 고인의 정신이 건전한 상태에서 미리 남겨두거나 들어두는게 좋고, 임종시 최후의 말씀까지 잘 듣도록 해야한다.

또한 유언은 법률상과 관계없는 즉 가족적인 유언이 있고 법률상의 효과를 발생하는 유언 두 가지가 있다.

민법에 명시된 유언

①인지(認知)
②양자(養子)
③재단법인의 설립
④후견인의 지정
⑤친족회의 지정
⑥재산 상속 분할에 대한 지정 또는 위탁
⑦상속 재산의 분할 금지
⑧유언집행자의 지정 또는 위탁
⑨재산 증여
⑩신탁

현대식 상례

▶ 임종 : 환자가 마지막 숨을 거두는 것을 말한다. 환자의 머리를 동쪽으로 향하게 하고 조용히 사지를 주무른다. 이때 유언도 받아두어야 하며 운명이 끝날때까지 울음을 참고 경건해야 한다.

▶ 정제수시 : 운명이 끝나면 망인의 몸을 깨끗이 씻기고 희고 깨끗한 홑이불로 머리에서 발끝까지 덮는다.

▶ 영좌 : 입관이 끝나면 휘장이나 병풍으로 가린다음 영정을 모신다. 영정 양옆으로 촛불을 밝히고 향을 사른다.

(3) 수시(收屍)

운명하면 지체없이 다음과 같이 수시(收屍)한다.

일단 숨이 끊기면 몸이 차가워지면서 굳어지기 시작한다. 그러므로 가만히 두면 팔, 다리가 굽거나 삐뚤어진 상태로 굳어지기 전에 시신을 주물러서 펴서 빨리 수시해야 한다.

❶ 깨끗한 백지나 솜으로 코와 귀를 막는다.

❷ 눈을 곱게 감기고 입을 다물게 한뒤 머리를 높게 하여 괴이고 손발을 바로 펴서 베, 백지 등으로 잡아맨다. 이것은 몸이 뒤틀리지 않고 반듯하게 하기 위함이다. 만일 이것을 정성스럽게 하지 않으면 수족이 오그라 들어 펴지지 않으므로 염습(殮襲)할때 큰 걱정이 될수도 있다.

❸ 향안(香案)설치: 나무판위에 시신을 누이고 홑이불로 덮은 뒤에 시상(屍床)으로 옮겨 병풍이나 장막으로 가리고 상(床)이나 탁자위에 고인의 사진을 모시고 촛불을 밝힌 뒤 향을 피운다.

♣ 시상 : 시상은 입관하기 전에 쓰는 널판 또는 나무로 만든 평상을 말한다.

(4) 입상주(立喪主)와 발상(發喪)

발상이란 초상이 났음을 다른 사람이 알도록 하는 방법이다.

수시가 끝나면 가족은 검소한 옷으로 갈아입고 근신하며 애도하되, 맨발이나 머리푸는 일은 아니하고 호곡을 삼가한다. 이때, 상주는 좌단(左袒)하는 경우도 있다.

♣ 좌단 : 왼쪽 옷소매를 팔에 끼우지 않고 허리띠에 매는 것을 말한다.

다시 말해서 발상은 초상(初喪)을 발표하는 것인데 근래에 와서는 장례의 제반 절차와 필요한 물품을 상비하고 있는 장의사가 있어서 검은 줄을 친 장막을 벽에 쳐 놓는다거나 근조(謹弔)라고 쓴 등을 달아 놓는다던가 또는 기중(忌中)이라 쓴 네모진 종이를 대문에 붙여서 초상을 알린다.

상제(喪制): 가정의례준칙에 의하면 다음과 같이 규정한다.

❶ 사망자의 배우자와 직계비속이 상제가 되고,

❷ 상주는 장자가 되며, 장자가 없는 경우에는 장손이 상주가 된다. 장자나 장손이 없으면 차자(次子)나 次孫)이 승중(承重)하여 상주가 된다.

❸ 자손이 없는 경우에는 최근자가 상례를 주관한다.

복인(服人)의 범위는 고인(故人)의 8촌이내 친족으로 한다.

상가(喪家)표시의 예

喪家

喪中

忌中

(5) 호상(護喪)과 집사자(執事者)

호상은 곧 상주를 대표해서 장례식에 대한 모든 일을 관장하는 사람을 일컫는다.

상중에는 호상소를 마련하고 주상은 친족간이나 친지 중에서 상례에 밝고 경험이 많은 사람을 호상으로 하여 장례에 관한 안내, 연락, 조객록, 사망신고, 매장허가 신청 등을 다루게 한다.

그리고 위와 같은 진행에 대한 여러 일을 책임질 집사자(執事者)를 정하여 그 중에서도 서기(書記)나 사서(司書)는 문서, 부고와 조문객의 관리를 맡고, 사화(司貨)는 부의금 수납과 출납 등을 처리하도록 한다.

국민장, 사회장, 단체장 등에 있어서는 장의 위원회가 호상에 해당된다.

상례(喪禮)기록부

❶ 조객록(弔客錄): 외간(外艱)일때: 아버지의 상사(喪事)

❷ 조위록(弔慰錄): 내간(內艱)일때: 어머니의 상사(喪事)

❸ 부의록(賻儀錄): 부의금의 수납시

❹ 출납부(出納簿): 장례금의 비용 출납시

보통 글씨는 되도록이면 붓글씨로 하나, 요즘은 싸인펜, 매직 등도 많이 사용한다.

(6) 설전(設奠)

이는 곧 죽은 사람(고인)을 생시와 똑같이 섬긴다는 뜻이며 제물을 올리는 것을 말한다.

장사 지내는 날짜가 여러날이 걸리면 날마다 한번씩 전을 올려야 한다. 모든 초상 예절에 상인(喪人)들은 슬픔에 잠겨서 일을 볼수가 없기 때문에 집사자가 시신의 동쪽에 놓인 제사상에 포(脯)와 과일 그리고 간단한 술을 차려서 올려 놓는다.

다음으로 축관(祝官)이 손을 씻고, 잔에 술을 부어 제상위에 올린다. 고인이 생전에 좋아하던 꽃중에서 조촐한 꽃을 골라 꽂아 올려 놓기도 한다.

옛날에는 '사람이 죽으면 우선 제물을 올린다' 고 했는데, '주자가례' 에는 '습을 한 뒤에 제물을 올린다' 고 했다. 이는 대체로 염습을 하루만에 하기 때문에 전을 먼저 올려도 좋다는 뜻이다. 그리고 염습과 성복이 끝난 뒤에는 아침과 저녁의 식사때에 상식(上食)하고 곡을 한다.

♣ 치관(治棺) : 다음으로 호상이 목수를 시켜 관을 준비케 하고 여러 사람 즉 친척, 친지, 친구들에게 부고를 알린다. 임종에서 설전까지를 대체로 초종(初終)이라 한다. 관을 만드는 재료로는 유삼(油杉)이 제일 좋고, 그다음은 잣나무이다.

천판(天板) 하나, 지판(地板) 하나에 사방판(四旁板)이 각각 하나씩 필요하며 이때 높이와 길이는 시신에 따라 약간 여유있게 하는 것이 좋다.

(7) 부고(訃告)

호상과 사서가 상주(喪主)와 상의하여 친족과 친지에게 부고를 보낸다. 만일 호상과 사서가 없는 경우에는 상주가 직접 부고를 친척과 친지에게 빨리 알려야 한다.

❶ **전인부고(專人訃告):** 사람을 직접 보내서 전하는 것.
❷ **우편부고(郵便訃告):** 편지로 부치는 것.
❸ **신문부고(新聞訃告):** 신문광고란을 통해서 알리는 것으로 이때 각자 개개인에게 보내는 것을 생략한다.

訃告書式의 예1 (漢文서식)

訃　告
○○○喪主姓名 ○○亡人稱呼
○○○亡人姓名 公以 老患
○月○日○時 ○分
於自宅 別世 玆以訃告
永訣式 ○月○日○時
永訣式場 ○洞○番地自宅
發靷 ○月○日○時
葬地 ○郡○面○里
年 月 日
嗣子
次子
孫
晦
護喪

訃告書式의 예2 (皮封式)

訃告

○○親○○人○月○日 得病 不幸於

○月○日 別世殞命 專人訃告

年 月 日 護喪○○○上

○位 ○○座前

訃告

○位 ○○座前

제五장

부고서식의 예3 (한글서식)

부고(訃告)

○○○부친 ○○공(또는 모친 ○여사)
○월 ○일 ○시에 별세하였기에 삼가 부고 드립니다.

영결식 날짜: ○월 ○일 ○시
영결식장: ○○대학교 의과대학 영안실
장지: 경북 경산시 모란공원
상가주소:

상주: 자(子) ○○
녀(女) ○○

년 월 일

호상 ○○○

부고봉투의 예

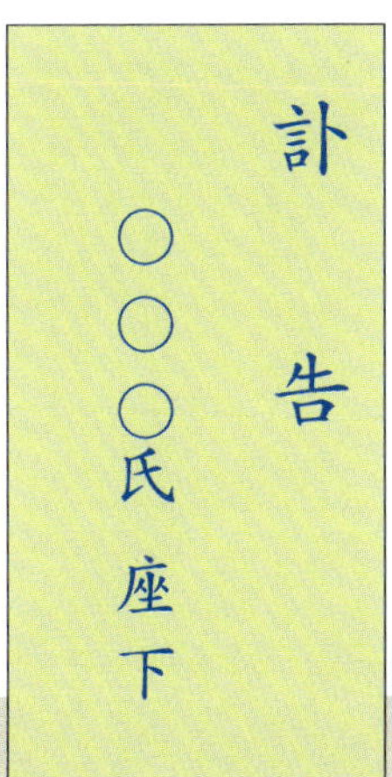

앞면

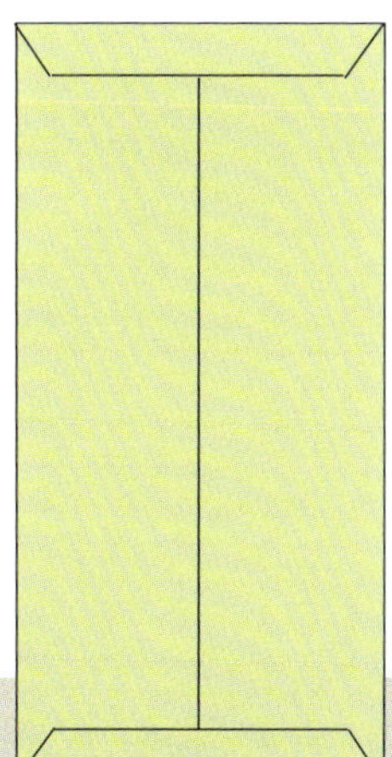

뒷면

부고(訃告)쓰는 법

- 상주성명(喪主姓名): 맏상주의 성명을 쓴다.
- 망인칭호(亡人稱號): 부고는 호상이 보내는 것이니, 망인이 상주의 부친이면 대인(大人), 모친이면 대부인(大夫人), 조부면 왕대인(王大人), 아내이면 합부인(閤夫人), 망인(亡人), 실인(室人), 부인(夫人)이라 쓰며, 동생일 경우에는 제(弟)라 쓴다.
- 망인성명(亡人姓名): 돌아가신 분의 성명을 쓴다.
- 노환(老患): 늙은이가 돌아가셨을때 쓴다.
- 숙환(宿患): 오래된 병으로서 돌아가셨을때 쓴다.
- 사고급사(事故急死): 뜻밖에 죽었을때 쓴다.(심장마비, 뇌일혈 등의 병명을 그대로 쓰거나 또는 급환(急患)이라 쓰기도 한다.)
- 별세(別世): 보통은 별세라고 쓰지만 운명(殞命)이라 쓴다.
- 자이(玆以): 우편으로 보내지 않고 사람이 직접 전할때는 전인(專人)이라고 고쳐쓴다.
- 반드시 장일과 장지를 써 넣어야 한다.
- 병원에서 사망했을때에는 병원이름을 써야 한다.

사망 통지 친족 범위

친족촌수 도표

– 직계촌수 –

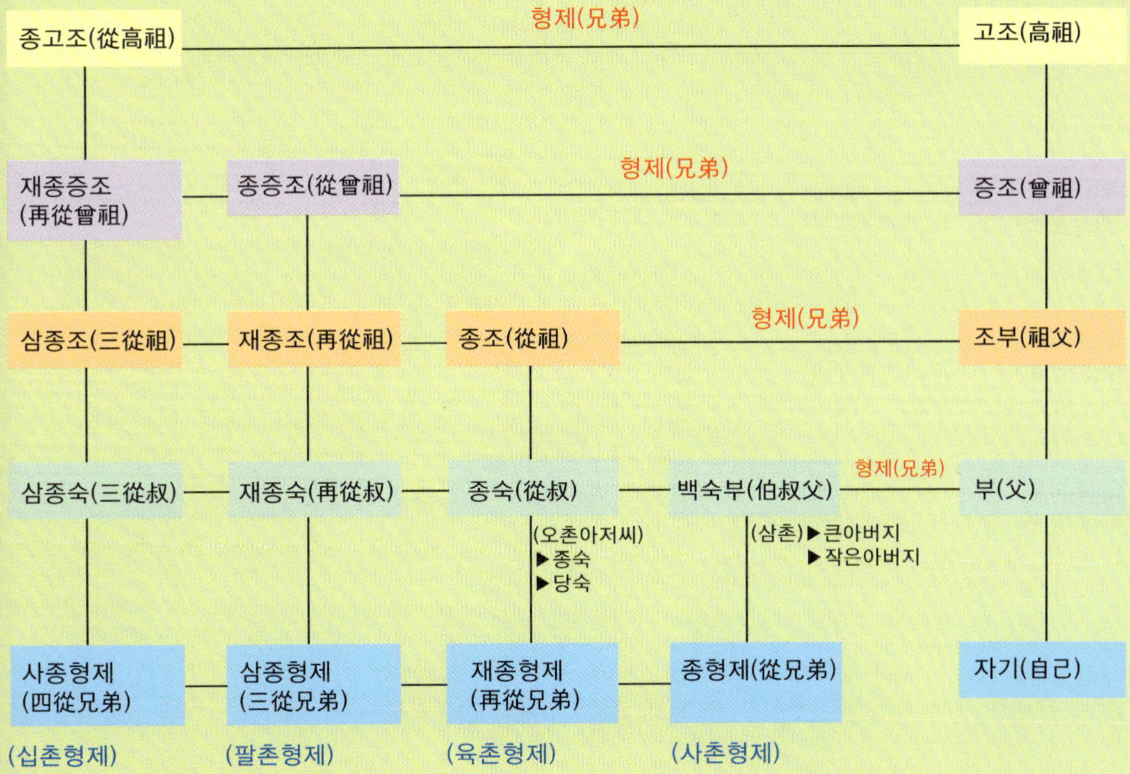

❖ 친족촌수 도표

– 내종촌수 –

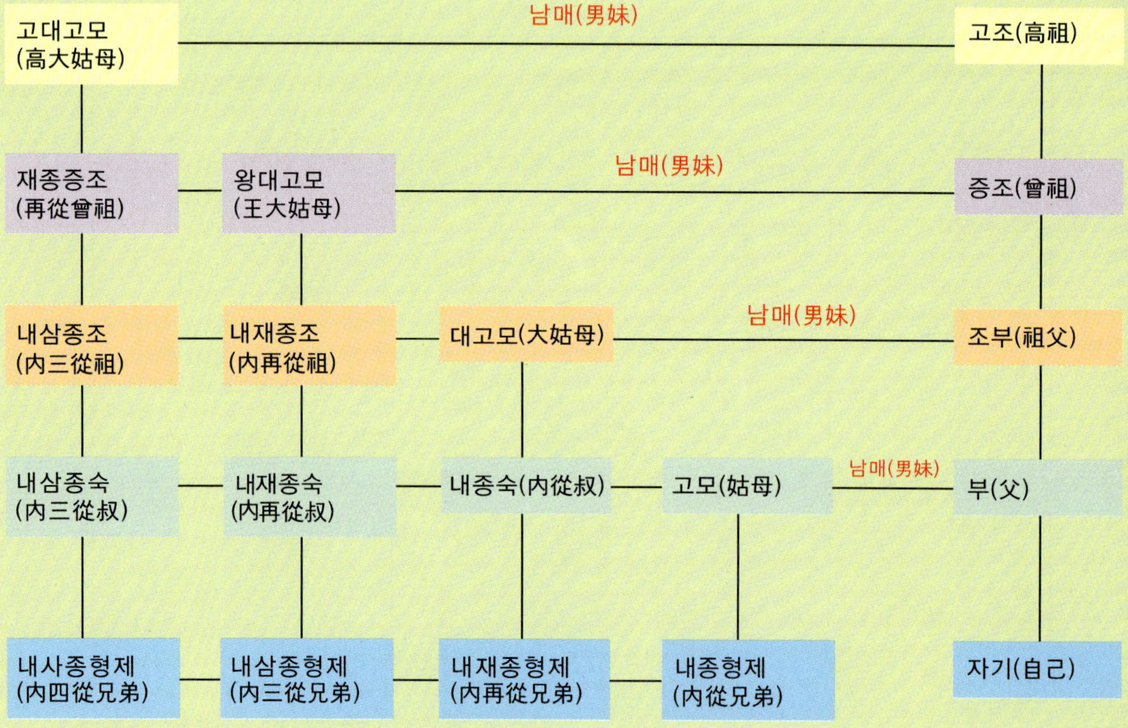

고대고모 (高大姑母)
남매(男妹)
고조(高祖)
재종증조 (再從曾祖)
왕대고모 (王大姑母)
남매(男妹)
증조(曾祖)
내삼종조 (內三從祖)
내재종조 (內再從祖)
대고모(大姑母)
남매(男妹)
조부(祖父)
내삼종숙 (內三從叔)
내재종숙 (內再從叔)
내종숙(內從叔)
고모(姑母)
남매(男妹)
부(父)
내사종형제 (內四從兄弟)
내삼종형제 (內三從兄弟)
내재종형제 (內再從兄弟)
내종형제 (內從兄弟)
자기(自己)

친족촌수 도표

– 외가촌수 –

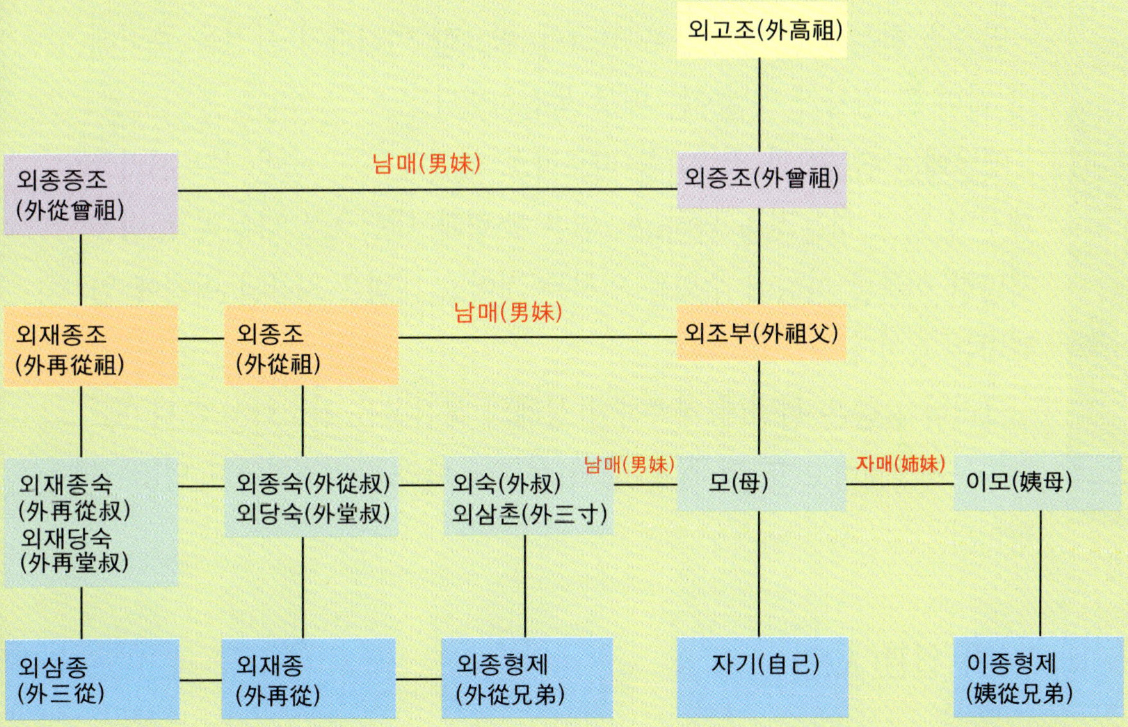
외고조(外高祖)
외종증조
(外從曾祖)
남매(男妹)
외증조(外曾祖)
외재종조
(外再從祖)
외종조
(外從祖)
남매(男妹)
외조부(外祖父)
외재종숙
(外再從叔)
외재당숙
(外再堂叔)
외종숙(外從叔)
외당숙(外堂叔)
외숙(外叔)
외삼촌(外三寸)
남매(男妹)
모(母)
자매(姉妹)
이모(姨母)
외삼종
(外三從)
외재종
(外再從)
외종형제
(外從兄弟)
자기(自己)
이종형제
(姨從兄弟)

♣ 가정의례준칙에서는 부고자와 개별고지는 금지하고 있다.
신문에 의한 부고를 할 경우는 국가 또는 지방 자치단체, 각 기관명, 기업체, 기타 직장명이나 단체의 명의를 사용하지 못한다.
인쇄물에 의한 개별고지는 50만원 이하의 벌금 및 과료처분을 당한다.

(8) 염습(殮襲)

염습이란 시체를 깨끗이 닦고 수의(壽衣)를 입히는 일이다.

염습을 하는데 있어서는 우선 그에 필요한 여러가지 물건을 준비해야 하며 그 절차가 옛날에는 매우 복잡하였다.

옛날에는 습(襲)과 염(殮)을 따로따로 했었다. 즉, 습은 목욕시키고 깨끗이 닦고 하는것을 말하고, 염은 소렴과 대렴으로 나누며 소렴은 사망한 이튿날 아침에 수의를 입히는 것이고 대렴은 사흩날 아침에 입관하는 것이다.

그러나 요즘은 한번에 계속하여 상례의 복잡함을 간소화시켜 나가고 있다. 정성껏하고 또 가세(家勢)의 형편에 따라서 간소화하고 있는 경향이다.

(9) 입관(入棺)

운명후 24시간이 지나면 염습을 하고 입관을 하는데 입관할때에는 관속을 깨끗이 치우고 잡벌레가 침입하지 못하도록 소독약을 뿌리는 것이 좋다. 또한 관의 벽과 시체 사이의 공간을 깨끗한 백지나 마포(麻布)로 채워 시체가 관속에서 흔들리지 않도록 보공(補空)을 한다음 홑이불로 덮고 관뚜껑을 덮은 다음 나무로 만든 못을 박는다.

그리고 관상명정(棺上銘旌)을 쓴 다음에 장지(壯紙)로 싸고 노끈으로 결관(結棺)한다.

(10) 영좌(靈座)

입관(入棺)한 후에 병풍이나 가리개로 가려놓고 따로 정결한 위치에 영좌를 마련하여 혼백(魂魄)=영위(靈位)을 모시되, 요즈음에는 일반적으로 고인의 사진이나 지방을 모시고 촛불을 밝히고 향을 피운다.

영좌의 오른쪽에 명정(銘旌)을 만들어 세운다.

영좌앞에 탁자 혹은, 소반(小盤)을 위에 술과 실과를 차려놓고 조석(朝夕)으로 평상시와 같이 봉양하되 그 앞에는 향합(香盒)과 향로, 촛대, 모사그릇 등을 갖춘다.

그리고 시체를 모신 남쪽의 혼백뒤에 포장(布帳) 밖으로 횃대를 만들어서 망인이 평소 입었던 옷을 걸어놓고, 그밖에 즐겨 쓰던것을 살아있을때와 같이 놓아둔다.

♣ 혼백(魂魄): 예전에는 신주(神主)가 있었다. 혼백은 신주를 만들기 전에 삼베(넓이가 한 폭에 길이 40㎝)나 흰색비단, 백지로 접은 뒤, 오색실로 만든 동심결(同心結)을 끼워 만든다. 이 혼백은 상좌(혼백함)에 넣어, 영좌(옛말로는 궤연이라 함)에 모신다.

장래후 2년 동안 빈소에 모셨다가 대상(大祥)을 치룬뒤, 신주가 만들어지면 장삿날에 묘에 묻어두고 신주만 모시고 왔다.

요즘은 신주가 없어지고 혼백을 대신 사용해 왔다. 때문에 혼백을 묻지 않고 모셔와서 영좌(궤연)에 모셔 놓았다.
그러나 요즘은 혼백 대신에 영정(사진)으로 대신한다.

(11) 상복(喪服)

가정의례 준칙에 의한 상복은 다음과 같다.

♣ 상복은 따로 마련하지 않고 한복일 경우에는 백색, 또는 흑색 복장으로, 양복일 경우에도 흑색으로 하되 왼쪽 가슴에 상장이나 흰꽃을 단다. 다만 부득이한 경우에는 그 복장을 평상복으로 할 수 있다.
이때에는 점잖은 색(진한 감색이나 밤색)으로 입고, 머리는 두건을 쓴다. 신발은 검정색 양복에는 검정색 구두를, 흰색 치마저고리에는 흰색 고무신을 신는다. 그리고 모든 액세서리는 달지 않는 것이 좋다.
굴건제복(屈巾祭服)의 착용은 일체 금하며, 상복을 입는 기간은 장일까지로 하고 상장을 다는 기간은 탈상까지로 한다.
그러나 우리에겐 일정기간동안 근신(謹愼)하고, 애도(哀悼)하는 뜻을 표현하는 관습이 남아 있어 가정의례준칙이 잘 지켜지고 있다.
상주는 흰옷(素服)을 입고, 남자는 마포두건(麻布頭巾)을 쓰고, 여자는 마포띠를 두르는 것을 원칙으로 한다. 장례식후의 상복은 집상기간(執喪期間) 및 탈상일(脫喪日)에 한한다. 상주이외의 복인은 흰상장을 두른다.
예전에는 부모상을 당하면 결혼한 아들은 굴건, 두건, 수질, 요질, 교대, 마혜 등 굴건제복을 미혼자는 수질에 중단(中單)을 입었다.

제
五
장

(12) 성복(成服)과 복제(服制)

입관이 끝나면 상제와 복인은 성복을 하되 그 성복제는 지내지 않는다.

성복이란 상복을 입는 것을 말하는 것인데 최상(衰喪:쇠상)을 입고, 교(絞)를 띠고 행전(行纏)을 치고, 효건(孝巾)을 쓰며 또한 상관(喪冠)을 쓰고 수질(首絰)을 쓰며 짚신을 신고 지팡이를 짚는것을 말한다.

여자의 경우에는 최상을 입고 질(삼미)을 하고 관을 쓰며 짚신을 신고 지팡이를 짚는다.

성복제를 지내는 경우에는 제수를 올리고 향불을 피우지만 축문을 읽지 아니하고 술만 올린다. 성복제가 끝나면 호곡을 하고 절을 하며, 성복 이전에는 조례(弔禮)와 배례(拜禮)는 하지 않는다.

(이와 같은 성복제는 가정의례준칙에서 금하고 있다)

♣ **남자상복:** 한복의 경우에는 흰옷 두루마기에 마포두건을 쓰거나, 마포상장을 가슴에 달고, 흰고무신을 신는다. 양복일 경우에는 아래위 검은 양복에 양말, 구두 등 모두 검은색으로 하고 마포상장을 단다.

♣ **여자상복:** 한복일 경우에는 흰치마 저고리에 흰버선, 흰고무신을 신고 마포상장을 가슴에 달고, 양장일 경우는 검은복장으로 화려하지 않게 차려입는다.

현대식상례

(13) 조문(弔問)

조문은 고인의 명복을 빌고, 유가족을 위로하기 위하여 찾아가 인사하는 것을 말한다.

1. 조문 예절

❶ 가까운 친지나 친구가 상을 당하였을 경우

부고를 받자마자 빨리 상가에 가서 상제들을 도와 함께 장례준비를 하는 것이 좋다. 먼저, 상제들을 위로하고 장의절차와 예산 등을 상의 및 할 일을 서로 분담한다. 그리고 마음가짐도 예절바르고 정성껏 도움을 준다. 복장을 깨끗하게 하고 영위에 분향재배하며, 상주에게는 정중하게 조상하는 예절을 갖추어야 한다.

❷ 이웃이 상을 당하였을 경우

즉시 가서 우선 급한 일을 도운다.

❸ 조문객의 옷차림(남자일 경우)

검정색 양복이 원칙이나 준비되지 못한 경우, 감색이나 회색도 실례가 되지 않는다. 그러나 와이셔츠는 반드시 흰색으로 입고, 넥타이와 양말 구두는 검정색으로 하면 좋다.

문상

▶ 빈소에 도착하면 상제에게 목례한 다음, 영정앞에 무릎을 꿇고 앉아 분향하고 영정을 향해 두 번 절한다. 분향을 마치고 한걸음 물러나 상제와 맞절하고 조상인사를 한다.

▶ 문상시 옷차림:
정장을 할 경우 화려한 색이나 요란한 무늬의 옷은 피하고 검정색, 감색 등 짙은 빛깔계열 또는 흰색의 옷을 입도록 하고 넥타이는 가급적 검정색으로 한다.
여자의 경우는 화장을 짙게하지 말고 액세서리도 하지 않는것이 예의바른 차림새이다.

❹ 조문객의 옷차림(여자일 경우)

아래 위 검정색으로 통일하는 것이 가장 무난하지만, 여건이 되지 않을 때에는 흰색, 회색, 감색 등도 좋다. 구두나 스타킹, 장갑, 핸드백도 검정색으로 하는 것이 좋으며 되도록 짙은 화장은 피하는 것이 좋다.

❺ 조문 가는 시간

상가에서 성복을 끝내기를 기다려 문상하는 것이 예의이다. 스스럼없는 친한 사이라면 염습이나 입관을 마친때 가도 좋다.

❻ 조문 가서 삼가해야 할 일

유가족에게 계속 말을 시키지 말아야 하며 또한 정신적 피로감을 주지 않아야 한다. 장례진행에 불편을 주기 때문이다.

큰소리로 이야기 하는 것은 삼가하고 낮은 목소리로 조심스럽게 말하고 엄숙하고 경건한 마음가짐을 가져야 한다. 고인의 사망 원인, 경위 등을 상세하게 묻지 않는 것이 좋다.

- 가정의례준칙에는 주류(酒類)및 음식물의 접대는 금지되어 있다.
- 조화도 금한다. (옛부터 내려온 관습은 상가를 조문할때에는 부조(扶助)하는 뜻에서 돈으로 부의(賻儀)를 하거나 또는 향촉(香燭)이나 백지 등의 조물(弔物)을 가지고 가며, 이는 호상소(護喪所)를 통하여 전했다.)
- 조문객은 상주가 있는 영좌(靈座)앞에 가서 꿇어 앉아 분향(焚香)하고 두번 절한다. 그러나 망인(亡人)과 生時에 대면한 적이 없는 사람이나 여자일 경우에

는 상주에게만 인사한다.

- 곡을 하는 경우에는 상주와 조객이 마주서서 하는 것이며 상주가 부모의 상일 때는 "애고 애고"하고, 조객은 "허허허" 하는데 보통은 "어이 어이"로 한다.

2. 조문 받는 예절

❶ 조객을 맞을 준비

방이나 거실의 작은 물건들을 깨끗하게 치워 넓은 공간을 만든다. 엄숙하고 경건한 상중이니만큼 화려한 그림이나 장식들은 치워둔다. 현관에 옷걸이를 준비해 두면 편리하다.

❷ 조객의 접대

상제는 근신하고 애도하는 자세로 영좌가 마련되어 있는 방에서 조객들을 맞이한다. 그리고 상제는 영좌를 모신 방을 지켜야 하므로 조객들을 일일이 전송하지 않아도 된다.

음식을 따로 접대할 필요는 없고 간단한 음료수, 차 등으로 족하다. 겨울에는 따뜻한 생강차나 홍차, 커피, 녹차 등이 좋고, 여름에는 시원한 청량음료 등이 좋다.

- 전통식 상례의 경우 조문은 원래 성복 뒤에 하며 성복 전에는 가까운 일가, 친척, 친구 등이 가서 상주에게만 인사하고 영구(靈柩)에는 절을 하지 않는다.
- 그런데 성복 뒤라고 해서 무조건 영좌앞에 곡하고 두 번 절하는 것은 아니다. 망인(亡人)과 생존에 안면이 없다던지 또는 아래 사람이거나 면식이 있더라도 여자인 경우, 영좌에 절하지 않고 곡을 하며 상주에게만 인사한다.

- 조객이 호상의 안내를 받아 들어가면 상주는 일어나서 "에고 에고…"하고 곡을 하며 조객은 "어이 어이…"하고 곡을 하면서 두 번 절을 한다.
- 인사가 끝나면 조객은 상주와 맞절을 한다음 무릎을 꿇고 "상사를 당하시어 얼마나 망극하십니까." "참으로 뜻밖의 일이 었습니다."라고 인사를 하면 상주는 "망극하옵니다." 또는 "죄송합니다." "감사합니다."하고 대답하기도 한다.
  조문은 탈상 이전에는 언제라도 할 수 있다.

3. 상문시 인사법(喪問時 人事法)

♣ **문상(問喪)**: 객지에 나가 있다가 부모님의 상(喪)소식을 듣고 돌아오는 것을 말한다. 부음(訃音)을 듣는 즉시 곡을 하며 절을 하고, 흰옷으로 갈아입는다. 고향집에 다시 돌아오면 상복으로 갈아입고 시신앞에 나아가 슬피 곡을 한다.

♣ **심상(心喪)**: 실제로 상복을 입지 않은채 마음으로 3년간 슬퍼하는 것을 일컬으며 보통 스승을 위해서 행하나 아버지가 계실때에는 어머니를 위해서 또는 계모를 위해서도 하고 있다.

❶ 부모 상일때

문: 대고를 당하시여 얼마나 망극 하시옵니까?

답: 망극하기 한이 없습니다.

문: 졸연히 상사를 당하시니 얼마나 망극 하옵니까?

답: 시탕 한번 못드려 더욱 망극합니다.

♣ 상주는 인사말을 받지않고 그냥 고개를 숙여도 된다.

❷ 형제 상일때

문: 참척을 보시니 얼마나 비감 하십니까?

답: 가운이 불길하여 이런꼴을 당하니 비참할 따름이옵니다.

문: 백씨(伯氏: 형님)상을 당하시어 얼마나 비통하십니까?

답: 참으로 비통한 말씀 어떻다고 여쭐길 없습니다.

문: 천만 뜻밖에 계씨(季氏: 동생)상을 당하시어 얼마나 비통하십니까?

답: 참으로 이런일이 어디 있습니까? 이렇게 될줄을 꿈엔들 생각했겠습니까!

❸ 대소 상일때

문: 대상(혹은 소상)을 당하시여 얼마나 망극 하옵니까?

답: 망극할 따름입니다.

❹ 자녀 상일때

문: 얼마나 마음 아프시겠습니까?

답: 잊자해도 자꾸 머리에 떠오르는군요.

❺ 처(부인) 상일때

문: 상주 인사 드릴 말씀이 없습니다.

답: 상봉 하솔에 드릴 말씀이 없습니다.

문: 얼마나 섭섭하십니까?

답: 신세 한탄 간절합니다.

❻ 남편 상일때

문: 상사 말씀 여쭐 말씀이 없습니다.

답: 꿈결인가 합니다.

문: 천붕지통이 오죽 하겠습니까?

답: 저의 박복한 탓으로 아까운 장부가 요수 한 것이 한입니다.

♣ 상중(喪中) 인사의 요령: 부모상이나 승중상에 망극(罔極), 조부모상에 애통(哀痛), 백숙부모상에 비감(悲感), 형제상에 비통(悲痛), 아내상에 비도(悲悼), 아들상에 비통(悲慟)이라는 슬픔의 뜻을 호칭하고 칭호로는 아내상에 상후(喪后), 아들상에 참척(慘慽), 백숙부모 및 형제상에 복제(服制)라 쓴다.

제 五 장

(14) 부의(賻儀)

부의란 초상집에 부조금이나 부조물품을 보내는 것을 말한다.

부의를 보낼때는 부의장(단자:單子)을 써서 부의금과 함께 봉투에 넣어 보내며 조물(弔物)일 경우에는 따로 싸고 부의장만 봉투에 넣어서 보낸다.

옛날부터 우리나라는 십시일반(十匙一飯)이라는 말처럼 이웃이나 친척 등이 어려운 일을 당할때면 서로 돕고 위로하며 슬픔을 나누는 미풍양속(美風良俗)이 있었다.

인간상사 가운데서 가장 어려울때가 초상을 당할때이다.

초상(初喪)때 문구

- 부의(賻儀)
- 근조(謹弔)
- 조의(弔儀)
- 전의(奠儀)
- 향전(香奠)

소대상(小大祥)때 문구

- 전의(奠儀)
- 향전(香奠)
- 비의(菲儀)
- 비품(菲品)
- 박의(薄儀)

부의금 봉투 서식의 예

예문1)

賻儀

一金 ○○○원 整

年 月 日

○○○謹上

○○○氏 宅

護喪所 入納

예문2)

弔儀

一. 白紙: 3권
一. 淸酒: 2병

年 月 日
○○○謹上

○○○氏 宅
護喪所 入納

예문3)

삼가 조위(弔慰) 드리나이다.
향존(香尊) 일금 삼만원 謹封

2005년 5월 10일
김정호 再拜

박동진 호상소 귀중

예문4)

중구 삼덕동
김정호 댁 호상소 귀중

부의
일금 오만원

2005년 5월 20일
박동진 드림

예문5)

삼가 조의를 표합니다.
일금 일십만원

2010년 7월 5일
박동진 드림

김정호 댁 호상소 귀중

예문6) 봉투 서식

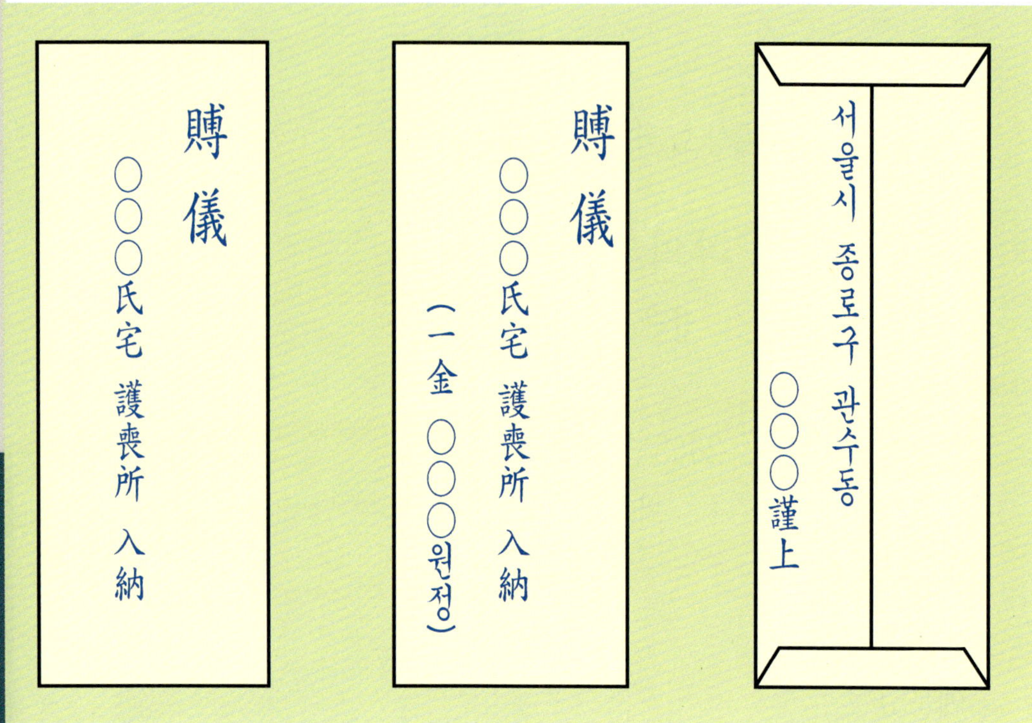

(앞면) (앞면) (뒷면)

♣ 사망의 소식을 전화, 전보, 편지, 신문 부고란 또는 인편으로 전하는 것을 부고라 한다. 그러나 가정의례준칙에서는 인쇄물에 의한 개별통지 단체의 명의로 내는 부고는 하지 못하도록 되어있다. 부고를 낼수 있는 범위는 그 소식을 받은 사람이 진정으로 애도해 줄수 있는 사람에게 보내는 것이 바람직하다.
미리 받을 사람의 명단을 작성하여 꼭 알려야 할 사람에게는 빠뜨리지 않도록 해야 한다. 부고에는 반드시 장일과 장지를 기록해야 한다.

한자부고 서식 예1)

① ② ③ ④ ⑤ ⑥ ⑦
영길 大人 ○○ 金海 金公 정호 以宿患
2010年 7月 1日 午前 5時
⑧
於自宅 別世 玆以 訃告

發靷日時: 2010年 7月 5日 午前 10時
發靷場所: 서울시 종로구 혜화동 76번지
葬 地: 경기도 양평군 개군면 공세리 낙원공원 묘지

未亡人 박순자
嗣 子 영길
(다음으로 子女, 孫子, 孫女, 壻 차례로 列記)

親族代表 홍순길
友人代表 손춘식
護 喪 정형근
連絡處 電話

현대식상례

♣ ①은 상주의 이름 ②어머니이면 大夫人(慈堂), 할아버지는 王大人, 할머니는 王大夫人, 아내이면 室人 ③은 雅號(堂號) ④는 本貫 ⑤는 姓 ⑥은 亡人의 이름 ⑦은 오래된 병이면 宿患, 노인이면 老患, 젊은 사람이면 急患 또는 病名 ⑧병원에서 사망이면 病院이름
부고장에서 친족대표와 우인대표는 넣지 않아도 무방하다.

한글부고 서식 예2)

○○아버님 ○○ 密陽朴公 ○○씨 께서

○년 ○월 ○일 ○시에 숙환으로 별세하셨기에
이에 삼가 알려드립니다.

발인일자: ○년 ○월 ○일 ○시
발인장소: 서울시 종로구 혜화동 76번지
장 지: 경기도 양평군 개군면 공세리 선 영하

미망인: ○○○
아 들: ○○
(딸, 손자, 손녀, 사위 차례로 열기)
친족대표: ○○○
우인대표: ○○○
호 상: ○○○
연락처 전화번호

제五장

(15) 장일(葬日)과 장지(葬地)

요즘 장일은 부득이한 경우를 제외하고는 사망한 날로부터 3일이 되는 날로 한다.

예로부터 전해 내려오는 관습에는 우수(優數)를 쓰지 아니하고, 기수(奇數)를 써서 3일장, 5일장, 7일장으로, 또는 일진이 중상일(重喪日)인 경우를 피하여 행한다.

안장길일(安葬吉日)

- 편안하게 장사 지내려면 살이 없는 날을 택해야 한다.
- 택일 하는 법은 일진(日辰)을 기준으로 한다. (전통상례 참조)

(16) 치장(治葬)

치장은 발인하여 성분(成墳)까지의 절차를 말한다.

옛날에는 석달만에 장사를 지냈는데, 먼저 장사를 지낼만한 땅을 고르고 묘자리를 정하면 장사지낼 날짜를 잡고 산소에 산역(山域)을 시작하고 또한 토지신에게 사토제(祠土祭)를 지낸다. 먼저 산신(山神)에 주과포(酒果脯) 등을 차려놓고 축(祝)을 읽으며 제사를 지낸다.

장사 지내는 방법에는 땅을 파고 묻는 매장법(埋葬法)과 불에 태우는 화장법(火葬法)의 두 가지가 있다.

♣ **장의사 :** 장의사는 경험이 풍부하고 일에 능숙하여 사망신고, 매장허가, 염습,

입관 등 장의에 필요한 모든 물자를 빌려주기도 하고 일을 대신 맡아서 처리해 주기도 한다.

아직도 시골에서는 상여(喪輿)를 이용하는 것이 보통이나 도시에서는 대체로 영구차를 이용한다.

♣ **사망신고와 매장허가:** 땅에 묻으려면 매장허가가 있어야 하고, 그러기 위하여서는 사망신고서가 필요하므로 먼저 의사에게 부탁하여 사망진단서를 발급받은 뒤에, 동사무소에 가서 수속절차를 밟아야 한다.

(17) 횡대(橫帶) 및 지석(誌石)

횡대는 나무판이나 대체로 썩지 않은 나무로서 비자나무나 옻나무 또는 대나무를 많이 사용한다.

이것은 하관하고 석회를 덮을때 회가 직접관에 닿지않게 덮는 것이다. 즉, 석회를 다진 흙이 굳기전에 관을 보호하기 위한 것이다. 지석은 돌, 회벽돌, 혹은 질그릇으로 하고 글자를 쓰거나 새긴다.

지석에 쓰는 글은 위쪽은 누구의 묘라는 것을 쓰고 바닥밑에는 약력과 인적 관계를 쓴다.

그리고 시신의 발끝에서부터 60~70㎝ 떨어진 부분(광중이 아님)에 묶고 봉분(封墳)한다.

(18) 발인(發靷)

영구가 장지를 향해 떠나는 것을 말한다. 영결식이 끝나면 명정(銘旌)을 선도로 공포(功布), 만장(輓章), 요여(腰輿), 수행원(隨行員),

▶ 발인제(영결식) : 고인이 생전에 살던 집과 가족들로부터 떠나가는 의식으로 고인의 신분에 따라 사회장, 단체장, 가족장 등으로 나눈다. 제사가 끝난후 조객들이 분향재배할 시간을 고려해야 한다.

▶ 하관 : 관의 위쪽을 위로하여 광중에 넣고 횡대를 놓은다음 석회와 흙을 섞어 관을 완전히 덮고 봉분을 한다.

▶ 장례후 : 장례를 치른 후 3일째 되는날 삼우, 49일째 되는날 사십구제, 백일째 되는날 백일제를 올리고 탈상을 한다.

현대식상례

영구, 상주(喪主), 상인(喪人), 조객의 순서로 장지를 향해 출발한다. 이것은 상여를 매고 갈때의 행렬순서이나 요즘은 일반적으로 영구차를 이용하고 있다. 이때 친척이나 친지, 친구 등은 장지까지 따라간다.

매장(埋葬)의 경우에는 성분(成墳)후에 위령제를 지내며 화장(火葬)의 경우에는 그곳에서 분향 및 합동배례를 한다.

(19) 운구(運柩)

영구와 영위를 운반하여 장지까지 가는 것을 운구라 한다.

운구하는 도중에는 상주이하 모든 조객들이 곡하면서 뒤를 따른다. 만일 장지가 멀리 떨어져 있는 경우, 묘소 근처까지는 영구차로 운구하고 상여로 운구할때는 묘소 가는 도중에 조전노제(弔奠路祭)를 지내기도 하며, 이때 고인(故人)과 친한 친구나 친척 중에서 뜻있는 사람이 조전자(弔奠者)가 되어 제물을 준비했다가 지낸다.

(20) 하관(下棺)과 성분(成墳)

적당한 시간에 하관할때 상주들은 곡을 그치고, 하관하는 것을 살펴본다. 이때 다른 물건이 광중으로 떨어지거나 영구가 바르게 되어있나 (영구의 좌향坐向) 등을 살핀다.

하관이 끝나면 공포로 관을 깨끗이 닦고 나서, 명정으로 먼저 관위를 덮고 그다음 구의(柩衣)로써 덮는다. 이 때에 산폐(山幣)를 드리는

제五장

수도 있으나, 이는 현(玄: 검은 비단실), 훈(纁: 붉은 비단실)을 상주가 집사자에게 주면 현은 관의 동쪽 위편에 놓고, 훈은 서쪽 아래편에 놓으며 상주는 곡하면서 두 번 절한다. 이때 모두 다 같이 슬피 곡을 한다. 회를 다진 흙으로 광중을 채워 평토(平土)함으로써 하관의 절차는 마무리가 되는 것이다.

흙과 회(灰)로 광중을 채우고 흙으로 봉분을 만든 뒤, 잔디로 덮는 것을 말한다.

(21) 위령제(慰靈祭)

위령제는 성분이 끝난 후 영좌를 묘소 앞으로 옮기고 간소한 제수를 차려놓고 다음의 순서로 지내며, 화장시에는 혼령자리를 유골함으로 대신하여 고인의 명복을 비는 제를 지낸다.

위령제문의 예1)

서기 년 월 일

아들(또는 딸) ○○는 삼가 아뢰옵나이다.
아버님(또는 어머님)이시여, 오늘 이 자리에 유택(幽宅)을 정하여 모시었사오니, 영령은 길이 평안하시옵소서.
(화장의 경우에는 '다비(荼毘)에 모시었사오니'라고 함.)

♣ 할아버지, 할머니, 어머니의 경우도 이와 비슷하다.

현대식상례

◆ 위령제문의 예2)

서기　　년 월 일

남편 ○○은 당신의 영 앞에 고합니다.
이곳에 유택을 마련하였으니
고이 잠드시고
길이 명복을 누리소서.

♣ **아내의 경우** : 손아래 사람일 경우에는 '너의 영에 이른다', '누리기 바란다'로 고쳐 쓰면 된다.

제五장

(22) 우제(虞祭): 초우, 재우, 삼우

우리의 관습으로는 장례를 지낸 3일째 되는 날에 가는 것인데 첫 성묘를 하고, 봉분이 잘 되어있는지를 살피고 간단한 제사를 지내는데 이를 삼우(三虞)라 한다.

삼우(三虞)는 재우를 지낸 다음날 식전에 지낸다.

요즘엔 초우와 재우는 생략한다.

(23) 탈상(脫喪)

상기가 끝나 복(服)을 벗는 절차를 탈상이라 한다.

아직도 상기(喪期)에 있어서 탈상하기까지 일반적으로 3년 상으로 한다. 상복을 입는 기간이 너무 길어도 정신적, 재정적, 건강상의 부담만 커질뿐 아무런 도움이 되질 못한다.

의례규범에는 집상기간(執喪期間)에는 장후(葬後) 부모상은 7일간, 기타상은 3일간으로 한다.

그리고 탈상기(脫喪期)는 부모, 조부모, 배우자의 경우 별세한 날로부터 100일까지 이고 그밖의 경우는 장례일까지 이다. 상주는 상기가 끝나는 날에 지내는 제사가 탈상제인데 방법은 기제(忌祭)에 준한다.

탈상제의 축문 예

아들(혹은 손자) ○○는
아버님 또는 할아버님 영전에
삼가 고합니다.
세월은 덧없이 흘러 어느덧
상기를 마치게 되었사오니,
애모하는 마음 더욱 간절하옵니다.
이에 간소한 제수를 드리오니
강림 하시와 흠향 하시옵소서.

♣ 옛날 관습으로 보면 탈상은 초상난 날로부터 만2년동안 복을 입으면서 매월 초하루와 보름날마다 아침에 상식을 올리고, 명절에 차례를 지내며 소상과 대상의 제례를 지낸 후에 있는 마지막 순서이다.

(24) 졸곡(卒哭)

졸곡은 사망한 달로부터 3개월(1월에 사망하면 3월)째 되는 달, 강일(剛日: 甲, 丙, 戌, 庚, 壬)에 지내는 제사인데 축문은 우제축(虞祭祝)과 같으나 다만 '엄급초우(奄及初虞)'를 '엄급졸곡(奄及卒哭)'이라 고쳐 쓰며, 졸곡때 제사 절차도 우제와 거의 같다.

다만 이로부터는 비록 슬픈 마음이 들어도 수시로 곡을 하지 않고, 조석곡(朝夕哭)만 한다. 졸곡이 지난 후부터는 밥도 먹고 물도 마신다. 잠 잘때는 목침을 벤다.

♣ 장례를 치르는 동안 힘써주신 호상과 친척, 친지들이 집으로 돌아갈때에는 반드시 감사의 인사를 드려야 한다.

문상을 다녀간 조객들에게는 감사의 인사장을 다음과 같이 보낸다.

인사장의 예

삼가 아뢰옵니다.
지난번 아버님(또는 어머님 등)의 상을
당하였을때 바쁘신 중에도 장례에 참석하여 따뜻한
애도와 위로의 말씀을 해주셔서
감사한 마음 금할 길이 없사옵니다.
황망한 가운데 우선 글로써
인사를 대신하려 하옵니다.

2010년 6월 10일
장길동 올림

제 2절 현대상례의 요점

현대식 상례의 절차 중 의례준칙에서 권장하는 내용과 실생활의 중요한 부분의 요점만을 추려서 다시 정리해 본다.

- 유언은 고인의 정신이 건전한 상태에서 미리 남겨두거나 들어두는게 좋고, 임종시 최후의 말씀까지 경청하여야 한다. 그리고 녹음을 하거나 먼저 유서를 써두면 더욱 좋다.
- 임종이 가까와 오면 흩어져 있는 가족에게 빨리연락하여 임종을 지켜보도록 한다.
- 수시(收尸)는 운명한 뒤 시신이 굳기 전에 골고루 주물러 펴서 굽거나 비뚤어지지 않게 하기 위해 하는 절차이다.
- 복(復- 초혼(招魂))을 부르는 일이나 사자밥을 해 놓는 풍습은 미신이므로 아니해도 좋다.
- 상주(喪主)는 장자가 되고, 장자가 없으면 장손이 승중(承重)하여 상주가 된다.
- 상제란 주상이 아닌 자녀들과 고인의 배우자(妻) 이다.
- 아내의 상에는 남편이 주상(主喪)이다.
- 복인(服人)이란 상제 이외에 복제(服制)에 해당되는 자로 八촌 이내로 한다.
- 호상은 주상의 친지중에서 경험이 풍부한 이로 정하는데 주상을 도와서 장의 일체를 감독 지시하는 책임자이다.
- 전(奠)은 조석 상식인바 올리지 않아도 무방하다.
- 호상소(護喪所)는 상주가 있는 곳 가까이 두는게 편리하다.
- 부고는 꼭 보내야 할 곳만 알기 쉬운 내용으로 적어 보내야 한다.
- 장일(葬日)과 장지(葬地)를 속히 결정하여 부고에 기입하도록 할 것이며, 장일

현대식상례

은 三일장 정도가 가장 적합하다.

- 장지는 될수록 따로 마련하지 말고 공원묘지나 선산(先山)이나 가족묘지로 정하는게 여러가지로 편리하다.
- 장의사와 접촉하여 일을 상의 또는 부탁하고, 장례를 치르기 전에 사망신고와 매장 및 화장허가를 내야 한다. 또한 운구방법 등을 계획세워 놓아야 한다.
- 시신을 모실 관(棺)을 준비해야 한다.
- 장사 일을 도울 사람. 즉 수시, 염습이며, 상여꾼(시골인 경우) 산역꾼 등을 미리 정해두는 게 좋다.
- 수의는 흰색 비단이나 삼베로 품이 넉넉하게 한다.
- 상복은 흰색계통의 한복이나 검정색 양복에 상장으로 대신하고 여자도 한복은 흰색으로 하고, 양장은 검은색에 상장을 달면 된다.
- 음식 접대는 상가에서 원칙상 실제로 상례일을 도우는 사람에게만 한다.
- 입관은 24시간이 지난 뒤라야 좋다.
- 영좌(靈座)는 고인을 가린 병풍 중앙에 설치한다.
- 명정(銘旌)은 붉은색 비단에 흰 글씨로 쓴다.
- 성복제(成服祭)는 지내지 않아도 된다.
- 조상(弔喪) 때의 문답은 간단하면 좋다. 왜냐하면 상주가 많은 조객을 만남으로 인해 너무 피로하지 않게 해야하기 때문이다.
- 부의금은 적당한 범위에서 성의를 나타내면 된다.
- 주상(主喪)은 항시 빈소를 지키고 있어야 한다.
- 조객과의 인사는 맞절로 하고 음식 접대는 아니해도 된다.
- 영결식은 제수를 차려놓지 않아도 된다.
- 운구는 영구차 및 상여로 하되 사진, 명정, 영구, 상제, 조객의 순으로 행차한다.
- 광중 작업은 영구가 도착되기 전에 끝내야 한다.

- 묘역을 너무 넓게 잡지 말고, 적당하게 치장한다.
- 성분이 끝나면 위령제를 지낸다.
- 성묘는 三일 후에 해도 좋으며 이때, 봉분이 잘되어 있는지를 살피고 간단한 제사를 올린다. 이를 삼우라 한다.
- 조석 상식과 삭망(朔望)은 폐지해도 무방하다.
- 탈상(脫喪)은 백일만에 한다.
- 장사를 치른 뒤, 감사인사를 잊지 말고 해야한다.
- 소대상(小大祥)은 기제(忌祭)로 대신한다.
- 장례때 썼던 사진(영정)을 일정한 장소에 잘 보관해 두었다가 제사때 다시 사용한다.
- 큰일을 치르고 난 뒤, 집안을 빨리 정돈하고 장례때 사용했던 물품들과 고인의 유품들을 잘 정리 보관한다.
- 비석은 묘에 주인이 누구인지를 밝혀주는 표시이다. 비석돌로는 단단하고 잘 다듬어진 반들반들한 돌이 비바람에 잘 견디고 좋다. 오석(烏石)이 가장 좋고, 황등석(黃登石), 애석 등이지만 대체로 화강암을 많이 쓴다.
  앞면에는 고인의 본관, 성명, 직함 등을 쓰고 뒷면에는 비문과 후손들의 이름을 쓴다.

현대식상례

제 3절 종교적 상례

(1) 기독교식 장례

운명에서 입관까지 사람이 일단 운명하면 먼저, 교회의 목사에게 알린다. 기독교식 장례는 처음부터 끝까지 목사의 집례아래 장례의 경험이 많은 신도 몇사람과 함께 주관한다.

사람의 영혼을 찬송과 기도속에 하나님께 맡기는 것이다. 즉 하나님의 부름을 받기 때문이라고 한다. 그러므로 운명한 시신의 수시부터 하관까지 모든 절차를 목사가 직접 주관한다. 장례식 전날 염습을 하고 입관하는데, 반드시 목사의 집례아래 예배를 본다. 분향을 하지않고, 헌화만 한다.

하나님의 부름을 받은 영혼은 영광된 하늘나라에 가서 영원한 안식을 하게 된다.

제五장

기독교식 장례의 요점

① 운명과 더불어 찬송과 기도로 고인의 영혼을 하나님께 맡기고 하나님의 보살피심이 있으라는 예배를 드린다.

② 하관전까지는 매일 목사의 집례아래 기도회를 갖고, 또 유가족은 빈소에 모여 아침저녁 기도회를 하며 영혼을 하나님 앞으로 맡긴다.

③ 장례식 전날 염습을 마치고 입관예배를 한 다음, 수의를 입히는 일에서 목욕, 염습 일체를 신자들의 손으로 한다.

④ 장례식(영결식)은 목사의 집례아래 예배를 보며 식장은 교회 혹은 상가에서 거

행한다. 장례의 절차는 다음과 같다.

영결식순

❶ 전주

❷ 개식사

❸ 기도(고인의 명복과 유족들을 위로와 은혜를 주는 기도)

❹ 성경 봉독(대체로 고후 5:1, 디전 6:7)

❺ 찬송

❻ 시편 낭독(시편 90편)

❼ 기도(목사)

❽ 약력 보고

❾ 목사 설교

❿ 주기도문

⓫ 출관(出棺)

하관식순

❶ 기도(주례목사가 지명한 신자)

❷ 성경 봉독(고전 15:51~58)

❸ 선고(상제들은 흙을 떠서 관위에 뿌린다. 목사는 사람이 하나님께로부터 왔다가 다시 돌아감을 선언한다.)

❹ 기도(주례목사가 명복을 비는 내용의 기도)

❺ 주기도문

❻ 축도(목사가 두 손을 들며 축도함으로써 끝난다.)

(2) 천주교식 장례

고인이 생전에 천주교에서 영세를 받은 경우와 임종 직전에 세례를 받은 경우의 천주교식 장례는 『성교예규(聖敎禮規)』의 절차에 따라서 행한다.

영결식순

❶ 종부성사(終傅聖事)

환자의 임종이 가까와지면 성유(聖油)를 바를 환자의 얼굴, 눈, 코, 귀, 입, 손, 발 등을 따뜻한 물에 수건을 적셔 깨끗이 씻기고, 준비한 옷으로 갈아입힌다. 또한 환자의 머리맡에 조그만 상을 하나 마련하여 하얀 종이나 흰보자기를 깔고 십자가의 고상(苦像)과 촛대 2개를 놓고 발밑에 성수(聖水)그릇과 성수저를 준비해 둔다. 그리고 빨리 신부(神父)에게 연락하여 성사(聖事)를 받는다.

신부가 도착하면 촛대에 불을 켜고 다른 사람은 모두 물러가 있는다. 이것은 고백성사(告白聖事) 또는 고해성사(告解聖事)를 주기 위함이다. 이것이 끝나면 신부는 노자(路資)성체, 종부성사의 순으로 진행시켜 나간다.

❷ 임종전 대사

임종이 다가오면 주위 사람들은 임종경을 읽으며 임종에 의한 환자를 위해 격려와 위로의 말을 들려주고, 영혼을 위하여 기도하며 성서 가운데서 좋은 귀절을 읽어준다.

❸ 운명(殞命)

모두 모여서 임종경(臨終經) 혹은 염경(念經)을 외우던지 아니면 『성모덕서도문』 혹은 『매괴경』을 읽는데, 이때 환자의 숨이 멈춘 뒤에도 잠시동안 계속하는 것이 좋다.

❹ 초상(初喪)

환자가 숨을 거두면 눈과 입을 다물게 하고 두 손은 합장시켜 끈으로 묶거나 십자고상(十字苦像)을 쥐어주며 머리맡 상위에는 고상을 모셔놓은 뒤, 좌우에 촛불을 켜놓는다.

성수그릇과 성수도 함께 놓아둔다. 입관 할때까지 이 상태로 놓아두는데 가족들은 그 옆에 꿇어앉아 연도(煉禱)를 한다.

만 하루가 지나면 경을 외운 뒤, 성수를 뿌리고 시체를 염한다.

❺ 연미사(煉彌撒)

환자가 세상을 떠났음을 본당 신부에게 보고하는 동시에 미사예문을 올려 연미사(위령미사)를 드린다. 또 장례일과 장지, 미사에 대한 시간 등을 신부와 의논하여 정한다.

❻ 염습과 입관

신도 가운데 장례의 경험이 많은 이를 청하여 시신에 수의를 입힌 뒤, 입관한다.(시신을 목욕시킬때 알콜을 사용함)

❼ 장례식

장례일이 되면 본당에서는 영구를 옮겨와 연미사와 사도예절을 드린 뒤, 장지로 옮긴다. 천주교에서는 화장을 금지하고 있다.

❽ 소기(小忌)와 대기(大忌)

장례후 3일, 7일, 30일 또 소상과 대상때 성당에서 연미사와 가족의 고해영성체를 행한다.

(3) 불교식 장례

불교에서의 장례의식을 다비(茶毘)라 하며, 불교의 의례규범인 『석문의범(釋門儀範)』, 『석문가례(釋門家禮)』에 따라 장례를 치른다.

임종에서 입관에 이르는 절차는 일반 전통 장례의 절차와 비슷하다. 다만 추도의식의 순서에 따라 영결식을 거행한다.

영결식순

❶ **개식선언:** 호상이 선언한다.

❷ **삼귀의례(三歸依禮):** 주례스님이 불법승(佛法僧) 삼보(三寶)에 돌아가 의지한다는 예로써 불교에서는 어느 의식에서도 빠지지 않는다.

❸ **약력보고:** 고인의 친구나 친척이 행한다.

❹ **착어(着語):** 부처의 가르침을 받아 고인의 영혼을 안정시키는 말이다.

❺ **창혼(唱魂):** 극락에 가서 고이 잠들라는 뜻으로 요령(搖鈴:방울)을 치며 혼을 부르는데, 주례승이 행한다.

❻ **헌화(獻花):** 친척대표가 행한다.

❼ **독경(讀經):** 주례승과 참례자 모두가 고인의 영혼을 안정시키고, 극락세계에 고이 잠들도록 하는 경이다.

❽ **추도사:** 일반적인 조사(弔辭)와 같다.

❾ **분향(焚香):** 향을 태우며 고인을 추모하고 경건하게 애도한다.

❿ **사홍서원(四弘誓願):** 모든 중생을 제도하기를 맹세하고 원하며 또한 갖은 번뇌를 없앨것을 원하며, 끝없는 법문을 배우기를 원하며, 도를 최고로 이루기를 기원한다는 뜻이다.

♣ **사홍서원(四弘誓願)** : 모든 부처와 보살에게 공통된 네가지 맹서와 소원을 말한다.

첫째, 고통세계의 중생들이 그 수가 아무리 많다해도 모두 구원해야 된다는 중생무변서원도(衆生無邊誓願度)

둘째, 번뇌가 끝이 없다하더라도 다 끊어야 된다는 번뇌무진서원단(煩惱無盡誓願斷)

셋째, 법문이 셀 수 없이 많지만 다 배울려는 법문무량서원학(法門無量誓願學)

네째, 위가 없는 불도를 이루어내려는 불도무상서원성(佛道無上誓願成)

⓫ **폐식선언:** 영결식이 끝나면 영구를 운구하여 장지로 향하는데, 주례승은 장지까지 따라간다. 불교에서는 화장을 원칙으로 하며, 시신의 화장이 다 끝날때까지 염불을 계속한다.

화장이 끝나면 흰백지에 유골을 받아서 상제에게 주며 상제는 쇄골한 뒤에 상자에 넣어 주례승이 있는 절에 봉안하고 제사를 지낸다. 제의로는 사망한지 49일과 100일만에 드리는 사십구제와 백일제가 있고, 삼년상을 치르는데 모두가 봉안한 절에서 지낸다.

제 4절 가정의례준칙 상례

(1) 장례제식(葬禮祭式)

사망한 뒤, 매장 혹은 화장이 끝날때까지 발인제와 위령제만 행한다. 그밖의 노제, 삼우제 등은 행하지 않는다.

(2) 발인제

영구옆에 명정을 세우고, 제상위에 영정이나 위패를 모신 뒤, 향로를 준비하여 간소하게 지내며 주상 및 상제, 친척들의 분향 및 조객들의 분향의 순으로 행한다.

(3) 위령제

매장의 경우 무덤앞에 영좌를 옮기고, 간단한 제사상을 차린 뒤 분향, 잔올리기, 축문 읽기, 배례의 순으로 행한다. 화장의 경우도 이와 같다.

(4) 장일(葬日)

장일은 사망일로부터 3일이 되는 날로 한다. 즉 삼일장으로 한다.

(5) 상기(喪期)

부모, 조부모, 배우자의 상기는 100일로 하고, 그밖에는 장일까지로 한다. 탈상제는 기제에 준해서 행한다.

(6) 상복(喪服)

상복은 따로 준비하지 않고 흰색이나 검정색 한복 또는 검정색 양복으로 한다. 왼쪽 가슴에 상장이나 흰꽃을 달고 머리에 두건을 쓴다. 부득이 할 경우 평상복을 입어도 된다.

상복을 입는 기간은 장일까지로 하고, 상장을 다는 기간은 탈상까지로 한다.

(7) 상제(喪制)

사망자의 배우자와 직계 비속은 상제가 된다. 주상은 장자가 되고 장자가 없는 경우에는 장손이 된다. 사망자의 자손이 없는 경우 최근 친자가 상례를 거행한다.

(8) 부고(訃告)

신문에 부고를 낼때에는 기업체, 직장, 단체, 기관의 명의는 사용할 수 없다.

(9) 관 나르기(운구)

관은 영구차나 상여로 나른다. 나를때의 행렬순서는 사진, 명정, 영구, 상제, 조객의 순이다.

제6장

전통 제례

전통상례 차례

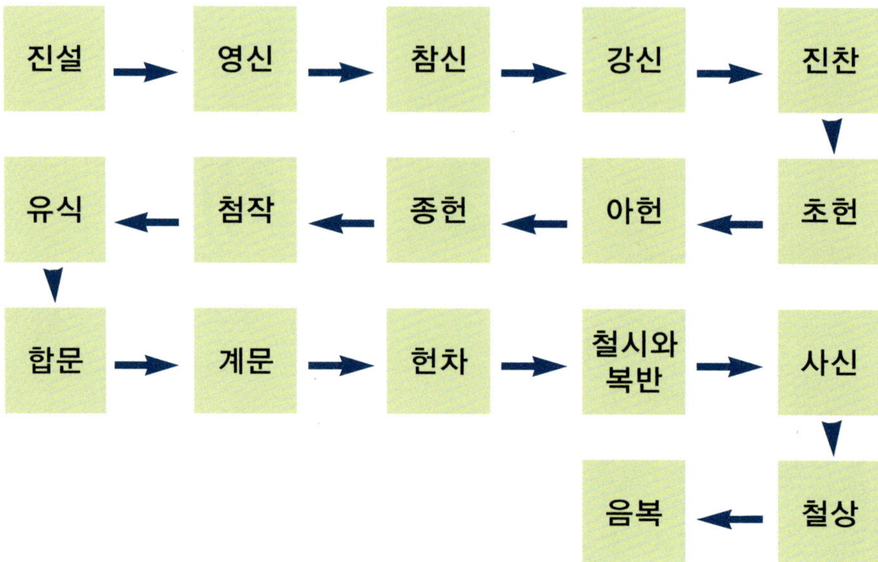

제 6장. 전통 제례(祭禮)

제 1절 제례의 의의(意義)

제례(rituals)란 신앙의 대상인 신, 또는 사령에 대하여 인간이 종교적으로 행하는 의식으로 각 나라의 자연적 조건이나 각 민족의 풍속, 종교 및 시대의 변천에 따라서 그 의식의 방법이 다르다. 우리나라에서는 향사, 제사라고도 하며, 四禮(冠禮, 婚禮, 喪禮, 祭禮) 가운데 하나를 말한다.

인간이 죽어서 슬픔속에서 장사를 지낸 뒤에는 자손들과 친지, 친족들이 모여서 정성과 애도로서 조상의 은덕을 기리고 제례의식을 갖추고, 추모하게 된다.

그러나 이 제례는 복잡한 형식보다는 그 마음가짐이 더욱 중요함에도 불구하고 조상에 대한 현대인들의 공경심이 더욱 줄었다고 볼수 있다.

'뿌리 없는 나무가 없고, 조상 없는 자손이 있을 수 없다' 는 옛사람의 교훈을 보더라도 오늘의 나를 있겠끔 해주신 조상에 대하여 정성과 공경을 예로써 모시는 것은 당연한 의무이다.

제 2절 제사의 대상(對象)

예로부터 모시고 지내오던 제사의 대상은 4대 즉, 고조(高祖)까지를 종가(宗家)에서 기제(忌祭)로 지내고 5대조 이상은 문중(門中)의 친척들이 모여서 세일제(歲一祭)로 지냈다.

또한 기제에 있어 고위(考位:아버지의 신위)의 제사때는 고위만 지내고 비위(妣位:어머니의 신위)의 제사때는 비위만 지내는 것이 옳다는 설도 있고, 퇴계 이황(李滉)의 말처럼 고위와 비위를 같이 지내는 것이 예법에 어긋날 것이 없고, 인정(人情)에도 맞는 일이라 했다.

현대에 와서는 기제, 묘제, 절사(시제)에 한하고 있다. 그것마저도 기제의 경우 조부모, 부모의 2대 봉사(奉祀)를 원칙으로 하고 제사도 기일(忌日) 해가 진 뒤에 지내고 있다. 너무나 모든 것이 간소화 위주로 변해가고 있다.

제六장

제 3절 제사(祭祀)의 종류(種類)

(1) 우제(虞祭)

우제는 신주를 위안시키는 제사이며 초우, 재우, 삼우로 나뉜다.

(2) 시제(時制)

계절에 따라서 1년에 4번 종묘에 지내던 제사로써 매중월(每仲月:2월, 5월, 8월, 11월) 상순(上旬)의 정일(丁日)이나 해일(亥日)을 가리어 지낸다. 제사 전 3일 동안 제계(齊戒)한다. 제사 하루 전날에는 정침을 깨끗이 청소하고 신주 모실 자리를 준비한다. 그리고 향탁을 마련하고, 그 위에 향로, 향합, 촛대를 놓는다.

밤새도록 촛불을 밝혀두고 제삿날 아침이 밝으면 일찍 일어나 제주 이하 모든 참례자는 제복을 입고 사당으로 나아가 분향한 뒤, 신주를 정침으로 모신다.

참신, 강신, 진찬이 끝나면 초헌, 아헌, 종헌에 이어 유식, 한문, 계문을 한 뒤 수조한다. 사신하고 나서 납주(納主)하면 상을 물리고 나서 음식을 나누어 먹는다.

❶ **복일(卜日)**: 제주는 분향을 한 뒤, 교(珓: 옥으로 만든 것으로 술잔 비슷하게 생김) 2개를 쟁반위에 던져 길흉을 점치는 바, 2개가 모두 엎어지거나 젖혀지면 불길하다고 보고 하나는 엎어지고 하나는 젖혀지면 길하다고 한다.

그래서 첫번째 길하면 상순으로 잡고, 두번째는 중순, 세번째는 하순으로 정한다.

❷ **제계(齊戒)**: 제주 부부는 3일 전부터 목욕하고, 새옷으로 입는다. 술과 고기를 먹지 않으며 조문과 음악도 듣지 않는다. 즉, 불길한 장소나 더러운 곳에 가지 않는다.

❸ **설위(設位)**: 제사 전 날 도포를 입고 중당을 청소한 뒤, 고조이하 4대 신주를 모실 자리를 준비한다.

❹ **제구(諸具)와 제찬(祭饌) 준비**

향안, 향로, 향합, 촛대, 모사, 탁자, 축판, 술병, 잔대, 행주, 퇴주그릇, 주가(술병 놓는 탁자), 젯상, 철적기, 대야, 잔대, 과일 6가지, 포(마른 물고기), 해(식혜와 고기젖), 소채(익은 나물과 김치), 청장(간장), 식초, 미식(떡), 면(국수), 반(飯), 갱(국), 육(肉), 어(魚:생어라고도 함), 술, 적(간 1꿰미와 육 2꿰미), 다(茶:숙냉)

❺ **진설(陳設)**: 각종 음식을 제자리에 진열한다. 술과 술병을 탁자에 놓은 뒤 숯불을 피운다.

❻ **출주(出主)**: 제주는 의관을 갖추고 사당에 가서 분향하고 축을 읽고 신주를 모시고 나온다.

♣ **행사순서(行事順序)** : 제를 지내는 순서는 다음과 같다.
①참신 ②강신 ③진찬 ④초헌 ⑤아헌 ⑥종헌 ⑦유식 ⑧합문 ⑨계문 ⑩수조 ⑪사신 ⑫납주

이 시제야말로 제사 중에서 가장 중요한 것이지만, 현재는 거의 지내지 않는다.

(3) 묘제(墓祭)

시조에서부터 모든 조상들의 묘소에 가서 지내는 제사로서 대개 한식(寒食)이나 10월에 날자를 정하여 지내고 있다.

제찬은 기제와 마찬가지로 준비하고, 토지신에게도 따로 제수를 마련하여 제사를 지낸다. 율곡 이이(李珥)의 『격몽요결(擊蒙要訣)』에는

1년에 4번, 즉 정월 초하루, 한식, 단오, 추석에 묘제를 지낸다고 도암 이재(李縡)의 『사례편람』에는 3월 상순에 날을 택하여 지낸다고 한다.

요즘은 1년 중 적당한 날을 택하여 산소를 찾아가 문중(門中)이 모두 함께 제사 드리는 것으로 대신하고 있다.

♣ **한식(寒食)성묘** : 한식은 청명(淸明) 다음날로 동짓날로부터 계산해서 105일째 되는 날이다. 이날은 예로부터 조상께 제사를 지내고 성묘를 가는 것이 관습이었다. 한식이란 말은 옛날 중국에서 비와 바람이 심해서 불을 땔수 없어서 찬밥을 먹었다는 풍속에서 전해졌다.

(4) 졸곡(卒哭)

졸곡은 슬프면 곡하던 무시곡(무시곡)을 마치고 조석으로만 곡한다는 예이다.

(5) 부제(祔祭)

부제는 졸곡 다음날 망인의 새 신주를 조상의 위(位)에 부칠때 지내는 제사를 말한다.

(6)대상(大祥)

대상은 초상으로부터 윤달을 결산치 않고 25개월 즉, 만2년에 마치는 것이며 차례로서는 두번째 기일에 행하는 제사이다.

(7) 담제(禫祭)

담제는 대상을 지낸후 한달을 가운데 두고 지내는 것으로, 죽음으로부터 27개월이 되는달 삼순중 한달을 가리되 정일(丁日)이나, 해일(亥日)을 가리어 지내는 제사이다.

(8) 소상(小祥)

소상은 초상으로부터 윤달을 계산치 않고 총 13개월 되는 기일, 즉 기년되는 날에 지내는 제사이다.

(9) 차례(茶禮)

음력으로 다달이 초하루, 보름, 생일 등에 간단히 낮게 지내는 제사이며, 정월 초하룻날의 연시제(年始祭)와 팔월 추석에 지내는 절사(節祀)가 있다.

❶ **연시제(年始祭):** 요즘은 2대조까지만 제사를 지내며 정월 초하룻날 아침에 드린다. 방법은 봉사 대상이 되는 여러분을 한꺼번에 모신다. 메는 떡국으로 대신한다.

❷ **절사(節祀):** 추석절 제사로서 음력 8월 보름에 지내는데, 봉사 대상은 모두 직계조상이다. 제수로는 새로 나온 햇곡식과 햇과일로 한다.

(10) 길제(吉祭)

길제는 담제를 지낸 다음날 삼순(三旬)주에 하루를 택하되 정일(丁日)이나 해일(亥日)로 하여 지내는 제사를 말한다.

(11) 이제(邇祭)

이제는 부친의 사당 제사를 말하며, 이(邇)라는 말은 가깝다는 뜻이다.

계추(季秋)에 지내던 제사로서 계추란 음력 9월을 가리킨다.

제사날 동이 틀무렵 일찍 일어나 제사상을 진설한 뒤 제주이하 모든 사람이 옷을 갈아입고 사당에 나아가 신주를 모셔와 제사를 지낸다.

♣ **행사순서(行事順序)** : 제를 지내는 순서는 다음과 같다.

①참신 ②강신 ③진찬 ④초헌 ⑤아헌 ⑥종헌 ⑦유식 ⑧합문 ⑨계문 ⑩수조 ⑪사신 ⑫납주 ⑬철상 ⑭준(餕)

(12) 기제(忌祭)

고인이 돌아가신 날(忌日) 지내는 제사로서, 오늘날 보통 제사라고 불리우는 것을 말한다.

옛날에는 밤나무로 신주(神主)를 만들어 사당에 모셔두었다가 제사 때 꺼내어 모시고 제사를 지냈으나, 요즘은 사당이 거의 없으므로 기일을 당하면 백지(白紙)를 접어 신위(神位)를 만들어서 병풍이나 벽면에 붙이고 제사를 지낸다. 제사 시간은 고인이 돌아가신 날 자정부터 새벽 1시까지 이었으나, 요즘들어 해가 진뒤, 어두워지면 아무때나 적당한 시간에 지낸다.

옛날에는 4대조까지 제사를 모셨으나 요즘에는 가정의례준칙에 의거하여 2대조까지와 후손이 없는 삼촌이내의 존·비속에 한해서만 기제를 지낸다. 제사는 고인의 장자나 장손이 제사를 주재하며 없을때에는 차자나 차손이 주관한다.

제 4절 제사(祭祀)의 예법(禮法)

제사의 순서는 종류에 따라서 참례범위와 지내는 시간이 각각 다르지만, 보통 기제 지내는 순서를 따른다.

제사에 참여할 사람들은 미리 목욕을 하고 마음과 몸가짐을 깨끗이 하며 제구와 재물을 준비하고 사진 또는 지방으로써 신위(神位)를 모시고 진설하여 분향하고 술잔을 올리며 축문을 읽고 재배하는 것이다.

(1) 제주(祭主)

고인의 장자는 제주가 되며 장자가 이미 죽었을때는 장손이 승중한다. 그러나 장손이 없을때에는 차자녀 순으로 할 수 있다.

(2) 제사의 참례 범위

기제, 연시제, 묘제는 직계 자손을 원칙으로 하나 근친자의 참례도 무방하다.

(3) 제사 시간

기제는 기일(忌日) 해가 진 뒤, 연시제는 음력 정월 초하룻날 아침 해 뜰 무렵, 시제(時制)는 당일 정오에 지낸다.

(4) 제물(祭物)

가정의 형편에 따라서 하며 비록 간소한 음식과 적은 제물일지라도 정성과 정결로서 예를 갖춰 지내며, 차리는 방식은 임의로 한다.

제물의 종류(種類)

❶ **조과(造果)**: 유과 또는 엽과(曄果)등을 쓰며, 또한 과자로서는 산자, 다식, 중과 및 과자류를 사용한다.

❷ **과실(果實)**: 밤, 대추, 곶감, 배, 은행, 호두, 잣, 귤, 사과 등을 쓰되, 적으면 세가지 많아도 다섯가지 이상을 쓰지 않는다.

❸ **포(脯)**: 생선류를 포를 떠 말린 것으로서 문어, 전복, 그밖의 건어(乾魚) 혹은 육포(肉包) 등의 마른 고기를 쓰되, 적으면 두가지 많아도 다섯가지 이상을 쓰지 않는다.

❹ **해(醢)**: 젓깔을 쓰는 것이나 젓을 써도 좋다.

❺ **좌반(佐飯)**: 미역, 콩잎 혹은 어육(魚肉)등으로 만들어 쓴다.

❻ **숙채(熟菜)**: 익힌 나물로서 콩나물, 무나물, 파장아찌, 고사리 나물 등을 쓴다.

❼ **침채(沈菜)**: 김치는 두가지나 세가지를 쓴다.

❽ **저채(菹菜)**: 생김치를 쓴다.

❾ **제주(祭酒)**: 술은 청주(淸酒)나 약주(藥酒)가 좋다.

❿ **육물(肉物)**: 간회(肝膾) 혹은 천엽(千葉), 우회(牛膾)등을 쓴

다.

⑪ **청장(淸醬)**: 간장을 쓴다.

⑫ **초(醋)**: 식초를 쓴다.

⑬ **병(餠)**: 떡은 낮으면 다섯층, 높아도 일곱층 정도만 차린다.

⑭ **적(炙)**: 간적(肝炙), 육적(肉炙) 즉 육류를 삶아 썰어서 대나 싸리개비로 꿰는 것을 말한다. 육물, 생선 등으로 만들고 적으면 다섯 꼬쟁이, 많아도 일곱 꼬쟁이 이상 쓰지 않으며, 만약에 일곱 꼬쟁이를 쓸 경우에는 초헌(初獻)때에 세 꼬쟁이, 아헌(亞獻)때에 두 꼬쟁이, 종헌(終獻)때에 두 꼬쟁이 씩을 올린다.

⑮ **전(煎)**: 육전(肉煎), 어전(魚煎), 소전(蔬煎) 즉 누르미를 말함.

⑯ **탕(湯)**: 육물, 생선, 굴, 대합, 두부 등으로 만들되 단탕(單湯), 삼탕〈三湯:육탕(肉湯),어탕(魚湯),소탕(蔬湯)〉, 오탕(五湯)으로 형편에 따라 쓴다.

⑰ **어물(魚物)**: 생선을 쓰며, 젓담지 않은 생선을 통채로 삶아 양념한다. 도미, 조기, 민어 등.

⑱ **면(麵)**: 국수를 삶은 것이다.

⑲ **조청**: 엿을 말한다.

(5) 제배(祭拜)하는 순서

① 흥

② 읍

③ 궤

④ 공수

⑤ 배

(6) 제기(祭器)와 제구(祭具)

제사 때 사용하는 여러가지 제기와 제구는 평소에 일정한 창고에 잘 보관하였다가 제사 하루 전날 꺼내어 사용한다.

❶ **제상(祭床)**: 제수와 제물을 진열해 놓는 상.

❷ **교의(交椅)**: 신주나 혼백함 및 사진을 올려 놓는 의자.

❸ **향안(香案)**: 향로와 향합을 올려 놓는 작은 상.

❹ **병풍**: 글씨나 그림으로 된 병풍으로 제상 뒤에 친다. 그러나 요즘은 잘 사용하지 않는다.

❺ **돗자리**: 두 장을 준비하여 하나는 제상 밑에 펴고, 다른 하나는 제상 앞에 편다.

❻ **향로(香爐)**: 향을 피우는 그릇.

❼ **향합(香盒)**: 향을 넣어두는 상자.

❽ **모사기(茅沙器)**: 모래와 띠의 묶음인 모사를 담는 그릇으로 옛 사발과 비슷하게 생겼으며, 짚이나 띠풀을 2치(약 6㎝) 정도로 잘라 십여개를 가지런히 하여 가운데를 묶고, 모래나 깨끗한 황토를 담은 그릇에 꽂는다. 제주(祭酒)때 사용한다.

❾ **촛대**: 두 개를 준비한다.

❿ **주독(主櫝)**: 신주를 모시어 두는 나무로 만든 궤.

⓫ **신주(神主)**: 죽은 사람의 위패(位牌). 고인의 위(位)를 모시는 나무패로서 대개 밤나무로 만든다. 길이는 8치(약 24㎝), 너비는 2치(약 6㎝) 정도. 나무 대신 종이로 만든 신주를 지방(紙榜)이라 한다.

⑫ **축판(祝板)**: 축문(祝文)을 올려 놓는 판.

⑬ **변(籩)**: 실과와 건육을 담는 제기로서, 원래 대나무로 굽을 높게 엮어서 만들었다.

⑭ **두(豆)**: 김치 젓갈 등을 담는 제기로서, 굽이 높고 뚜껑이 있다.

⑮ **병대(餠台)**: 떡을 담는 나무로 만든 작은 상으로서, 윗판 모양은 사각형이다.

⑯ **적대(敵台)**: 적을 올리는 작은 상으로서, 나무로 만들고 발이 달려있다.

⑰ **조(俎)**: 고기를 담는 작은 상으로서, 나무로 만들고 발이 달려있고, 윗판은 직사각형이다.

⑱ **탕기(湯器)**: 국을 담는 제기이다.

⑲ **시접(匙楪)**: 수저를 올려 놓는 그릇이다.

⑳ **주주(酒注)**: 술 주전자를 말함.

㉑ **주병(酒甁)**: 술병을 말함.

㉒ **주배(酒杯)**: 술잔. 잔대(잔받침)가 반드시 있어야 한다.

㉓ **퇴주그릇**: 헌작한 술을 물릴 때 따라 붓는 그릇이다.

제 5절 제사의 순서

(1) 진설(陳設)

먼저 대문을 열어놓은 뒤, 제상의 뒷쪽에 병풍을 치고 제상위에 조과(造果), 과실(果實), 포해(脯醢), 나물, 수저, 잔, 초 등을 차려놓

전통제례

고 그 앞에 향합, 향로, 모사기 등을 준비한다.

(2) 영신(迎新)

출주(出主)라 하여 사당에서 신주를 모셔온다. 요즘은 지방(紙榜)으로 대신한다.

(3) 참신(參神)

신주 혹은 영혼을 맞이하는 뜻으로 제사 지내는 사람들이 모두 차례로 늘어서서 신위앞에 재배한다.

▶ 참신 : 강신을 마친 후, 제주이하 모든 참사자가 함께 2번 절하는 것을 말한다.

(4) 강신(降神)

영혼을 부르는 의식이다. 제주가 신위 앞으로 나아가 재배한 다음, 향로에 향을 피운다. 그러면 집사자가 잔에 술을 부어주면 제주는 두 손으로 향로 위에서 세 번 돌린 다음, 모사기에 조금씩 세 번 붓는다. 빈잔을 집사자에게 주고 두 번 절한다.

향을 피우는 뜻은 하늘에 계신 신에게 고하기 위함이고, 모사기에 술을 따르는 것은 땅에 계신 신에게 고하기 위함이다.

참신과 강신은 지방에 따라 차례가 바뀔수도 있다.

(5) 진찬(進饌)

제주와 집사자는 쟁반에 육(肉)을 올리고 면(麵), 어물(魚物), 떡, 밥, 국, 적, 탕의 순으로 올린다.

(6) 초헌(初獻)

제주(祭主)가 첫술잔을 올리는 의식이다.

- **제주(祭酒)** : 신위 앞에 나아가 꿇어앉아서 분향한다. 이에 집사자가 술을 부어 주면 두 손으로 받아 향로위에서 세 번 돌려 모사그릇에 조금씩 세 번 부은 다음, 집사자에게 주어 제상위의 밥과 국그릇 사이에 술잔을 올리는 것이다. 그리고 제물 위에 젓가락을 올려 놓는다.
  합설인 경우, 먼저 술잔을 고위(考位:아버지)앞에 놓고, 그다음에 비위(妣位:어머니) 앞에 올린다.
- **계개(啓蓋)** : 그리고 집사자는 밥그릇 뚜껑을 연다.

전통제례

- **독축(讀祝)** : 제주이하 모든 참례자가 꿇어앉고 집사자가 축문을 읽는다. 축문은 제주가 읽어도 되며 엄숙한 목소리로 천천히 읽어나간다. 축문을 읽고나면 곡을 하고, 곡이 끝나면 모두 일어서고 제주는 재배한다.
- 퇴주(退酒) : 집사자는 제상에서 잔을 내려 퇴주그릇에 모두 붓고, 빈잔을 제상에 올려 놓는다.

(7) 아헌(亞獻)

두 번째 술잔을 올리는 의식으로 원래는 주부(主婦)가 올린다. 그렇지 못할 경우에는 제주의 가까운 친척이 올리되, 절차는 초헌때와 같으나 계개와 독축을 하지 않는다. (주부가 올릴때는 4번 절한다)

▶ 초혼 : 먼저 술잔을 고위(아버지의 위)앞에 올리고, 2번째 잔을 받아서 그대로 비위(어머니의 위) 앞에 올린다.

(8) 종헌(終獻)

세 번째 술잔을 올리는 의식이다.

아헌때의 다음가는 가까운 친척이 하며, 술잔을 7부쯤 부어서 초헌때와 같은 방식으로 올리되 퇴주는 하지 않는다.

가풍에 따라서는 아헌과 종헌때에도 적을 올리는 경우가 있다.

(9) 첨작(添酌)

종헌이 끝나고 조금 있다가 제주가 다시 신위 앞으로 나아가 꿇어 앉으면 집사자는 종헌때 7부쯤 따라 올렸던 술잔에 세 번 첨작하여 술잔을 가득히 채운다.

(10) 유식(侑食)

진지를 권하는 의식이다.

- **개반(開飯)** : 개반은 메(밥)그릇 및 탕이나 반찬의 뚜껑을 열어 놓는것을 말한다.
- **삽시(揷匙)** : 삽시는 밥그릇에 수저를 꽂는 것을 말한다. 이때에는 반드시 숟가락 바닥이 우측으로 행하도록 꽂아야 한다. (수저는 동쪽으로 행하도록 꽂는다)
- **정저(正筯)** : 젓가락을 집어 상위에 '톡,톡,톡' 3번 친 뒤에 시첩에 놓는다.

(11) 합문(闔門)

제주가 제상위에 한쪽 촛불을 끄고 참례자 모두 밖으로 나가 문을 닫고 기다린다.

전통제례

▶ 독축 : 축문은 제주나 참사자가 읽으며 엄숙한 목소리로 천천히 읽어 나간다.

▶아헌 : 두 번째 올리는 잔을 말한다. 주부가 올리는 것이 예의이며 주부가 올릴때는 네 번 절한다.

▶ 종헌 : 아헌자의 다음가는 근친자가 올리며 이때, 잔은 7부쯤 따라 올린다.

▶ 개반 : 메(밥)그릇 및 탕이나 반찬의 뚜껑을 열어 놓는것을 말하며 진지를 권하는 의식이다.

▶ 합문 : 참례자 모두 밖으로 나가 문을 닫고 기다린다.

▶ 계문 : 다시 들어와서 한쪽의 껐던 촛불을 다시 밝힌다.

▶ **헌차 :** 밥을 조금씩 세 번 떠서 물에 말아놓고 정저한다. 수저는 반드시 숭늉그릇에 담궈 놓는다.

▶ **철시와 복반 :** 숭늉그릇에 놓인 수저를 거두어 제자리에 놓고 밥그릇의 뚜껑을 덮는다.

대청마루에 제상을 차린 경우, 마당아래로 내려가 읍(揖)한 자세로 10분 정도 기다린다. 단칸방일 경우, 제자리에 꿇어앉아 10분 정도 있다가 일어선다.

합문하는 시간은 밥을 9번 떠 먹을 시간이다.(九匙間)

(12) 계문(啓門)

제주가 방앞에 서서 기침을 세번 한다음 문을 열고 들어가면, 참례자 모두 따라 들어가서 한쪽의 껐던 촛불을 다시 밝히고 늘어선다.

(13) 헌차(獻茶)

국그릇을 내리고 차(혹은 숭늉)를 올린다음, 밥을 세 숟가락 떠서 물에 만다. 이때 참례자는 모두 머리를 숙이고 잠시동안 조용히 앉아 있다가 고개를 든다.

(14) 철시(撤匙)와 복반(覆飯)

숭늉그릇에 놓인 수저를 거두어 제자리에 놓고 밥그릇의 뚜껑을 덮은 다음, 제상의 술잔을 내려 제주이하 참례자 모두 음복(飮福)이라 하여 조금씩 마신다. 이와 같이 음복을 하는 것은 많은 제물(祭物)을 충분히 받은신 다음 복(福)과 같이 물려주심을 받는다는 뜻이다.

(15) 사신(辭神)

고인의 영혼을 보내는 순서로서 참례자가 신위앞에 일제히 선다. 그리고 두 번 절한 뒤, 신주(神主)이면 사당으로 모시고 지방이면 축문과 함께 불사른다.

▶ 사신(辭神): 신주(神主)이면 사당으로 모시고 지방(紙榜)이면 축문과 함께 불사른다.

(16) 철상(撤床)

제상위의 모든 제물을 집사자가 물리는 것을 말하며, 제상의 위쪽에서부터 다른 상으로 공손하게 옮겨 물린다.

(17) 음복(飮福)

조상이 주시는 복된 음식이라 하며, 참례자가 한자리에 앉아 제물을 나누어 먹는데 이를 음복이라 한다.

음복을 끝내기 전에는 제복을 벗거나 담배를 피워서는 안된다. 옛날에는 준(餕)이라 하여 가까운 이웃들에게 제사음식을 나누어 주고 이웃 어른들을 모셔다가 접대하기도 했다.

제 6절 제상(祭床) 차리는 방법

제수의 진설은 각 지방의 관습이나 풍속, 가문의 전통, 가례(家禮)에 따라 조금씩 차이가 있다. 제수를 갖춤에 있어서는 가세의 형편에 따라서 하되, 비록 적은 제수일지라도 깨끗한 마음가짐으로 온갖 정성을 다하여 올리는 것이 바람직하다.

그러나 여기에도 몇가지 원칙이 있다.

제주가 제상을 바라보아 오른쪽을 동(東), 왼쪽을 서(西)라 한다. 진설의 순서는 맨 앞줄에 과일

둘째줄에 포와 나물

세째줄에 탕(湯)

네째줄에 적(炙)과 전(煎)

다섯째줄에 밥과 국을 차례대로 놓는다.

돌아가신 날 새벽 0시초 제관은 남자는 흰옷에 흰띠를 하고, 여자는 천한 무색옷에 금은 패물을 지니지 않고 제물을 올린다. 제물은 실과를 먼저 올리며 제관의 왼쪽으로부터 차례대로 진설하여야 한다.

(1) 과일 진설

조(棗), 율(栗), 시(柿), 이(梨)라 하여 대추, 밤, 감(곶감), 배(혹은 사과)의 순서대로 진설하며, 그외의 과일들은 정해진 순서가 따로 없으나, 망과(넝쿨과일)를 쓰기도 한다.

복숭아는 쓰지 아니하며 과일줄의 끝에는 조과류(손으로 만든 과자)

를 쓰되 그 순서는 다식류(송화, 녹말, 흑임자)를 먼저 쓰고, 그 다음이 유과류(산자, 강정 등), 마지막 끝에 당속류(오화당, 원당, 옥춘)를 사용한다.

(2) 반찬 진설

좌포우해라 하여 왼쪽 끝에 포(북어, 대구, 오징어 등)를 쓰며, 우측 끝에 해(젓갈)를 쓴다.

그 중간에 나물반찬은 콩나물, 숙주나물, 무나물, 순으로 올리고, 고사리, 도라지 나물 등을 쓰기도 하며, 청장(간장), 침채(동치미)는 그다음에 진설한다.

(3) 탕 진설

대개는 3탕으로 육탕(육류로 만든 탕), 소탕(두부 채소류로 만든 탕) 어탕(어패류로 만든 탕)의 차례로 올리며, 오탕을 사용할때는 봉탕(닭, 오리), 잡탕 등을 더 올릴 수 있다.

(4) 적과 전의 진설

대개는 3적으로 육적, 어적, 소적의 순서로 올리며, 오적을 사용할 때는 봉적, 채소적으로 첨가하여 사용하는 예도 있다.

(5) 메, 갱, 잔의 진설

메(밥)를 왼쪽에, 갱(국)을 오른쪽에 올리며, 잔은 메와 갱 사이에 올린다.

❖ 설, 추석 진설도 ❖

신위
편
잔
갱
시저
편
잔
갱
전
육적
소적
어적
떡
국수
탕
육탕
소탕
어탕
탕
포
나물
나물
나물
간장
김치
식혜
대추
밤
곶감
배
유과
당과
다식
향로
향합
모사
제주병
퇴주그릇

❖ 양위합제(두 분 모실때) ❖

▶ 진설도의 방식은 지방에 따라 약간의 차이점이 있다. 지방을 써 붙였을때는 반드시 축문을 읽어야 한다.

주자가례 제찬도
(朱子家禮 祭饌圖)

도암 사례편람 제찬도 (陶岩 四禮便覽 祭饌圖)

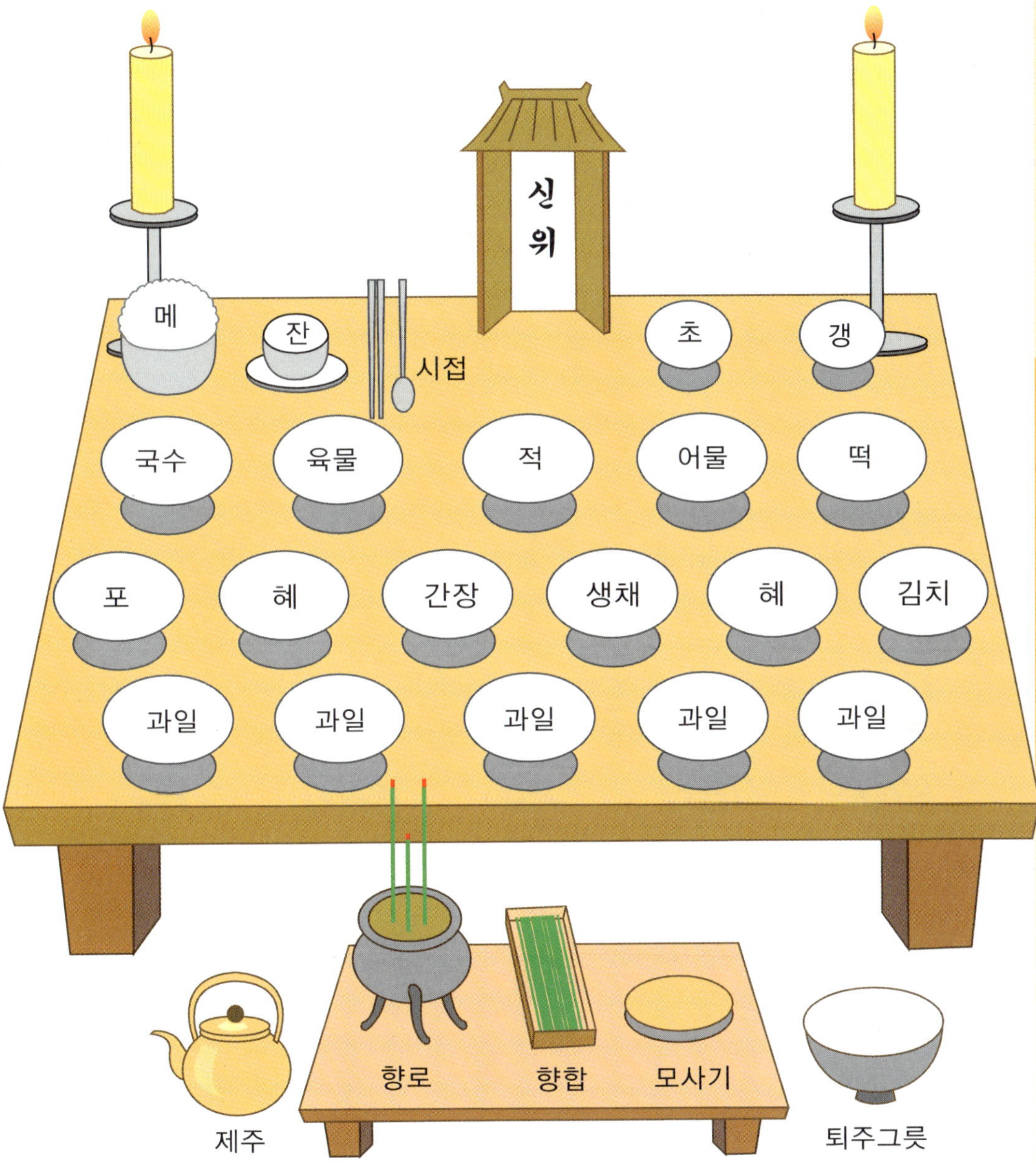

율곡 격몽요결 제찬도
(栗谷 擊蒙要訣 祭饌圖)

- 한 분을 모실때 -

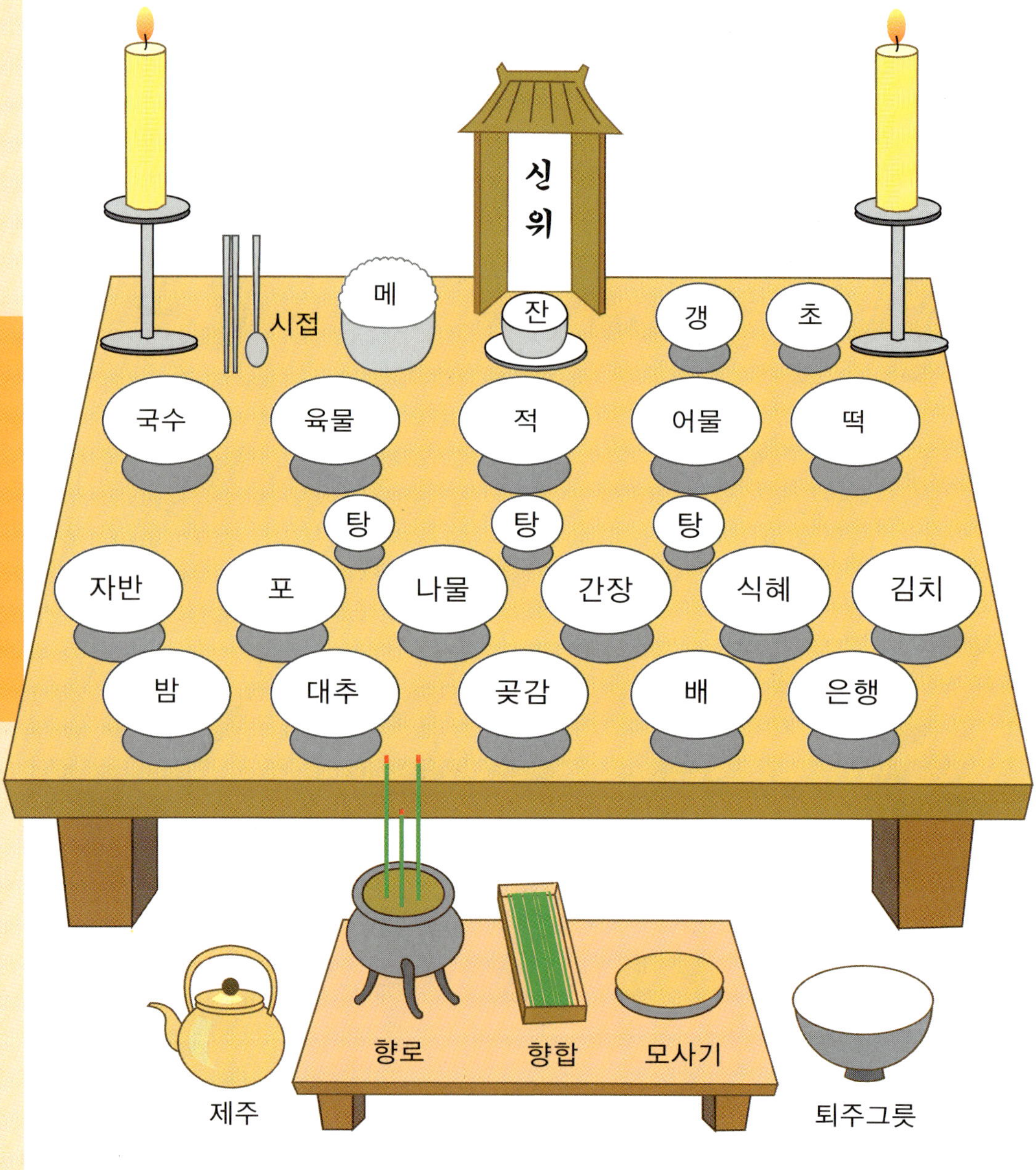

제六장

율곡 격몽요결 제찬도
(栗谷 擊蒙要訣 祭饌圖)

- 두 분을 모실때 -

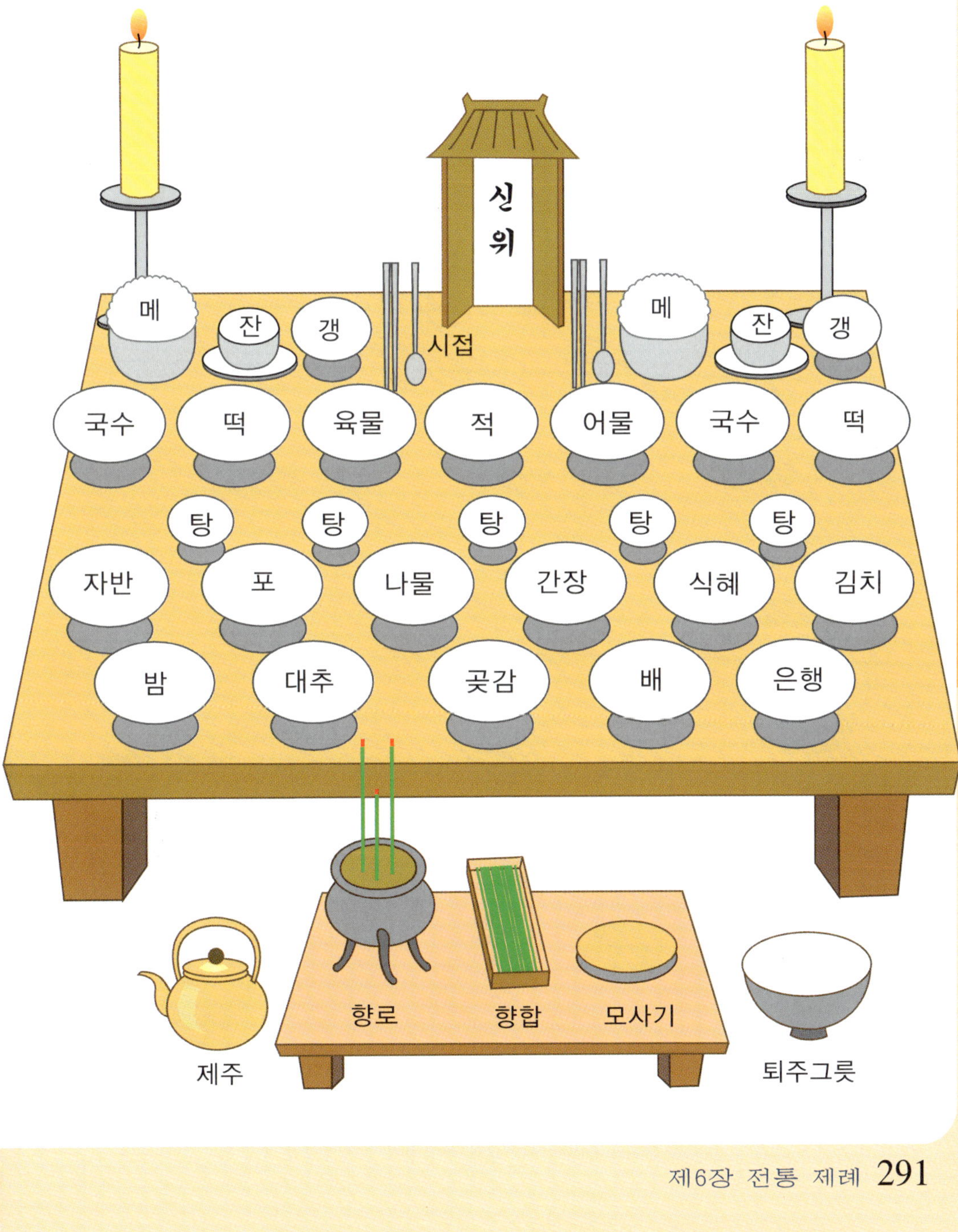

가정의례 준칙 제찬도

- 한 분을 모실때 -

제六장

가정의례 준칙 제찬도

- 두 분을 모실때 -

시저(수저와 대접)는, 단위제의 경우에는 메의 왼쪽에 올리며, 양위 합제의 경우에는 중간 부분에 올린다.

면(국수)은 건데기만을 왼쪽 끝쪽에 올리고, 편(떡종류)은 오른쪽 끝에 올리며, 청(조청, 꿀, 설탕)은 왼쪽에 올린다.

추석절 제사에는 송편으로, 연시제에는 떡국으로 대신한다.

(6) 향상 진설

축판을 올려놓고 향로와 향합을 올려놓으며, 그 밑에 모사그릇, 퇴주그릇, 제주 등을 놓는다.

♣ 간혹 모사잔이라 하여 강신할때 사용하는 잔을 놓기도 한다

제六장

❖ 제상진설의 일반적인 원칙 ❖

❶ 좌포우해(左脯右醢)

좌측에 포를, 우측에 젓갈을 놓는다.

❷ 어동육서(魚東肉西)

동쪽에 어류, 서쪽에 육류를 놓는다.

❸ 두동미서(頭東尾西)

생선의 머리는 동쪽방향, 꼬리는 서쪽방향으로 한다.

❹ 홍동백서(紅東白西)

붉은색 과일은 동쪽, 흰색 과일은 서쪽으로 한다.

❺ 조율시이(棗栗柿梨)

왼쪽부터 대추, 밤, 감, 배의 순서로 진설한다.

❻ 생동숙서(生東熟西)

김치는 동쪽에, 나물은 서쪽에 놓는다.

❼ 건좌습우(乾左濕右)

마른 것은 왼쪽에, 젖은 것은 오른쪽에 놓는다

❽ 접동잔서(楪東盞西)

접시는 동쪽에, 잔은 서쪽에 놓는다.

❾ 우반좌갱(右飯左羹)

밥은 오른쪽에, 국은 왼쪽에 놓는다.

❿ 남좌여우(男左女右)

제상의 왼쪽은 남자(考位), 오른쪽은 여자(妣位)의 신위(神位)를 놓는다.

전통제례

❖ 제사음식 조리법 ❖

❶ 복숭아와 꽁치, 삼치, 갈치 등 생선의 끝자가 치자로 된 것은 사용하지 않는다.

❷ 고추가루와 마늘 양념을 하지 않는다.

❸ 식혜, 탕, 면은 건데기 만을 사용한다.

❹ 음식을 장만할때는 몸을 깨끗이 하며, 청결하게 조리를 하여야 한다.

❺소탕(素湯): 두부를 1㎝ 두께로 썰어서 네모지게 자른다. 다시마는 마른 헝겊으로 깨끗이 닦아서 냄비에 넣고 물 5컵을 부어서 끓이다가 다시마를 건지고 간장으로 간을 맞춘다. 건진 다시마는 사방 3㎝ 정도로 썰어 둔다.

다시마 국물에 두부를 넣고 끓으면 썰어놓은 파를 넣는다. 다시 국물이 끓으면 다시마를 위에 얹고, 국물이 한번 넘쳐 오르면 불에서 내린다.

❻어탕(魚湯): 조기(또는 민어, 상어)는 비늘을 긁어내고 내장을 완전히 뺀 다음, 깨끗하게 씻어서 4㎝ 크기로 토막을 친다.

다시마는 마른 헝겊으로 깨끗이 닦아서 냄비에 넣고 물 5컵을 부어 끓인다.

5분 정도 끓게되면 다시마는 건지고 간장으로 간을 맞춘 다음 조기를 넣고 끓인다. 10분 후에 썰어 둔 파를 넣는다. 건진 다시마를 사방 3㎝ 크기로 썰어 냄비에 넣고 한 번만 끓어 오르면 불을 끈다.

탕기에 조기와 국물을 담고 위에 다시마를 곁들인다.

❼쇠고기적: 쇠고기를 1㎝ 두께로 넓적하게 포를 떠서 잔 칼집을 앞뒤로 낸 뒤, 고기의 결을 끊어 준 다음 부드럽게 만든다.

손질한 고기를 큰그릇에 담아 간장, 설탕, 파, 깨소금, 청주, 참기름 등 갖은 양념에 1시간 정도 재여 놓았다가 석쇠에 굽는다.

❽두부적: 두부를 1㎝ 두께로 썰어 소금을 약간 뿌려 둔 뒤, 프라이팬에 식용유를 두르고 약한 불에서 지져 낸다.

❾조기구이: 조기는 비늘을 긁고 아가미와 내장을 떼어 낸 뒤, 깨끗이 씻어 소금을 조금 뿌려 둔다.

조기의 물기가 빠지고 마른 듯 해지면 불에서 잘 익혀 구워 낸다.

❿동태전: 동태는 비늘을 긁고 머리와 내장을 깨끗이 빼내고 껍질을 벗긴 다음, 넓적하게 포를 떠서 소금을 조금 뿌려 놓는다.

생선에 밀가루와 달걀을 묻힌 뒤, 프라이팬에 식용유를 두르고 약한 불에서 지져 낸다.

❖ 제상진설에 유의할 점 ❖

그 진설의 순서는 시접과 잔반을 제일 먼저 올린뒤에 앞줄에서부터 순서대로 놓는다.

조(대추)는 씨가 하나로 임금을 뜻하고, 율(밤)은 세톨로 3정승, 시(감)는 여섯개로 육방관속, 이(배)는 여덟개로 8도 관찰사를 뜻함으로 조율시이의 진설순서가 옳다고 하는 주장도 있다.

❶ 과일을 올릴때에는 우측에 붉은 색, 좌측에 흰색 과일을 놓고 그

전통제례

중간에는 조과류를 놓을수도 있다.

❷ 설날에는 메 대신 떡국을 놓으며, 추석에는 메 대신 송편을 놓는다.

❸ 두분을 모시는 양위합제 때에는 메와 갱과 수저를 각각 두 벌씩을 놓아야 한다.

❹ 시저(수저)를 꽂을때에는 패인 곳을 절하는 쪽으로 메의 한복판에 놓는다.

❺ 남좌여우라 하여 남자는 좌측, 여자는 우측으로 모시는 것이 원칙이나 3년상 안에는 살아계시는 분하고 똑같이 있다고 생각하며 예를 갖추어 대한다.

제 7절 지방(紙榜)

지방이라 함은 백지로서 만든 신주(神主)이다. 신위는 고인의 사진으로 하고, 사진이 없으면 지방으로 대신할 수 있다.

예전에는 사진이 없었던 관계로 지방을 많이 이용했으나 요즘은 사진을 많이 이용하고 있다.

지방은 깨끗한 백지에 진묵으로 정성들여 쓰며 길이는 22㎝, 넓이는 6㎝ 정도로 한다. (시중에 흔히 판매되고 있는 지방함을 구입하여 사용하면 품위가 있고 매우 편리하게 사용할 수 있다)

옛날에는 각 가정에 사당이 있어서 가족이 죽으면 밤나무로 그 사람의 위패를 만들어 사당에 모셔 두었다가 제사때에는 그 위패를 모시고 제사를 지냈다. 그러나 요즘은 사당이 없으므로 지방이나 사진으로서 신주를 대신한다.

(1) 지방 접는 법

요령은 다음과 같다. 백지나 한지(韓紙)를 길이 40㎝, 넓이 70㎝ 정도로 하여 넓이의 가운데를 접으면 두칸, 또 접으면 네칸 이것을 삼등분하여 접으면 열두칸이 되고, 겹쳐진 선은 11선이 된다.

그를 오른편에서부터 1, 2, 3선까지를 이어 겹쳐서 왼편으로 접고서, 4선은 띠우고 5선을 기준으로 하여 종이의 왼편부분을 오른편으로 접으면 처음에 종이를 놓았을 때의 뒤쪽이 앞쪽으로 오게 된다. 이로써 6선을 기준으로 하여 다시 왼편으로 접으면 종이는 뒤집혀 져서 처음 놓았을때의 앞쪽이 보이고, 7, 8, 9, 10, 11선이 보인다.

이것을 접어진 그대로 들어서 뒤집어 가지고 7선을 기준으로 하여 남은 종이를 왼편으로 접으면 8, 9, 10, 11선이 남게 된다. 그다음에는 12선(백지에는 실선이 없으나 그림표의 점선)을 기준으로 하여 아래로 접고, 또 13선 (그림표 점선)을 위로 접은 다음, 다시 오른편으로 9선과 11선을 접고서 남은 부분의 한 칸을 끼워 넣으면 된다.

이와 같이 접어서 만들어진 지방의 윗쪽 양모퉁이를 조금씩 눌러서 약간 접어 넣으면 다음과 같은 그림이 된다.

전통제례

❖지방 만들기

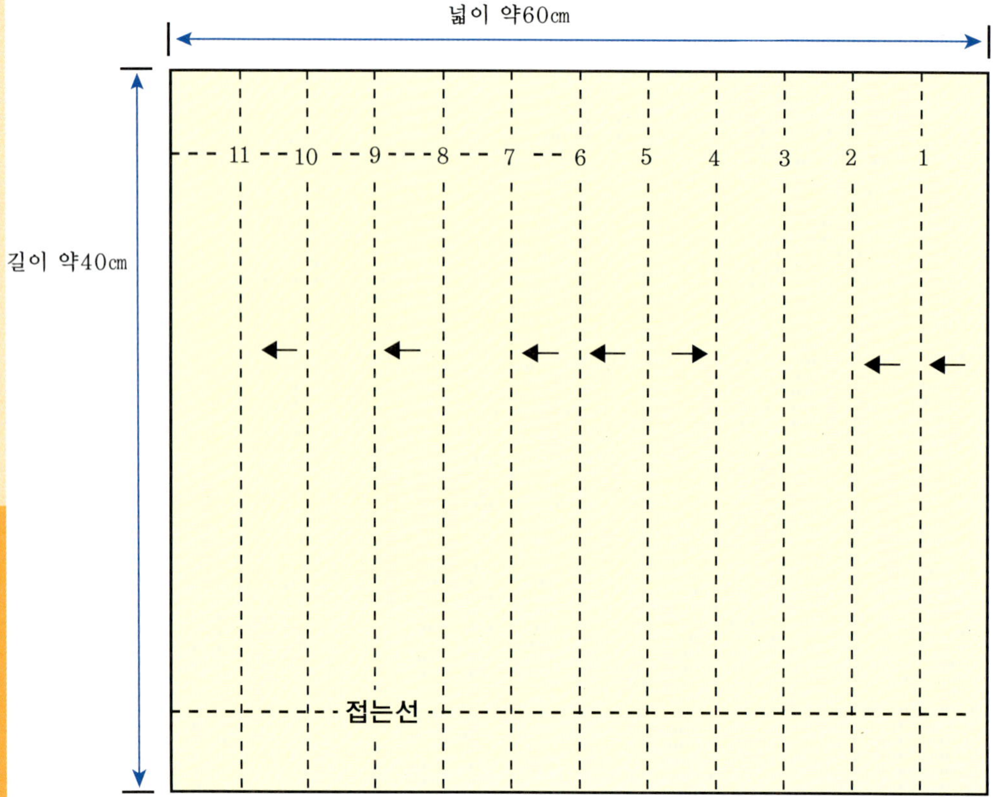

❖ 완성된 지방

(앞) (뒤)

(2) 지방 쓰는 법

지방은 대체로 가는 붓글씨로 쓰며, 아주 작은 글자로 쓴다.

그리고 한글과 한문으로 쓰는 두가지 방법이 있는데, 편리한대로 선택해서 쓰면 된다.

지방의 내용은 생전에 관직이 없으면 학생(學生)이라 쓰고, 관직이 정일품 숭록대부(崇祿大父)를 재냈으면 그 관직을 그대로 쓰고 그 부인의 경우는 유인(孺人)대신에 정경부인(貞敬夫人)이라고 쓴다. 남자 지방의 고(考)는 부(父)와 동일한 뜻으로 생전에는 父라고 하고, 사후에는 考라고 하며, 비(妣)는 모(母)와 동일한 뜻으로 생전에는 母라고 하며, 사후에는 妣라고 한다.

여자의 경우에는 유인(孺人) 다음에 본관 성씨를 쓰며, 아내의 경우 자식이 있어도 남편이 주제가 되며 자식의 경우에는 손자가 있어도 아버지가 주제가 된다.

두분을 모시게 되는 제사의 경우, 요즘은 대체로 한개의 지방에 두분을 쓰고 있다. 만약 재취로 인하여 삼위 지방일 경우는 왼쪽에 남자의 지방을, 중간에 본비의 지방을, 오른쪽에 재취비의 지방을 쓴다.

♣ 지방을 붙이면 필히 축문을 읽어야 한다

전통제례

❖ 전통식 지방 쓰는 법 ❖

顯高祖妣孺人全州李氏神位

顯高祖考學生府君神位

고조부모

顯曾祖妣孺人金海金氏神位

顯曾祖考學生府君神位

증조부모

顯祖妣孺人慶州李氏神位

顯祖考學生府君神位

조부모

顯妣孺人密陽朴氏神位

顯考學生府君神位

부모

顯伯(叔)母孺人慶州裵氏神位

顯伯(叔)父學生府君神位

백(숙)부모

顯辟學生府君神位

남편

亡室孺人海州吳氏神位

아내

顯兄嫂孺人文化柳氏神位

顯兄學生府君神位

형(형수)

亡弟(이름)神位

아우

亡子秀才(이름)之神位

아들

❖ 현대식 지방 쓰는 법 ❖

할머님안동김씨신위
할아버님신위

조부모

어머님밀양박씨신위
아버님신위

부모

부군신위

남편

망실전주이씨신위

아내

어머님밀양박씨신위

아버님신위

할머님안동김씨신위

할아버님신위

합사하는 경우

선조여러어른신위

절사(節祀)의 경우

제 8절 축문(祝文)

축문은 신명앞에 고하는 글이며, 그 내용은 제위분께 간소한 제수나마 흠향 하시라는 뜻을 고하는 글이다.

요즘은 어려운 한문으로 쓴 축문보다는 한글로 알기쉽게 쓰기도 하며, 크기는 폭 25㎝, 길이 36㎝ 정도의 크기로 한다.

(1) 축문의 종류

❶ 고조부 축문(高祖父 祝文)

維
유

歲次干支某月干支朔某日干支玄孫　　敢昭告于
세차간지모월간지삭모일간지현손○○감소고우

顯高祖考學生府君
현고조고학생부군

顯高祖妣孺人金海金氏 歲序遷易 顯高祖考 諱日復臨
현고조비유인김해김씨 세서천역 현고조고 휘일부임

追遠感時 不勝永慕 謹以淸酌 庶羞恭伸 奠獻 尙
추원감시 불승영모 근이청작 서수공신 전헌 상

饗
향

- 고조모의 축문은 顯高祖考를 顯高祖妣로 고쳐쓰면 된다.
- 증조모의 축문은 顯曾祖考를 顯曾祖妣로 고쳐쓰면 된다.
- 조모의 축문은 顯祖考를 顯祖考妣로 고쳐쓰면 된다.

전통제례

❷ 증조부 축문(曾祖父 祝文)

維
유

歲次干支某月干支朔某日干支曾孫　　敢昭告于
세차간지모월간지삭모일간지증손○○감소고우

顯曾祖考學生府君
현증조고학생부군

顯曾祖妣孺人金海金氏 歲序遷易 顯曾祖考 諱日復臨
현증조비유인김해김씨 세서천역 현증조고 휘일부임

追遠感時 不勝永慕 謹以淸酌 庶羞恭伸 奠獻 尙
추원감시 불승영모 근이청작 서수공신 전헌 상

饗
향

제
六
장

❸ 조부 축문(祖父 祝文)

維

유

歲次干支某月干支朔某日干支孝孫　　敢昭告于

세차간지모월간지삭모일간지효손○○감소고우

顯祖考學生府君

현조고학생부군

顯祖妣孺人全州李氏 歲序遷易

현조비유인전주이씨 세서천역

顯祖考 某官府君

현조고 모관부군(할머니는 顯祖妣孺人 某官某氏)

諱日復臨 追遠感時 不勝永慕 謹以淸酌 庶羞恭伸 奠獻 尙 饗

휘일부임 추원감시 불승영모 근이청작 서수공신 전헌 상 향

♣ 조모의 축문은 顯祖考를 顯祖考妣로 쓰면 된다.

증조, 고조의 제사때에도 축문은 이와 같은 서식으로 쓰되, 다만 제위(祭位)와 봉사자 존칭(奉祀者 寸稱)만이 각각 촌수에 따라서 다르게 쓴다.

〈풀이〉: ○년 ○월 ○일 효손 ○○○는 삼가 고하나이다. 할아버님(할머님), 어느덧 해가 바뀌어 할아버님 돌아가신 날이 다시 돌아오니 길이 사모하는 마음을 이기지 못하여, 삼가 맑은 술과 여러가지 음식을 드리오니 흠향하시옵소서.

현대식 축문 쓰는 법(부모,조부모 기제사의 경우)

○년 ○월 ○일
아버님(또는 어머님, 할아버님, 할머님) 신위 전에
삼가 고합니다.
아버님(또는 어머님, 할아버님, 할머님)께서
별세하시던 날을 다시
당하오니 사모의 정을 금할 수 없습니다.
이에 간소한 제수를 정성껏 드리오니
강림하시어 흠향하소서.

현대식 축문 쓰는 법(할아버지 또는 할머니를 모실때)

○년 ○월 ○일 손자○○는
삼가 할아버님(할머님) 영전에 고하옵나이다.
오늘은 슬프기 한이 없게도 할아버님(할머님)께옵서
이 세상을 떠나시던 ○년만의 날입니다.
거룩하신 유덕(遺德)을 추모하오며

간소하오나마 정성껏 제수를 올리옵고
삼가 명복을 빕니다.
아무쪼록 흠향하시옵소서.

❹ 부모 축문(父母 祝文)

維
유

歲次干支某月干支朔某日干支孝子　　敢昭告于
세차간지모월간지삭모일간지효자○○감소고우

顯考學生府君
현고학생부군

顯妣孺人全州李氏 歲序遷易
현비유인전주이씨 세서천역

顯考 某官府君
현고 모관부군(어머니 忌日이면 顯妣孺人 某官某氏)

諱日復臨 追遠感時 昊天罔極 謹以清酌 庶羞恭伸 奠獻 尚 饗
휘일부임 추원감시 호천망극 근이청작 서수공신 전헌 상 향

전통제례

♣ 부모 양위분이 다 돌아가셨을때의 부친의 축문이며, 모친의 축문은 4번째 줄 끝부분 顯考諱日復臨을 顯妣諱日復臨으로 하면 된다.

〈풀이〉: ○년 ○월 ○일 효자 ○○○는 삼가 고하나이다. 아버님과 어머님, 어느덧 시간이 흘러 아버님과 어머님 돌아가신 날이 다시 돌아오니, 하늘처럼 높고 넓으신 은혜를 잊지 못하와 옛날의 추억을 생각하며 삼가 맑은 술과 여러가지 음식을 정성껏 차렸사오니 흠향하여 주시옵소서.

현대식 축문 쓰는 법(아버지 기제사의 경우)

○년 ○월 ○일 (아들 또는 딸) ○○○는
삼가 아버님 영전에 고하옵나이다.
오늘은 아버님이 이 세상을 떠나신지
벌써 ○주년 기일이 되는 날입니다.
이 날을 맞이하여, 저와 가족들은
아버님의 생전의 거룩하신 은덕을 생각하오며,
추모하는 정성을 금할길 없사와
이에 간소한 주과(酒果)로써
삼가 명복(冥福)을 비옵나이다.

현대식 축문 쓰는 법(아버지 또는 어머니를 모실때)

○년 ○월 ○일 아들○○는
삼가 아버님(어머님) 영전에 고하옵나이다.
오늘은 슬프기 한이 없게도 아버님(어머님)께옵서
이 세상을 떠나시던 ○년만의 날입니다.
저희들을 위하여 고생하시던 옛날을 돌이켜
생각하면서 간소한 제수를 올리옵고,
삼가 명복을 빕니다.
아무쪼록 흠향하시옵소서.

❺ 남편 축문(男便 祝文)

維
유

歲次干支某月某干支朔某日干支妻　　　敢昭告于
세차간지모월모간지삭모일간지처○○○감소고우

顯辟 學生府君 歲序遷易 諱日復臨 追遠感時
현벽 학생부군 세서천역 휘일부임 추원감시

不勝感愴 謹以淸酌 庶羞恭伸 奠獻 尙　饗
불승감창 근이청작 서수공신 전헌 상　향

〈풀이〉: ○년 ○월 ○일 처 ○○○는 삼가 고하나이다. 어느덧 해가 바뀌어 당신께서 돌아가신 날이 다시금 돌아오니 옛살아 생전을 생각하니 슬픈 마음을 이기지 못하여 이에 맑은 술과 정성껏 장만한 음식을 차렸사오니 흠향하시옵소서.

현대식 축문 쓰는 법(남편을 모실때)

○년 ○월 ○일 처○○○는
삼가 당신의 영전에 고하옵나이다.
오늘은 슬프기 한이 없게도 당신께옵서
이 세상을 떠나시던 ○년만의 날입니다.
옛날을 그리워 하며
간소하오나마 정성껏 제수를 올리옵고
삼가 명복을 빕니다.
아무쪼록 흠향하시옵소서.

❻ 처 축문(妻 祝文)

維
유

歲次干支某月某干支朔某日干支夫　　敢昭告于
세차간지모월모간지삭모일간지부○○감소고우

亡室孺人 南陽洪氏 歲序遷易 亡日復至 追遠感時
망실유인 남양홍씨 세서천역 망일부지 추원감시

不勝感愴 茲以淸酌 庶羞伸此 奠儀 尙　饗
불승감창 자이청작 서수신차 전의 상　향

현대식 축문 쓰는 법(아내 기제사의 경우)

○년 ○월 ○일
남편 ○○○는 당신의 신위 앞에 고합니다.
당신이 별세하던 날을 당하니
슬픔을 금할 수 없습니다.
이에 간소한 제수를
정성껏 드리오니 강림하시어
흠향하소서.

현대식 축문 쓰는 법(아내를 모실때)

○년 ○월 ○일 남편○○○은
그대○○○○(본성씨)의 영전에 고합니다.
오늘은 슬프게도 당신이
이 세상을 떠나던 ○년만의 날입니다.
고락을 같이 하던 그 옛날을 그리워 하며
간소하오나마 정성껏 제물을 차리고,
지난 일을 추억하면서 삼가 명복을 빕니다.
아무쪼록 흠향하시옵소서.

⑦ 형 축문(兄 祝文)

維
유

歲次某年某月某朔某日干支弟　　敢昭告于
세차모년모월모삭모일간지제○○감소고우

顯兄學生府君 歲序遷易 諱日復臨 不勝悲痛
현형학생부군 세서천역 휘일부임 불승비통

謹以淸酌 庶羞恭伸 奠獻 尙　饗
근이청작 서수공신 전헌 상　향

❽ 아들 축문(子 祝文)

維
유

歲次某年某月某朔某日干支父告于
세차모년모월모삭모일간지부고우

亡者某歲序遷易 亡日復至 心毁悲念 玆以淸酌
망자모세서천역 망일부지 심훼비념 자이청작

陣此 奠儀 尙 饗
진차 전의 상 향

❾ 천구고사(遷柩告辭)

今以吉辰遷柩敢告
금이길진천구감고

♣ 천구고사는 발인 전날 관(棺)을 사당에 모시려고 옮길때 관에 고하는 축문.

⑩ 포시고사(布施告辭)

永遷之禮 靈辰不居 今奉柩車 式遵早稻
영천지례 영진불거 금봉추거 식준조도

♣ 발인 전날 저녁에 제사 지낼때 고하는 축문.

⑪ 발인고사(發靷告辭)

營輀旣駕 往卽幽宅 載陳遣禮 永訣終天
영양기가 왕즉유택 재진견례 영결종천

♣ 일명 발인제축이라 하며, 발인할때 고하는 축문.

⑫ 참파토 축문(祝文)

維
유

歲次干支某月干支朔某日干支幼學　　敢昭告于
세차간지모월간지삭모일간지유학○○감소고우

土地之神 今爲某官 姓名營建 宅兆神其 保佑俾無
토지지신 금위모관 성명영건 택조신기 보우비무

後艱謹以 淸酌脯醢 祗薦于神 尙　　饗
후간근이 청작포해 지천우신 상　　향

⑬ 산신 축문(山神 祝文)

維
유

歲次干支某月干支朔某日干支幼學　　敢昭告于
세차간지모월간지삭모일간지유학○○감소고우

土地之神 今爲某官 府君窆玆 幽宅神其 保佑俾無
토지지신 금위모관 부군폄자 유택신기 보우비무

後艱謹以 淸酌脯醢 祗薦于神 尙 饗
후간근이 청작포해 지천우신 상 향

⑭ 제주 축문(祭主 祝文)

維
유

歲次干支某月干支朔某日干支孤子 敢昭告于
세차간지모월간지삭모일간지고자 감소고우

顯考某官府君 形歸窀穸 神返室堂 神造旣成
현고모관부군 형귀둔석 신반실당 신조기성

伏惟尊靈 舍舊終身 是憑是依 饗
복유존영 사구종신 시빙시의 향

♣ 일명 성분축이라고도 하며, 반우(返虞)전에 묘에 고하는 축문을 말하며 반우란 장례를 치르고 귀가함을 말한다.

⑮ 우제 축문(虞祭 祝文)

維
유

歲次干支某月干支朔某日干支孤子　　敢昭告于
세차간지모월간지삭모일간지고자○○감소고우

顯考某官府君 日月不居 奄及初虞 夙興　夜處哀慕
현고모관부군 일월불거 엄급초우 숙흥　야처애모

不寧謹以 清酌庶羞 哀薦祫事 尙　　饗
불령근이 청작서수 애천겁사 상　　향

♣ 장례를 치르고, 귀가하여 지내는 제사에 고하는 축문이다.

전통제례

⑯ 졸곡 축문(卒哭 祝文)

維
유

歲次干支某月干支朔某日干支孤子　　敢昭告于
세차간지모월간지삭모일간지고자○○감소고우

顯考某官府君 日月不居 奄及卒哭 夙興夜處
현고모관부군 일월불거 엄급졸곡 숙흥야처

謹以 清酌庶羞 哀薦成事 尙 饗
근이 청작서수 애천성사 상 향

♣ 삼우가 지난후 석달만에 강일을 택해서 지내는 제사에서의 축문.

⑰ 소상 축문(小祥 祝文)

維
유

歲次干支某月干支朔某日干支孝子 敢昭告于
세차간지모월간지삭모일간지효자○○감소고우

顯考某官府君 日月不居 奄及小祥 夙興夜處
현고모관부군 일월불거 엄급소상 숙흥야처

哀慕不寧 謹以 清酌庶羞 哀薦常事 尙 饗
애모불녕 근이 청작서수 애천상사 상 향

♣ 소상때 고하는 축문이다.

⑱ 대상 축문(大祥 祝文)

維
유

歲次干支某月干支朔某日干支孝子　　敢昭告于
세차간지모월간지삭모일간지효자○○감소고우

顯考某官府君 日月不居 奄及大祥 夙興夜處
현고모관부군 일월불거 엄급대상 숙흥야처

哀慕不寧 謹以 清酌庶羞 哀薦祥事 尙　　饗
애모불녕 근이 청작서수 애천상사 상　　향

♣ 대상때 고하는 축문이다.

전통제례

⑲ 담제 축문(禫祭 祝文)

維
유

歲次干支某月干支朔某日干支孝子　　敢昭告于
세차간지모월간지삭모일간지효자○○감소고우

顯考某官府君 日月不居 奄及禫祭 夙興夜處
현고모관부군 일월불거 엄급담제 숙흥야처

哀慕不寧 謹以 清酌庶羞 哀薦禫事 尚　　饗
애모불녕 근이 청작서수 애천담사 상　　향

♣ 담제때 고하는 축문이다.

제
六
장

⑳ 길제 축문(吉祭 祝文)

維
유

歲次干支某月干支朔某日干支五代孫　　敢昭告于
세차간지모월간지삭모일간지오대손○○감소고우

顯五代祖考某官府君
현오대조고모관부군

顯五代祖妣某封某氏 玆以先考某官府君 喪期已盡
현오대조비모봉모씨 자이선고모관부군 상기이진

禮當遷主入廟
예당천주입묘

㉑ 묘제 축문(墓祭 祝文)

維
유

歲次干支某月干支朔某日干支 代孫 敢昭告于
세차간지모월간지삭모일간지○대손○○감소고우

顯 代祖考學生府君之墓 氣序流易 雨露旣濡 瞻掃封塋
현○대조고학생부군지묘 기서유역 우로기유 첨소봉영

不勝感慕 謹以 淸酌庶羞 祗薦歲事 尙 饗
불승감모 근이 청작서수 지천세사 상 향

전통제례

♣ 묘제는 옛날에는 세시(歲時), 단오(端午), 추석(秋夕), 시월 보름에 묘앞에서 지내는 제사였으나 근래에는 대체로 성묘(省墓)로 대처하고 있으며 5대조 이상에게는 세향(歲饗)이라 하여 세일제(歲一祭)로서 문중의 친지, 친척들이 모여서 지내는 것이다.

〈풀이〉: 『우로기유(雨露旣濡)』를 세시(歲時)에는 『세율기경(歲律旣更)』, 단오(端午)에는 『시물창무(時物暢茂)』, 추석(秋夕)에는 『백로기강(白露旣降)』이라 고쳐서 쓴다.

㉒ 토지지신 축문(土地之神 祝文)

維
유

歲次干支某月干支朔某日干支幼學　　敢昭告于
세차간지모월간지삭모일간지유학○○감소고우

土地之神 某恭修歲事于
토지지신 모공수세사우

顯　代祖考學生府君之墓 維時保佑 實賴神休 敢以
현○대조고학생부군지묘 유시보우 실뢰신휴 감이

酒饌敬伸奠獻 尙　饗
주찬경신전헌 상　향

㉓ 시제 축문(時祭 祝文)

維
유

歲次干支某月干支朔某日干支孝玄孫　　敢昭告于
세차간지모월간지삭모일간지효현손○○감소고우

顯高祖考某官府君
현고조고모관부군

顯高祖妣孺人 金海金氏之墓 氣序流易霜露降
현고조비유인 김해김씨지묘 기서유역상로강

不勝永慕 謹以 清酌庶羞 祗薦歲事　尙
불승영모 근이 청작서수 지천세사　상

饗
향

㉔ 망친수신 축문(祝文)

維
유

歲次干支某月干支朔某日干支孝子　　敢昭告于
세차간지모월간지삭모일간지효자○○감소고우

顯高學生府君 歲序遷易 違及晬辰 生時有慶
현고학생부군 세서천역 요급수진 생시유경

沒寧敢忘 昊天罔極 謹以 淸酌庶羞 式此奠獻　尙　饗
몰녕감망 호천망극 근이 청작서수 식차전헌　상　향

㉕ 토지 축문(土地 祝文)

維
유

歲次干支某月干支朔某日干支　　敢昭告于
세차간지모월간지삭모일간지○○감소고우

土地之神 今爲 某官某公 宅兆不利 將改葬于此
토지지신 금위 모관모공 택조불리 장개장우차

神其保佑 俾無後艱 謹以 淸酌脯醢 祗薦于神 尙 饗
신기보우 비무후간 근이 청작포해 지천우신 상 향

㉖ 당위고사

維
유

歲次干支某月干支朔某日干支　　親母官某敢昭告于
세차간지모월간지삭모일간지○○친모관모감소고우

顯某親某官府君 體魄托非 基地恐有 意外之患驚
현모친모관부군 체백탁비 기지공유 의외지환경

動先靈不勝 憂懼將卜 以是月某日 改葬于某 所謹以酒
동선령불승 우구장복 이시월모일 개장우모 소근이주

果用伸虔告 謹告
과용신건고 근고

㉗ 사토지 축문(祝文)

維
유

歲次干支某月干支朔某日干支　　敢昭告于
세차간지모월간지삭모일간지○○감소고우

土地之神 玆有某官某公 卜宅玆地 恐有他患將啓窆
토지지신 자유모관모공 복택자지 공유타환장계폄

遷于他所 俾無後艱 謹以淸酌 脯醢祗薦于神　尙　饗
천우타소 비무후간 근이청작 포해지천우신　상　향

♣ 구묘의 토지신에 고하는 축문

㉘ 고사(告祀)

維
유

歲次干支某月干支朔某日干支　　親某官府某敢昭告于
세차간지모월간지삭모일간지○○친모관부모감소고우

顯某親某官府君之墓 曾以某親 某官府君府葬于此
현모친모관부군지묘 증이모친 모관부군부장우차

恐有他患 將啓窆遷于他所 謹以 酒果用伸 虔告謹告
공유타환 장계폄천우타소 근이 주과용신 건고근고

♣ 고사는 옮겨가는 묘에 고하는 고사식이다.

㉙ 개장축(改葬祝)

維
유

歲次干支某月干支朔某日干支 奉祀者名 敢昭告于
세차간지모월간지삭모일간지(봉사자명)감소고우

顯某官府君之墓 新改幽宅 史筆封塋 伏維尊靈 永安體魄
현모관부군지묘 신개유택 사필봉영 복유존영 영안체백

전통제례

㉚ 석물 세울때 축문

維
유

歲次干支某月干支朔某日干支孝子某 敢昭告于
세차간지모월간지삭모일간지효자모 감소고우

顯某親某官府君 之墓 (列書) 伏維尊靈 是照是安
현모친모관부군 지묘(합장이면)복유존영 시조시안

제
六
장

♣ 묘앞에 비석을 세우거나 제석(祭石) 또는 그 밖의 돌을 갖추는 것이다. 먼저, 묘앞에 주과, 포해 등으로 간단히 젯상을 차려놓고, 제주가 분향하면서 잔에 술을 부어 땅에 조금씩 조금씩 붓는다.

그런 뒤, 두번 절하고 다시 술을 부어 젯상에 올리고 꿇어앉아서 축을 읽은다음, 다시 두번 절한다.

① 노제축

維
유

歲次干支(太歲)某月干支(月建)朔某日干支(日辰)幼學
세차간지(태세) 모월간지(월건) 삭모일간지(일진) 유학

某(弔奠者姓名)敢昭告于
모(조전자성명) 감소고우

② 석물 세울때 산신축

維
유

歲次干支某月干支朔某日干支孝子某敢昭告于
세차간지모월간지삭모일간지효자모감소고우

土地之神 令爲某親某官(姓名)之墓 謹具石物 用表募道
토지지신 영위모친모관(성명) 지묘 근구석물 용표모도

神其保佑 俾無後艱 謹以 酒果祇薦于神 尙 饗
신기보우 비무후간 근이 주과지천우신 상 향

③ 석물 세울때 산신축

俞以
영이

顯高某官府君 遠諱之辰 敢請神主 出就正寢
현고모관부군 원휘지진 감청신주 출취정침

④ 파묘축

維
유

歲次干支某月干支朔某日干支某親某官某敢昭告于
세차간지모월간지삭모일간지모친모관모감소고우

顯某親某官府君 葬于茲地 歲月滋久 體魄不寧 今將改葬
현모친모관부군 장우자지 세월자구 체백불녕 금장개장

伏惟尊靈 不震不驚
복유존영 불진불경

〈풀이〉: 합장(合葬)인 때에는 장후장지(葬後玆地)로부터 금장개장(今將改葬)까지를 『장이(將以) ○月 ○日 합봉우(合封于)○○(祭位) ○○○○(모관, 모공, 모봉, 모씨) 지묘라 쓴다.

⑤ 一年 탈상때 축문

維
유

歲次干支某月干支朔某日干支孝子　　敢昭告于
세차간지모월간지삭모일간지효자○○감소고우

顯考學生府君 日月不居 奄及其祥夙　　興夜處
현고학생부군 일월불거 엄급기상숙　　흥야처

哀慕不寧 三年奉祥 於禮至當 事勢不逮魂歸
애모불녕 삼년봉상 어례지당 사세불체혼귀

墳墓謹以 清酌庶羞 哀薦祥事　尙　饗
분묘근이 청작서수 애천상사　상　향

♣ 백일에 탈상시는 엄급백일하고, 화장시는 혼귀분묘를 혼귀선경이라 한다.

⑥ 지석 뚜껑에 새기는 글

某官某公諱某字某
모관모공휘모자모

⑦ 지석 밑바닥에 새기는 글

某官某公諱某字某某君某洞人考諱某母某氏
모관모공휘모자모모군모동인고휘모모모씨

某封某年月日生 經歷某年月日終 某年月日葬于
모봉모년월일생 경력모년월일종 모년월일장우

某鄕某里某處娶 某氏某人之女子 男某女適某官 某人
모향모리모처취 모씨모인지녀자 남모여적모관 모인

⑧ 부인의 지석 뚜껑에 새기는 글

某官姓名某封某氏之墓
모관성명모봉모씨지묘

(2) 축문(祝文) 쓰기의 설명(說明)

축문은 영혼께 드리는 글로서, 그 내용은 추모의 정과 간소하고 정성껏 차린 제수(祭需)나마 흠향(歆饗)하여 주십시오 라는 뜻이다.

상례범절(喪禮凡節)과 제례범절(祭禮凡節)에 따르는 여러가지의 축문(祝文)과 고사(告辭)를 씀에 있어서 ○표를 써 넣는 것과 또는 각각 달리 써야 될 문구(文句) 등을 참고로 자세히 설명하고자 한다.

❶

- **유(維)**: 이어 내려 온다는 뜻
- **세차(歲次)**: 해의 차례라는 뜻
- **모월(某月)**: 제사날을 따라 쓰며, 제사날이 정월이면 정월(正月), 7월이면 칠월(七月)이라고 쓴다.
- **간지삭(干支朔)**: 그 제사달의 초하루라는 뜻으로 제사달 초하루의 일진을 쓴다.
- **간지(干支)**: 천간지지 육십갑자의 그 해의 태세를 쓴 것이며, 그 예로 금년이 갑자년이면 갑자라고 쓴다. 그 제사날의 일진을 쓴다.
  예를 들면, 15일이 제사날이고 15일의 일진인 갑자(甲子)이면 甲子라고 쓴다.
- **태세(太歲)**: 해의 간지(干支)
- **월건(月建)**: 달의 간지(干支)
- **일진(日辰)**: 날의 간지(干支)로서 이는 육십갑자(六十甲子)에

전통제례

따른 것인바 책력(冊曆) 또는 만세력(萬歲曆)을 보면 알 수 있다.

❷

- **모관(某官)**: 남자의 경우에 벼슬이름이 있는 사람은 그를 쓰고 없으면 『학생(學生)』이라 쓴다.
- **모공(某公)**: 남자의 경우에 남이 말할때에는 『○○○(본성) 공(公)』이라 쓰고, 자손이 직접 제사지낼 때에는 『부군(府君)』이라 쓰며, 어린 사람에게는 이를 쓰지 않는다.
- **모봉(某封)**: 여자의 경우에 옛날에는 남편이 벼슬하면 따라서 아내도 벼슬 이름을 얻어 썼던 것이나, 그가 없으면 『유인(孺人)』이라 쓴다.
- **모씨(某氏)**: 여자의 경우에 『○○○본(本)과 성(姓)』을 쓴다.

제六장

❸ 고사자 성명(告祀者 姓名)

산소(山所)에 토지신(土地神)에게 고사 지낼 경우 직접 제주(祭主)가 아니고 일하는 다른 사람이 지낼 경우에는 그 사람의 성명을 쓰고, 직접 제주가 제위(祭位)에게 고사지낼 경우에는 제주의 이름을 쓴다.

❹ 고사자 촌칭(告祀者 寸稱)

고사 지내는 자손(子孫)의 촌수인데, 초상(初喪)을 당하고 졸곡(卒哭)전에는 아버지의 상사(喪事)에는 『고자(孤子)』, 어머니의 상사에는『애자(哀子)』, 부모가 모두 돌아가셨으면『고애자(孤哀子)』라 쓰며, 할아버지의 상사에는『고손(孤孫)』, 할머니의 상사에는『애손(哀孫)』, 조부모가 모두 돌아가셨으면『고애손(孤哀孫)』이라 쓰고, 졸곡 이후에는 부모의 제사때에는『효자(孝子)』, 조부모의 제사 때에는『효손(孝孫)』, 증조부모의 제사 때엔『효증손(孝曾孫)』, 고조부모의 제사 때에는『효현손(孝玄孫)』, 남편의 제사 때에는『주부(主婦)』, 아내의 제사 때에는『부(夫)』라 쓴다.

❺ 제위(祭位)

제사를 받으실 분이며, 봉사자(奉祀者)와의 촌수에 따라 각각 달리 쓰는 것인바, 부친(父親)은『현고(顯考)』, 모친(母親)은『현비(顯妣)』, 조부(祖父)는『현조고(顯祖考)』, 조모(祖母)는『현조비(顯祖妣)』, 증조부(曾祖父)는『현증조고(顯曾祖考)』, 증조모(曾祖母)는『현증조비(顯曾祖妣)』, 고조부(高祖父)는『현고조고(顯高祖考)』, 고조모(高祖母)는『현고조비(顯高祖妣)』, 남편(男便)은『현벽(顯辟)』, 처(妻)는『망실(亡室) 또는 고실(故室)』이라 쓴다.

❻ 봉사자 촌칭(奉祀者 寸稱)

제사를 받으실 분과의 촌수에 따라 쓰는 것인바, 부모의 제사때엔『효자(孝子)』, 조부모의 제사 때에는『효손(孝孫)』, 증조부모의 제사 때에는『효증손(孝曾孫)』, 고조부모의 제사 때에는『효현손(孝玄孫)』, 남편의 제사 때에는『주부(主婦)』, 아내의 제사 때에는『부(夫)』라 쓴다.

❼ 봉사자명(奉祀者名)

제사를 받들어 지내는 사람, 즉 제주(祭主)의 이름을 쓰되 아우 이하에는 쓰지 않는다.

❽ 감소고우(敢昭告于)

삼가 밝게 고한다는 뜻으로 아내에게는 감(敢)자를 버리고 『소고우(昭告于)』라 쓰고, 아우 이하에게는 『고우(告于)』라 쓴다.

(여자위의 경우는 본관 성씨를 쓰며, 남자 위에는 학생을 쓰나 만약의 경우, 남자가 벼슬을 지냈을 경우는 학생 대신에 그 벼슬의 관직을 쓰며, 그의 부인은 남편의 관직명을 따라서 유인 대신 관명을 쓴다)

❾ 애모불녕(哀慕不寧)

아내에게는 『비도산고(悲悼酸告)』, 부자승감(不自勝堪), 형에게는 『비통무이(悲痛無已), 지정여하(至情如何)』, 아우에게는

『비통외지(悲痛猥至), 정하가처(情何可處)』, 아들에겐 『비념상속(悲念相續), 심언여훼(心焉如燬)』라고 쓴다.

❿ 근이(謹以)

아내와 아우 이하에게는 『자이(玆以)』라고 쓴다.

⓫ 주과용신(酒果用伸), 건고근고(虔告謹告)

아우 이하에게는 『주과용고(酒果用告), 궐유(厥由)』라고 쓴다.

⑫ 호천망극(昊天罔極)

부모에게는 『호천망극(昊天罔極)』, 조부모에게는 『불승영모(不勝永慕)』, 증조부모 이상에게는 『불승감모(不勝感慕)』, 남편에게는 『불승감창(不勝感愴)』, 아내와 아우 이하에게는 『부자승감(不自勝感)』이라고 쓴다.

⑬ 복유(伏惟): 아내와 아우 이하에게는 쓰지 않는다.

⑭ 존영(尊靈): 아내와 아우 이하에게는 『유령(惟靈)』이라고 쓴다.

⑮ 애천(哀薦), 지천(祗薦): 아내와 아우 이하에게는 『진차(陣此)』, 백숙부모에게는 『천차(薦此)』라고 쓴다.

⑯ 향(饗): 높이 받드는 글자이니 행을 바꾸어 제일 위에 쓴다. 이밖에도 현(顯), 신(神), 존(尊) 등의 글자도 위와 동일하게 쓴다.

(3) 현대(現代)의 축문(祝文)

가정의례준칙에 의하여 현재 사용하고 있는 축문은 다음과 같다.

1. 기제시 축문

❶ 부, 조부의 축문

> 아버지(또는 할아버님) 신위전에 고하나이다.
> 아버님(또는 할아버님)께서 별세 하시던 날을 다시 당하오니
> 추모의 정을 금할수가 없습니다.
> 이에 간소한 제수를 드리오니 강림 하시와 흠향하옵소서.

❷ 아내의 축문

> 당신의 신위앞에 고합니다.
> 당신이 별세하던 날을 다시 당하니 옛 생각을 금할수가 없습니다.
> 이에 간소한 제수를 드리니 흠향 하소서.

♣ 자손이 없이 상부한 경우에는 아내가 제주가 되고, 축문은 위에 준한다.

제 六 장

❸ 삼촌이내 진축인 경우의 축문

전항 1, 2에 준하되 아래 사항에 유의하여야 한다.

- 손아래 동항렬 또는 비속에 대해서는 신위에 이른다. 그리고 제수를 차렸으니 운감하기 바란다로 바꿔쓴다.
- 존속 또는 손위 동항렬에 대하여서는 추모의 뜻을, 손아래 동항렬과 비속에 대하여서는 추도의 뜻을 간결한 말로 표한다.
- 제주와 기제대상의 친족관계 칭호는 통상 관례에 준한다.

2. 탈상제의 축문

❶ 부, 조부의 축문

아버님(또는 할아버님) 영전에 삼가 고하나이다.
세월이 덧없어 어느덧 상기를 마치게 되었사오니 애모하는 마음 더욱 간절하옵니다.
이에 간소한 제수를 드리오니 강림하시와 흠향하시옵소서.
(어머님, 할머님은 이에 준한다.)

❷ 아내의 경우

년 월 일

남편 ○ ○는
당신의 영앞에 고합니다.

당신이 돌아간지 벌써 100일이 되어 이제 상기를 마치게 되니 슬프고 아픈 마음을 금할 수 없습니다.
이에 간소한 제수를 드리니 흠향하소서.
(자손이 없이 상부한 경우에는 아내가 탈상제를 지내되 축문은 위에 준한다.)

3. 절사 축문

년 월 일
후손 ○ ○는

선조 여러 어른 신위전에 삼가 고하나이다.
오곡이 무르익은 추석절을 맞이하니 여러 선조님의 높으신 은덕이 새삼 느껴지며, 추모의 정이 더욱 간절하여집니다.
이에 간소한 제수를 드리오니 강림하시와 흠향 하소서.

4. 위령제 축문

❶ 부, 조의 축문

년 월 일
아들(또는 손자) ○ ○는

아버지(또는 할아버님) 영전에 삼가 고합니다.
오늘 이곳에 유택을 마련 하였사오니 고히 잠드시고, 길이 명복을 누리옵소서.
(어머니, 할머니의 축문은 위에 준한다.)

❷ 아내의 축문

년 월 일
남편 ○ ○는

당신의 영전앞에 고합니다.
이곳에 유택을 마련하오니 고히 잠드시고,
길이 명복을 누리소서.

❸ 삼촌 이내의 친족의 축문

전 1, 2항의 예에 준하되 다음 사항에 유의한다.
손아래 동항렬 또는 비속에 대하여는
[너의 영에 이른다] [누리기 바란다]로 바꿔쓴다.

제7장

현대식 제례

제
七
장

제 7장. 현대식 제례(祭禮)

제 1절 제례의 대강(大綱)

(1) 제례의 의의(意義)

제례란 간단히 말해서 모든 제사를 지내는데 대한 예법 및 절차이다.

(2) 제사의 주체(主體)

원칙적으로 종가(宗家: 장손(長孫)으로만 계승해 내려온 집)와 사종(私宗: 장손 집)의 큰 집에서 모시게 되었다.

부모 제사에 장남이, 조부모 제사에 장손이 모시며 아버지가 둘째라면 백부(伯父)가 제주이고 백부가 사망한 경우는 장남이 모시게 되어 있다. 그러므로 종손, 장남, 장손 등은 지방 쓰는 법, 축문 쓰는 법, 진설 하는 법, 제사순서 등을 반드시 알아두어야 한다. 그리고 이들의 부인도 손님접대 등 제사 범절을 알아두면 좋다.

(3) 제사의 예법

❶ 제주(祭主)

고인의 장자는 제주가 되며 장자가 이미 죽었을때는 장손이 승중한다. 그러나 장손이 없을때에는 차자녀 순으로 할 수 있다.

❷ 제사 참례 범위

기제, 연시제, 묘제는 직계 자손을 원칙으로 하나 근친자의 참례도 무방하다.

❸ 제사 시간

기제는 기일(忌日) 해가 진 뒤, 연시제는 음력 정월 초하룻날 아침 해 뜰 무렵, 시제(時制)는 당일 정오에 지낸다.

❹ 제물(祭物)

가정의 형편에 따라서 하며 비록 간소한 음식과 적은 제물일지라도 정성과 정결로서 예를 갖춰 지내며, 차리는 방식은 임의로 한다.

(4) 제사의 순서

❶ 진설(陳設)

먼저 대문을 열어놓은 뒤, 제상의 뒷쪽에 병풍을 치고 제상위에 조과(造果), 과실(果實), 포해(脯醢), 나물, 수저, 잔, 초 등을 차려놓고 그 앞에 향합, 향로, 모사기 등을 준비한다.

❷ 영신(迎新)

요즘은 지방(紙榜) 혹은 사진으로 대신한다.

❸ 참신(參神)

신주 혹은 영혼을 맞이하는 뜻으로 제사 지내는 사람들이 모두 차례로 늘어서서 신위앞에 재배한다.

❹ 초헌(初獻)

제주(祭主)가 첫술잔을 올리는 의식이다.

• 독축(讀祝) : 제주이하 모든 참례자가 꿇어앉고 집사자가 축문을 읽는다. 축문은 제주가 읽어도 되며 엄숙한 목소리로 천천히 읽어나간다. 축문을 읽고나면 곡을 하고, 곡이 끝나면 모두 일어서고 제주는 재배한다.

❺ 아헌(亞獻)

두 번째 술잔을 올리는 의식으로 원래는 주부(主婦)가 올린다. 그렇지 못할 경우에는 제주의 가까운 친척이 올리되, 절차는 초헌때와 같으나 계개와 독축을 하지 않는다. (주부가 올릴때는 4번 절한다)

❻ 종헌(終獻)

세 번째 술잔을 올리는 의식이다.

아헌때의 다음가는 가까운 친척이 하며, 술잔을 7부쯤 부어서 초헌때와 같은 방식으로 올리되 퇴주는 하지 않는다.

❼ 유식(侑食)

제수를 많이 드시라고 비는 의미로 진지를 권하는 의식이다.

• **개반(開飯)**: 개반은 메(밥)그릇 및 탕이나 반찬의 뚜껑을 열어 놓는것을 말한

현대식제례

다.

• **삽시(揷匙)**: 삽시는 밥그릇에 수저를 꽂는 것을 말한다. 이때에는 반드시 숟가락 바닥이 우측으로 행하도록 꽂아야 한다.
(수저는 동쪽으로 행하도록 꽂는다)

• **정저(正筯)**: 젓가락을 집어 상위에 '톡,톡,톡' 3번 친 뒤에 시첩에 놓는다.

❽ 헌차(獻茶)

국그릇을 내리고 차(혹은 숭늉)를 올린다음, 밥을 세 숟가락 떠서 물에 만다. 이때 참례자는 모두 머리를 숙이고 잠시동안 조용히 앉아 있다가 고개를 든다.

제
七
장

❾ 사신(辭神)

고인의 영혼을 보내는 순서로서 참례자가 신위앞에 일제히 선다. 그리고 두 번 절한 뒤, 신주(神主)이면 사당으로 모시고 지방이면 축문과 함께 불사른다.

❿ 철상(撤床)

제상위의 모든 제물을 집사자가 물리는 것을 말하며, 제상의 위쪽에서부터 다른 상으로 공손하게 옮겨 물린다.

⓫ 음복(飮福)

조상이 주시는 복된 음식이라 하며, 참례자가 한자리에 앉아 제물을 나누어 먹는데 이를 음복이라 한다.

음복을 끝내기 전에는 제복을 벗거나 담배를 피워서는 안된다. 옛날에는 준(餕)이라 하여 가까운 이웃들에게 제사음식을 나누어 주고 이웃 어른들을 모셔다가 접대하기도 했다.

음복을 함으로써 조상님들의 복을 받는다는 속설이 있다.

제 2절 가정의례준칙의 제례

(1) 제례의 구분

기제 · 절사 · 연시제

(2) 봉사(奉祀)의 대상

기제: 제주로부터 2대조까지 지낸다.

절사 · 연시제: 직계 조상

(3) 제사의 때와 장소

기제: 사망한 날 해진 뒤 지내는 제사로서, 제주의 가정에서 지낸다.

절사: 매년 추석절 아침, 제주의 가정에서 지낸다.

연시제: 매년 1월 1일 아침에, 제주의 가정에서 지낸다.

(4) 참례자의 범위

직계 자손

(5) 제수(祭需)

간소한 반상음식으로 한다. 절사에는 송편으로, 연시제에는 떡국으로 밥을 대신할 수 있다.

(6) 제사의 절차

❶혼령 모시기: 제주는 분향한 뒤 모사에 술을 붓고 참사자 일동이 신위 앞에 두 번 절한다.

❷잔 올리기: 술잔은 한 번만 올린다.

❸축문 읽기: 축문을 읽은 후, 약 2분 동안 일동 묵념한다.

❹물림절: 참례자 일동이 신위 앞에 두 번 절한다.

제 3절 종교적 추도식

(1) 천주교식 추도식

천주교에서는 고인이 사망한 날로부터 3일, 7일, 30일째 되는 날마다 연미사를 드린다.

기일이 돌아오면 사망일에 맞추어 사제를 초빙하여 온 가족이 성당이나 가정에서 영성체 및 고해의 위령미사를 올린다.

가족뿐만 아니라 가까운 일가 친척 및 교인들에게도 연락하여 미사에 참례할 수 있도록 한다.

행사가 끝나면 사제와 참석자들에게 감사의 인사를 드려야 하며, 미사에 따른 봉헌 예물을 바친다. 이는 일종의 제물이다.

또한 묘지방문이라는 의식이 있는데 이는 성묘에 해당하는 것으로서 묘지를 찾아가 잔디를 입힌다거나 잡초를 뽑는 일이다.

(2) 기독교식 추도식

기독교에서는 원래 전통적인 형태의 제사를 지내지 않는다. 다만 기일이 돌아오면 가족과 친지들이 한자리에 모여서 추도 예배를 드린다.

제사를 지내지 않는 것은 우상을 섬기지 않는다는 교리에 따른 것이다.

추도식순

❶ 찬송(대체로 423장이나 510장을 부른다.)

❷ 기도(주례, 목사)

❸ 성경 봉독(열왕기상 2장 1절에서 3절까지, 잠언 3장 1절에서 10절까지, 누가복음 16장 19절에서 31절까지, 계시록 21장 1절에서 8절까지를 목사가 낭독한다.)

❹ 기념 추도(목사님의 고인에 대한 행적, 유훈 등을 설교하며 추도한다.)

❺묵도(참례자 일동이 2~3분 가량 고인의 명복을 빈다.)

❻찬송(대체로 505장을 부른다.)

❼주기도문

(3) 불교식 추도식

추도의식을 하기 위하여 소기(小朞)와 대기(大朞)를 맞이하거나 고인의 생일이 돌아오면 절을 찾아가서 추도식을 갖는다. 그밖에 49재와 77재를 지내기도 한다.

추도식순

❶개식 선언: 사회를 보는 법사(法師)가 추도식의 시작을 알린다.

❷삼귀의례(三歸依禮): 불(佛), 법(法), 승(僧)의 삼보(三寶)에 귀의한다는 예를 베푼다.

❸독경(讀經): 법사가 반야심경(般若心經)을 읽는다.

❹묵도: 엄숙하고 경건하게 기도를 드린다.

❺추도문 낭독

❻추도사: 법사가 행하며 고인의 약력, 업적, 유훈 등을 추도한다.

❼감상(感想): 내빈 대표가 고인을 추모하고 가족에 대한 위로의 말을 한다.

❽분향(焚香): 유족이 먼저 향을 사르고, 참례자들이 뒤따라 한다.

❾답사: 내빈의 감상에 대한 답례로 제주가 한다.

❿폐식 선언

제8장

현수가장례

제 8장. 헌수가장례(獻壽家長禮)

제 1절 수연범절(壽宴凡節)

수연이라 함은 인간의 장수(長壽)에 대한 축하연(祝賀宴)으로서 만 예순살이 되고 예순한살의 생일(生日)을 맞이하게 되는 기념(記念)인 것이다.

다시말하여 가령, 갑자년(甲子年)에 출생하였다면 60년 후 다시 돌아오는 갑자년이 회갑연이 되는 것이다. 이 60년 후에 맞이하는 생일이 곧 환갑일인 것이다.

인간이 세상에 태어나서 60년을 살았다는 것은 우선 오복중의 한가지를 갖추었다는 뜻으로 마땅히 축하해야 할 일이다.

60평생을 통하여 집안을 보호해 주신 부모의 은덕에 대하여 자식된 도리로 마땅히 위로와 감사를 드려야 할 것으로, 잔치를 베풀고 친척과 친지를 초청하여 축수를 베풀어야 할것이다.

이날 입는 옷은 옛날 같으면 한복을 입었고 헌수(獻壽)하는 사람도 사모관대에 나삼족두리의 예복을 입거나 의관을 갖추었지만 오늘에는 새옷 또는 양복으로 갈아입기만 하면 된다.

이를 환갑(還甲) 또는 회갑(回甲)잔치라 한다. 그 밖에도 고희(古稀: 70세), 희수(喜壽: 77세), 미수(米壽: 88세)宴 등이 있는 것이다.

그러나 요사이에는 환갑잔치를 잘 하지 않고 고희잔치로 대치하는 추세이다.

여기에 대강의 수연범절(壽宴凡節)과 아울러 그에 따른 서식(書式) 등을 실어 보기로 한다.

제 2절 헌수(獻壽) 하는 법

헌수라 함은 환갑을 맞이하는 아버지에게 자녀들이 큰 상을 준비하여 술잔을 올리고, 절을 하면서 장수하심을 축하하는 자리이다.

환갑을 맞은 당사자는 부모가 아직도 생존해 계신다면 그 부모 앞에도 따로 술상을 차려 놓고 먼저, 부모님에게 술잔을 올리고 절을 한 뒤에 자신도 자녀들과 자손들로부터 술잔과 절을 받으면 된다.

회갑에 대한 축수의 예의

❶ 큰상을 차리고 가장이 좌석 중앙에 앉는다.

❷ 장자는 서쪽, 부인은 동쪽앞에 서고 그 아래 서열대로 선다.

❸ 모두 함께 가장에게 절한다.

❹ 장자가 가장앞에 나아가 선다.

❺ 어린 한 아들이 술잔을 들고 왼쪽, 또 한아들은 술 주전자를 들고 오른편에 서서 술을 따라 장자에게 준다.

(3) 회갑연(回甲宴)

(큰 상 차리는 법)

▶ 1. 수연상은 부모님을 접대하고 경축하는 뜻에서 차리는 상이다.
2. 실과류는 앞줄, 편류는 옆줄, 적등은 뒤로 놓는다.
3. 높이의 치수는 홀수로 하는데, 대개 3치 7치, 9치 정도로 한다.

헌수가장례

❻ 장자는 술잔을 올리고 엎드려 축수한다.

(엎드려 원컨대 오복을 갖추어 받으시고, 가족을 보호하셔 집안을 화목하게 이끌어 주옵소서)

❼ 가장은 술을 마시고 잔을 한 어린 아들에게 준다.

(잔을 받은 어린 아들은 먼젓번 자리에 갖다 놓는다)

❽ 장자는 엎드렸다가 몸을 일으켜 절을 한다.

❾ 헌수는 장남, 차남의 순이고 이어서 장녀, 차녀의 순으로 하며 혼인을 했을경우 부부가 함께 헌수한다. 그다음에 손자, 조카 순으로 절을 한다.

❿ 모든 자제들이 두번 절하고 물러난다.

⓫ 가장이 모든 자제들에게 앉으라고 한다.

⓬ 모든 자제들이 두번 절하고 앉는다.

⓭ 가장이 집사자를 통하여 자제들에게 두루 잔을 돌린다.

⓮ 자제들은 순서를 따라 일어서 앞으로 나아가 두번 절하고 잔을 받는다.

⓯ 자제들은 술을 마시고 나면 두번 절하고 물러난다.

⓰ 악사나 가수를 불러 음악을 연주하고 권주가를 부르며, 장수를 축하하기도 했으나 요즘은 허례허식으로 금지하고 있다.

회갑연에 대한 식순

회갑연은 자식들이 환갑을 맞은 부모의 만수무강을 축원하기 위해 여는 잔치이다.

❶ 개식 선언
❷ 헌화
❸ 식사
❹ 약력 보고
❺ 헌수(獻壽)
❻ 축사
❼ 축가
❽ 답례사
❾ 폐식 선언

제 3절 수연(壽宴) 청첩장

수연 청첩장은 대체로 자녀들이 한다. 요령은 상대편에 안부를 묻고 초대하는 사연을 쓰되, 장소와 날짜를 반드시 써야 한다. 청첩장은 늦어도 일주일 전에 도착하도록 보내야 한다.

(1) 수연청첩장 서식

◆ 청첩장 예문1 (한글서식)

○○○님께

삼가 아뢰옵니다.

다름 아니오라, 이달 10일은 저희 아버님(또는 어머님)의
회갑이옵기로 자식된 기쁨을 만분의 일이라도
나타낼까하여, 변변치 못한 자리를 마련하오니
그날 오전 10시까지 저희 집을 방문해 주시면
영광이겠습니다.

년 월 일

○○○ 올림

청첩장 예문2 (한글서식)

○○○선생님께

삼가 아뢰옵니다.

때는 꽃시절이온데, 선생님을 비롯한 댁내가

두루 안녕하시기를 비옵니다.

다름 아니오라, 이번에 저희들의 어머님(또는 아버님)께옵서

고희를 맞이하게 되었습니다.

그 동안 저희들을 길러 주시느라고

온갖 고생을 다하셨는데, 평소에 불효(不孝)하였던

자식들의 죄를 용서해 주십사하고 조그마한 잔치를

베풀게 되었습니다.

여러가지로 바쁘실줄 짐작하오나 그 자리에

꼭 선생님을 모시고자 하오니, 부디 와주신다면

저희들의 잊지 못할 영광으로 생각하겠습니다.

년 월 일

아들 ○○○

딸 ○○○ 올림

때: 5월 20일 오전 11시

곳: 서울시 종로구 관수동 국민회관 연회장

헌수가장례

제八장

청첩장 예문3 (한글서식: 제3자가 보내는 경우)

○○○님께
삼가 아뢰올 말씀은 다름이 아니오라
○월 ○일 ○○○ 선생님의 회갑을 맞이하여
저희 제자들이 작은 축하의
자리를 마련하여 이 날을 기념하고자 합니다.
왕림하시어 자리를 빛내 주시기를
앙망하나이다.

때: ○월 ○일 ○시
곳: ○○○
동문 대표 ○○○

청첩장 예문1 (한문서식)

謹啓時下에
高堂의 萬福 하심을 頌祝하나이다.
就悚 來 5월 10일은 家親(慈親)의 回甲이옵기로
子息 된 도리를 만분지 일이라도 表하고자 壽宴을
略設 하옵고 貴下를 招請하오니
掃萬하시와, 當日 上午 10시에 鄙家로
枉臨하여 주시오면 다시없는

榮光이겠습니다.

年 月 日

○○○ 再拜

○○○ 貴下

청첩장 예문2 (한문서식)

謹啓時下에
尊體 錦安하심을 仰祝하나이다.
就悚 來 5월 10일은 家親(또는 慈親)의 回甲이옵기로
壽宴을 略設 하옵고 貴下를 招請하오니
枉臨하여 주시오면 無上의 榮光으로
생각하겠나이다.

年 月 日

○○○ 再拜

○○○ 貴下

(2) 수연 축하(壽宴 祝賀)

수연을 축하하기 위하여 금전 혹은 기념이 될만한 선물을 보내게 된다. 이때, 단자(單子)를 쓰는 것이며 축하문구는 여러가지가 있다.

- 축 수연(祝 壽宴) • 축 희연(祝 禧筵) • 축 수연(祝 壽筵)
- 축 수연(祝 晬宴) • 축 수연(祝 晬筵) • 축 의(祝 儀)
- 수 의(晬儀) • 수 의(壽儀) • 경 의(慶儀) • 하 의(賀儀)
- 환갑을 축하합니다. • 수연을 축하 하옵니다.
- 삼가 수연을 축하하오며 만수무강 하시기를 빕니다.

제八장

(3) 수연 단자(壽宴 單子)

수연을 축하할때는 돈으로 부조를 하거나 기념품을 보내게 되는데, 대체로 단자를 써서 봉투에 넣어 보낸다. 이때에 주의할 점은 글자가 씨어진 곳에 접은 줄이 생기지 않도록 주의해야 한다.

예문1 (수연 주인공의 자녀에게 보낼 때)

축의(祝儀)

○○○氏
春堂 (또는 慈堂) 壽宴時
一金 원

2010年 7月 10日
○○○ 謹呈

예문2 (수연 주인공에게 보낼 때)

축 수연(祝 壽宴)

1. 食器 한 세트
2. 도자기

2010年 7月 10日
○○○謹呈(또는 伏呈)

○○○氏 尊下 (또는 座前)

예문3 (수연 주인공에게 보낼 때)

○○○선생님께
삼가 수연(壽宴)을 축하합니다.

一金　　　　　원

2010年 7月 10日
○○○올림

제八장

예문4 (자녀 앞으로 보낼 때)

○○○씨에게
삼가 아버님(어머님)의 수연을
축하드립니다.

일금　　　　　원

2010년 7월 10일
○○○올림

(4) 수례서식

수례봉투 서식

❖ 단자를 써 넣을때

❖ 봉투만 쓸때

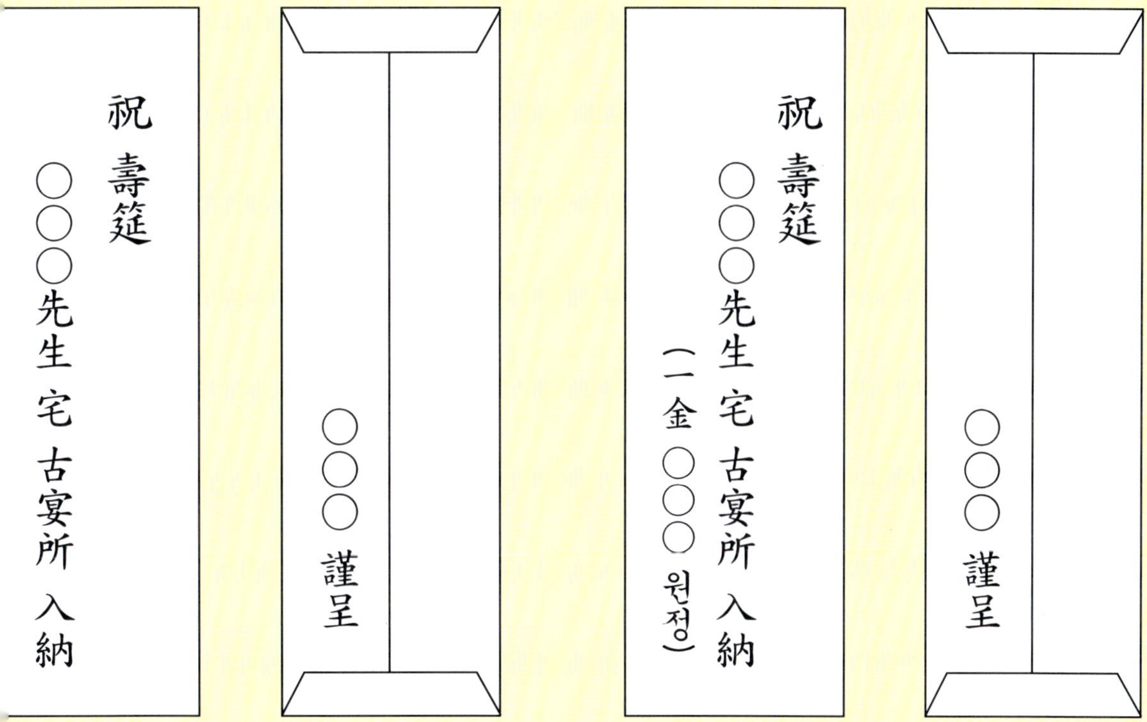

(앞) (뒤) (앞) (뒤)

제 4절 회갑연(回甲宴)

(1) 큰상 차리는 법

❶ 수연상은 부모님을 접대하며 경축하고, 장수를 기원하는 뜻에서 차리는 상이다.

❷ 실과류는 맨앞줄, 편류는 옆줄, 전과 적 등은 뒷줄로 놓는다.

❸ 높이의 치수는 홀수로 하는데 대개 3치, 7치, 9치 정도로 한다. 상위에 올리는 음식을 높이 쌓는 까닭은 음식을 쌓아 올리는 높이가 바로 자손들의 효심(孝心)을 나타낸다고 생각하기 때문이다. 그러나 차림의 형식보다는 정성어린 마음이 더욱 중요한 것이다.

(2) 회갑상의 기본음식

❶ **건과(乾果)**: 대추, 밤, 은행, 호두, 잣, 곶감 등을 말한다.

❷ **생과(生果)**: 사과, 배, 감, 귤 등을 말하며 위 아래를 칼로 조금씩 베어 낸뒤, 이쑤시개 등으로 고정시켜 가면서 쌓는다.

❸ **다식(茶食)**: 송화다식(노란색), 쌀다식(흰색), 녹말다식(녹색) 등이 있다.

❹ **유과(油果)**: 약과(꿀과 술을 섞어 반죽하여 만듬), 강정, 매자과, 빈사과 등이 있다.

❺ **당속(糖屬)**: 팔보당, 졸병, 옥춘당, 꿀병 등

회갑상 차림법

헌수가장례

❻ **편(餠)**: 백편, 꿀편, 찰편, 팥시루떡 등

❼ **포(脯)**: 어포, 육포, 건문어 등

❽ **정과(正果)**: 청매정과, 연근정과, 생강정과, 유자정과 등

❾ **적(炙)**: 쇠고기적, 닭적, 화양적 등

❿ **전(煎)**: 생선전, 호박전, 고기전, 표고버섯전, 동그랑땡 등

⓫ **초(炒)**: 홍합초, 전복초 등

⓬ **어물(魚物)**: 문어, 생조기, 숭어 등

(3) 회갑상의 보조음식

❶ **편육**: 돼지고기 머리

❷ **신선로**: 온갖 산해진미가 다 들어가는 궁중요리. 열구자탕 이라고도 한다.

❸ **식혜**: 쌀로 만든 전통 음료이다.

❹ **화채**: 딸기로 만든다.

❺ **면**: 국수

❻ **나박김치**: 절인 무우와 배추, 실고추, 마늘, 생강을 넣어 버무려 물을 부어 소금으로 간을 맞춘 뒤 채로 썰은 파를 넣는다.

❼ **구이**: 각종 생선, 삼치, 고등어, 꽁치 등

❽ **약식**: 찹쌀에 꿀 또는 흑설탕, 참기름, 진간장, 밤, 대추 등을 섞어 만든다. 약밥이라고도 한다.

❾ 갈비찜: 갈비는 칼집을 내서, 미리 설탕에 재워두고 양파, 당근은 큼직하게 썰어둔다. 마늘과 파를 다져서 간장에 넣고 깨소금, 참기

름, 후추로 양념장을 만들어 갈비에 넣고 버무려 2~3시간 후에 사용하면 된다.

(4) 헌수가장례(獻壽家長禮)의 종류

❶ **육순(六旬)**: 보통 나이 60세 되는 생일에 베푸는 잔치.

❷ **진갑(進甲)**: 환갑 이듬해, 즉 62세가 되는 생일 잔치.

❸ **칠순(七旬)**: 당나라 시인 두보(杜甫)의 시에 나오는 '인생 칠십 고래희(人生七十古來稀)' 라는 싯구에서 전해오는 말로서, 자손들이 그 해의 생일에 잔치를 베풀고 장수를 축하했다. 이를 고희(古稀) 또는 희연(稀筵)이라고도 한다.

❹ **희수(喜壽)**: 77세가 되는 생일에 잔치를 하는데, 이를 희수연이라 한다. 77세를 희수라 하는 까닭은 '喜' 자를 초서(草書)로 쓰면 '七十七' 의 파자(破字)가 되기 때문이다.

❺ **팔순(八旬)**: 80세 되는 생일의 잔치.

❻ **미수(米壽)**: 88세가 되는 생일잔치를 말하며 '米' 자를 파자 할 경우 '八十八' 이 되기 때문이다.

❼ **백수(白壽)**: 99세가 되는 생일에는 백수연을 차린다. '百' 자에서 '一' 자를 빼면 '白' 자가 되기 때문이다.

❽ **회혼례(回婚禮)**: 결혼 60주년을 맞은 부부가 자손들 앞에서 혼례복을 입고, 예전의 혼례식과 같은 식을 기념하는 의례이다. 친척과 모든 친지들을 초대하여 큰 잔치를 베풀고 부모님의 회혼을 진심으로 기뻐하고 장수를 기원하는 자리이다.

제9장

돌잔치

제九장

제 9장. 돌잔치

새 생명이 태어나서 만 1년이 되는 날을 돌이라고 하고, 이때가 되면 아이도 제법 성장하여 제마음대로 일어나 앉으며, 성장이 빠른 아이는 걸음도 걷기 시작한다.

이 날은 민속적으로 귀중(鬼衆)은 약한 어린아이를 잘 노린다는 것이나, 돌때쯤에 이르면 그러한 위험시기도 지나 이제 마음 놓고 기를 수 있는 때가 되었으므로 돌날을 크게 기꺼이 여기고 상을 차려 잔치를 하는 것이다.

돌날에는 가족과 친척, 인근 친지가 모여 축하연을 베풀고, 큰 상에 쌀, 국수, 떡, 대추, 돈, 책, 지필(붓과 벼루), 청실, 홍실, 활, 실 등의 돌상을 차려 어린아이가 그 중 어느것을 먼저 집는가에 의해서 그 아이가 성장하여 할 일을 점(占)치고 미리 알아 맞춘다고 한다.

즉, 돈을 집으면 후에 큰 부자가 되고, 책이나 지필을 집으면 문장가가 되며, 국수나 실은 장수하고, 활을 집으면 용맹한 사람이 된다고 한다.

이날 장만한 돌떡은 친척과 이웃에게 나누어 주는데 돌떡을 받은 집에서는 그냥 받아먹지 아니하고 돈, 쌀, 의복을 보내어서 축하하고 수명장수와 부귀영달을 빌어준다.

(1) 아기의 차림새

아들일 경우

❶ 엷은 가지색 바지에 연두색 저고리

❷ 남색 조끼와 연두색 마고자

❸ 분홍 두루마기에 남색 금박의 다홍띠를 맨다.

❹ 검은색 복건(쾌자와 복건은 보통 갑사감으로 만듬)

❺ 누비버선(버선코에 수를 놓는다)

❻ 수놓은 주머니

딸의 경우

❶ 노란 단속곳에 다홍(또는 진분홍) 치마

❷ 노란 잣호장 저고리

❸ 남색 배자

❹ 수 놓은 누비버선

❺ 수놓은 작은 염장과 갖가지 노리개(장도, 은괴불, 북 또는 은에 다 칠보로 칠한 것)

❻ 금박 조바위

❼ 오복 주머니

(2) 돌상 차리기

돌상에는 아래와 같은 음식과 물건을 차려 놓는데, 이중에는 각각 고유한 축복의 뜻을 담고 있다.

돌상 차림도

❶ **떡:** 백설기(또는 무지개떡)와 수수경단, 송편을 큼직한 접시나 쟁반에 담아 전면 중앙에 놓는다.(떡은 부유하게 되라는 뜻이다)

❷ **과실:** 사과, 배 등 계절의 생과실과 대추를 그릇에 담아 전면 양쪽에 놓는다.(대추는 자손의 번창을 뜻한다)

❸ **쌀:** 중앙에 널찍하게 담아 놓는다.(부유하게 되라는 뜻을 담고 있다)

❹ **실타래:** 청실, 홍실 또는 무명실을 쌀위에 놓는다.

❺ **붓과 책:** 쌀 오른쪽에 놓는다.
(문필가로 이름을 떨치게 되라는 뜻을 담고 있다)

❻ **활과 화살:** 쌀 왼쪽에 놓는다.

❼ **돈:** 실타래 옆에 놓는다.(부유하게 되라는 뜻을 담고 있다)

제
九
장

(3) 돌 잡히기

돌상앞에 아기를 세우고 무엇이던 마음대로 집도록하여 제일 먼저 집는 것으로 그 아기의 앞날을 점치면서 축복하는 행사이다.

(4) 돌날 선물

아기가 첫돌 후에는 외출도 하고 장난감을 가지고 놀기도 하게된다. 이러한 의미에서 돌날 선물은 각자의 형편과 분수에 맞게 하는 것이 좋다.

❶ 의류(풍속에 의하면 구두나, 신은 고모가 사다주면 좋다고 하나, 특별한 뜻은 밝혀지지 않고 있다)

❷ 장난감

❸ 식품류(오래도록 두고 먹일 수 있는 간식용이 좋다)

❹ 은수저

❹ 돌반지

(5) 백일잔치

백일잔치는 아기가 출생한지 백일이 되는날, 백설기, 수수경단, 송편 따위의 떡과 미역국, 나물, 흰밥을 중심으로한 음식을 차린 후 가까운 친지, 친척들과 함께 아기의 성장을 축하하는 잔치를 말한다.

옛 관습에 의하며 이날 떡을 해서 이웃 백가구에 돌려야 아기가 무병장수 한다면서 떡을 돌렸다.

백가구는 너무 많은 숫자이긴 하지만 우리나라의 후한 인심을 이 잔치를 통하여서도 짐작할 수 있을 뿐만 아니라, 미풍양속으로도 오래도록 지속 되어야만 할것이다.

백(百)이라는 숫자는 온전함을 뜻하며 또한 더할나위 없이 많다는 풍부함을 의미한다. 그래서 예로부터 백년장수(百年長壽), 백년해로(百年偕老), 백년대계(百年大計) 같은 숫자로 만든 성어들이 있다.

백일에는 기념사진을 촬영하는데 어머니가 안고 같이 찍어도 좋고, 요즘은 대체로 시설이 좋아서 혼자서도 많이 촬영한다.

《 가정의례에 관한 법률 》

(1980년 12월 31일 법률 제3319호)

제1조 (목적)
이 법은 가정의례에 있어서 허례허식을 일소하고 그 의식 절차를 합리화함으로써 낭비를 억제하고, 건전한 사회기풍을 진작함을 목적으로 한다.

제2조 (정의)
이 법에서 "가정의례"라 함은 가정의 의례로서 행하는 혼례 · 상례 · 제례 · 회갑연 등을 말한다.

제3조 (가정의례준칙)
①모든 국민은 가정의례의 의식절차를 제2항의 규정에 의한 준칙에 따라 엄숙하고 간도하게 행하여야 한다.
②가정의례의 의식절차에 관한 준칙은 제10조 제1항의 규정에 의한 가정의례 심의위원회의 심의를 거쳐 대통령령으로 정한다.
③국가 또는 지방자치단체의 공무원, 정부관리기업체의 임 · 직원 및 사회지도층의 위치에 있는 자는 가정의례준칙의 실천에 솔선수범하여야 한다.

제4조 (허례허식 행위의 금지)
①누구든지 가정의례에 있어서 다음 각호의 행위를 하지 못한다. 다만, 가정의례의 참뜻에 비추어 합리적인 범위 안에서 대통령령이 정하는 행위는 그러하지 아니하다.
1. 청첩장등 인쇄물에 의한 하객초청
2. 기관 · 기업체 · 단체 또는 직장명의의 신문 부고
3. 화환 · 화분 기타 이와 유사한 장식물의 진열 · 사용 또는 명의를 표시한 증여
4. 답례품의 증여
5. 굴건제복의 착용
6. 만장의 사용
7. 경조기간 중 주류 및 음식물의 접대
②제 1항의 규정은 국가 또는 지방 자치단체의 기관, 기업체 또는 단체의 명의로 행하는 상례의 경우에도 적용한다. 다만, 대통령령이 정하는 상례의 경우에는 제1항 제2호 및 제3호의 규정을 적용하지 아니한다.

제5조 (의례식장 등의 영업)
①가정의례를 행하는 식장을 제공하고, 임대료 또는 수수료를 받거나 장의에 소용되는 기구?물품을 판매 또는 대여하거나 결혼상담 또는 중매행위를 하는 것을 업으로 하고자 하는 자는 서울특별시장 · 부산시장 또는 도지사의 허가를 받아야 한다. 허가사항을 변경하고자 할 때에도 또한 같다.
②제1항의 규정에 의한 영업의 종류, 협정기준 및 영업자의 준수사항 기타 영업허가에 관하여 필요한 사항은 대통령령으로 정한다.

제6조 (임대료 · 수수료 등의 최고 한도액)
제5조 제1항의 금정에 의한 영업에 있어서의 임대료, 수수료 또는 물품판매 대금은 서울특별시장 · 부산시장 또는 도지사가 정하여 고시하는 최고 한도액을 초과하여 받을 수 없다.

제7조 (허가의 제한)
다음 각호의 1에 해당하는 경우에는 제5조 제1항의 규정에 의한 허가를 할 수 없다.
1. 숙박업 법에 의한 호텔영업의 영업장소 또는 그 부대시설 (이법의 목적에 위배되지 아니한다고 인정되어 대통령령으로 정하는 영업장소 또는 그 부대시설을 제외한다)에서 의례식장영업을 하고자 하는 경우
2. 제9조의 규정에 의한 허가취도 처분을 받은 후 6월이 지나지 아니한 경우

제8조 (폐업신고 등)
①제5조 제1항의 규(항)에 의하여 허가를 받은 자가 휴업 또는 폐업하고자 할 때에는 보건 사회부협이 정하는 령이 정하는 바에 의하여 이를 신고하여야 한다.
②제9조의 규정에 의한 영업정지 처분기간 중에 제출된 폐업신고(는) 당해 영업정지처분기간이 종료한 날에 제출된 것으로 본다.

제9조 (허가의 취소등)

서울특별시장 · 부산시장 또는 도지사는 제5조 제1항의 규정에 의하여 허가를 받은 자가 다음 각호의 1에 해당하게 된 데에는 그러기를 취도하거나 6月 이하의 범위 안에서 기간을 정하여 그 영업의 정지를 명할 수 있다.

1. 허가를 받은 후 3월이 경과하여도 그 영업을 개업하지 아니한 때
2. 제4조 제1항 제3호의 규정에 위반한때
3. 제5조 제2항의 규정에 의한 시설기준이나 준수사항은 위반한 때
4. 제6조의 규정에 위반한 때

제10조 (가정의례 심의 위원회 등)

① 보건사회부장관의 자문에 응하여 가정의례에 관한 사항을 조사 · 연구 · 심의하게하기위하여 가정의례 심의 위원회를 둔다.

②가정의례준칙의 보급 · 실천을 추진하게 하기 위하여 보건사회부장관 소속하에 중앙가정의례 실천 추진위원회를 서울특별시 · 부산시 · 도와 시(구)를 포함한다. 군에 지방가장의례실원촉진위원회를 둔다.

③제1항과 제2항의 규정에 의한 가정의례심의위원회나 각급 가정의례 실천위원회의 구성 · 직무 · 운영에 관하여 필요한 사항은 대통령령으로 정한다.

제11조 (가정의례지도원)

①가정의례에 관한 사항은 지도하기위하여 서울특별시 · 부산시 및 도에 가정의례 지도권을 둔다.

②가정의례 지도원은 다음 각호의 업무를 수행한다.

1. 가정의례의 지도 및 계몽
2. 가정의례업소의 지도 및 감독

제12조 (벌칙)

①제5조제1항의 규정에 위반한 자는 1년 이하의 징역 또는 200만 원 이하의 벌금에 처한다.

②제1항에 해당하는 자가 법인인 경우에는 그 법인에 대하여 벌금을 과하는 외에 그 법인의 대표자에 대하여 제1항의 형을 과한다.

제 13조 (벌칙)

①제4조의 규정에 위반한 경우에는 다음 각호의 1억 해당하는 자에 대하여 200만원 이하의 벌금에 처한다.

1. 혼례 또는 회갑연등에 있어서는 (2)당사자
2. 상례에 있어서도 주상. 다만, 제4조제1항 제5호위반의 경우에는 그 착용자.
3. 제례에 있어서는 제주

②제1항 각호의1에 해당하는 자가 14세 미만인 때에는 그 감독의무를 해태한 친권자 또는 후견인을 처벌한다.

③제1항 각호의 1에 해당하는 자의 의사에 한하여 따로 그 행위를 한 자가 있을 때에는 그 자에 대하여 처벌한다.

제14조 (권한의 위임)

서울특별시장, 부사시장, 또는 도지사는 이 법에 의한 권한을 시장 군수 또는 구청장에게 위임할 수 있다.

제15조 (시행령)

이 법 시행에 관하여 필요한 시한은 대통령령으로 정한다.

부 칙

①(시행일) 이법은 1981년 1월 1일부터 시행한다.

②(경과조치) 이법 시행당시 종전의 규정에 의하여 허가를 받은 의례식장 등의 영업자는 이 법 제5조의 규정에 의하여 허가를 받은 것으로 본다.

《 家庭儀禮에 關한 法律시행령 》

(1981年 3月 16日 大統領令第10254號)

改正1985.3.30 領11670號

第1條 [目的]

이 영은 가정의례에 관한 법률(이하"법"이라 한다)에서 위임된 사항과 법의 시행에 관하여 필요한 사항을 규정함을 목적으로 한다.

第2條 [定義]

① 법 제3조 제3항에서 "정부관리기업체"라 함은 정부투자기관 관리기본법에 의한 정부투자기관을 말한다.〈개정 85.3.30〉

② 법 제4조 제1항 제1호에서"인쇄물에 의한 하객초청"이라 함은 인쇄기 · 공판기 · 복사기 또는 등사기 등기계로 만들어진 것에 의하여 혼인식, 회갑연 등에 하객을 초청하거나 이를 사전에 고지하는 것을 말한다.

③ 법 제 4조 제1항 제3호에서"이와 유사한 장식물"이라 함은 장식용 테이프, 꽃가루, 딱총, 꽃수술, 조각품등을 말한다.

④ 법 제 4조 제 1항 제 7호에서"주류"라 함은 주세법의 규정에 의한 주류를, "음식물"이라 함은 다과류나 청량음료 이외의 음식물을 말한다.

第3條 [家庭儀禮準則]

법제3조제2항의 규정에 의한 가정의례의 의식절차에 관한 준칙은 따로 대통령령으로 정한다.

第4條 [허례허식이 아닌 행위의 범위]

법 제 4조 1항 본문 단서의 규정에 의하여 허용되는 행위의 법위는 다음 각호와 같다.

1. 영전이나 묘소에 10개이내 예식장에 2개 이내의 화환이나 화분 또는 꽃바구니를 진열하는 행위(증여자의 명의를 표시할 수 있다)
2. 상례에 있어서 상가의 일을 돕는자 또는 조객에 대하여 간소한 음식물을 접대하는 행위
3. 혼례에 있어서 당사자와 그부모 및 주례가 꽃을 패용하는 행위
4. 혼례 또는 회갑연에 있어서 하객에 대하여 가정이나 식품위생법에 의한 대중음식점(숙박업법에 의한 호텔의 영업장소 또는 그 부대 시설인 대중음식점은 제외한다)에서 간소한 음식물을 접대하는 행위.

〈개정 85.3.30〉

第5條 [虛禮虛飾行爲禁止의 適用除外]

법 제 4조 제2항 단서의 규정에 의하여 동조 제1항 제2호 및 제3호의 규정을 적용하지 아니하는 경우는 국장 · 국민장 · 사회장 또는 중앙 행정기관 · 서울특별시 · 직할시나 도의 명의로 행하는 상례의 경우와 보건사회부장관이 승인하는 경우로 한다.

第6條 [許可申請]

① 법 제 5조 제 1 항의 규정에 의하여 의례식장 등의 영업허가를 받고자 하는 자는 다음 각호의 사항을 기재한 허가신청서를 그 영업소의 소재지를 관할하는 서울특별시장 · 직할시장 또는 도지사(이하"도지사"라한다)에게 제출하여야 한다.

1. 신청인의 주소 · 성명 및 주민등록번호(법인에 있어서는 그 사무소의 소재지 · 명칭 · 설립년월일과 대표자의 주소 · 성명 및 주민등록번호)
2. 영업소의 명칭 및 그 소재지
3. 영업의 종류

② 제1항의 허자신청서에는 다음 각호의 서류를 첨부하여야 한다.

1. 정관(법인인 경우에 한한다)
2. 영업시설의 구조도 및 그 설명서
3. 결혼상담요원의 이력서(결혼상담소의 경우에 한한다)
4. 염습을 하는 자의 이력서(장례식장 및 장의사의 경우에 한한다)

第7條 [許可事項의 變更]

① 법 제5조 제1항의 규정에 의하여 의례식장등의 영업허가를 받은 자(이하"영업자"라한다)가 영업시설의 구조또는 영업소의 소재지를 변경하고자할 때에는 보건사회부령이 정하는 바에 의하여 영업변경허가신청서를 도지사에게 제출하여야 한다.

② 영업자는 제1항의 규정에 의한 영업변경허가사항 이외의 사항을 변경한 때에는 보건 사회부령이 정하는 바에 의하여 영업변경신고서를 도지사에게 제출하여야 한다.

第8條 [儀禮式場등 營業의 種類]

법 제5조 제2항의 규정에 의한 의례식장 등 영업의 종류는 다음 각호와 같다.

1. 결혼예식장영업:임대료 및 수수료를 받고 혼례의 식장을 제공하는 영업을 말한다.
2. 장례식장영업:임대료 및 수수료를 받고 혼례의 식장을 제공하는 영업을 말한다.
3. 장의사영업:장의에 소요되는 기구·물품을 판매 또는 대여하는 영업을 말한다.
4. 결혼상담소영업:수수료를 받고 결혼상담 또는 중매 행위를 하는 영업을 말한다.

第9條 [施設基準]

법 제 5조 제 2항의 규정에 의한 의례식장 등의 영업의 종류별 시설기준은 별표와 같다.

第10條 [結婚相談要員등]

① 결혼상담소에는 결혼상담을 하는 자(이하"결혼상담요원"이라한다) 1인 이상을 두어야 하며, 결혼상담요원에 필요한 학식과 덕망이 있는 자이어야 한다.

② 장례식장영업 또는 장의사 영업에 있어서는 염습을 하는자 1인 이상을 두어야 한다.

第11條 [遵守事項]

법 제5조 제 2항의 규정에 의한 영업자의 준수사항은 다음 각호와 같다.

1. 가정의례준칙 및 가정의례에 관한 법령을 준수할 것
2. 영업장소 또는 그 부대시설에서 법 제4조 제1항의 규정에 의한 허례허식 행위를 하지 못하도록 할 것
3. 가정의례준칙에 따른 검소한 예식을 사용자에게 배부할 것
4. 허가증 및 임대료·수수료 또는 물품 판매 대금의 금액을 사용자가 보기 쉬운 장소에 게시할 것
5. 제4호의 규정에 의하여 게시된 금액 이외의 비용을 징수하지 아니 할 것
6. 영업에 필요한 장부를 비치하고, 관계 공무원의 지도·감독업무에 협조할 것
7. 결혼예식장 사용의 계약을 하는 경우에는 그 계약서에 혼인 당사자와 그 부모 또는 보호자의 주소·성명을 명기할 것(결혼예식장 영업에 한한다)
8. 결혼예식에 지장이 없도록 결혼 예식장의 1회 사용시간은 적어도 50분 이상의 충분한 시간을 줄 것(결혼예식장영업에 한한다)
9. 혼인신고서용지 또는 사망신고서용지를 비치하고, 신고서의 제출에 편의를 제공할 것(결혼예식장 영업과 장례식장엽업에 한한다)
10. 염습을 하는 경우에는 염습을 하는 자로 하여금 위생복을 착용하게 할 것(장례식장영업과 장의사 영업에 한한다)

第12條 [許可制限의 除外]

법 제 7조 제1호에서 "대통령령으로 정하는 영업장소 또는 그 부대시설"이라함은 서울특별시·직할시 및 시 이외의 지역에 있어서의 호텔영업의 영업 장소 또는 그 부대시설(관광사업법에 의한 특등급 이상의 관광호텔영업장소또는 그 부대시설을 제외한다)을 말한다.

第13條 [委員會의 構成]

① 법 제 10조의 규정에 의한 가정의례심의위원회(이하 "심의위원회"라 한다) 중앙가정의례실천추진위원회(이하"중앙실천위원회"라 한다) 및 지방가정의례 실천추진위원회(이하 "지방실천위원회"라 한다)는 각각 위원장 1인과 부위원장 1인을 포함한 위원 15인 이내로 구성하되, 중앙실천위원회는 따로 구성하지 아니하고 심의위원회로 하여금 그 직무를 행하게 할 수 있다.

② 심의위원회 및 중앙실천위원회의 위원장은 보건사회부차관이 되고, 부위원장은 위원중에서 호선하며, 위원은 관계행정기관의 공무원 또는 학식과 덕망이 있는 자 중에서 보건사회 부장관이 임명 또는 위촉한다.

③ 지방실천위원회의 위원장은 당해지방자치단체의 장 또는 구의 구청장으로 하고, 부위원장은 위원중에서 호선하며, 위원은 관계행정기관의 공무원 또는 학식과 덕망이 있는 자중에서 당해 지방자치단체의 장 또는 구청장이 임명 또는 위촉한다.

第14條 [委員會의 職務]

① 심의위원회의 직무는 다음 각호와 같다.

1. 가정의례의 의식절차에 관한 조사 · 연구
2. 가정의례준칙의 심의
3. 기타 보건사회부장관이 부의하는 사항의 심의

② 중앙실천위원회 및 지방실천위원회의 직무는 다음 각호와 같다.

1. 가정의례준칙의 이행을 위한 지도 · 계몽
2. 가정의례준칙의 실천상황에 관한 조사 · 건의
3. 기타 당해 행정기관의 장이 의뢰하는 사항

第15條 [委員의 任期]

제13조의 규정에 의한 각 위원회의 위원의 임기는, 공무원인 위원의 경우에는 당해직의 재직기간으로 하고, 공무원이 아닌 위원의 경우에는 3년으로 하되, 보궐위원의 임기는 전임자의 잔임기간으로 한다.

第16條 [委員長등의 職務]

① 각 위원회의 위원장은 당해 위원회를 대표하며, 그 회무를 통리한다.

② 각 위원회의 부위원장은 위원장을 보좌하며, 위원장이 사고가 있을 때에는 그 직무를 대행한다.

第17條 [會議]

① 각 위원회의 위원장은 당해 위원회의 회의를 소집하고, 그 의장이 된다.

② 각 위원회의 위원장은 그 재적위원 3분의 1 이상의 회의소집 요구가 있을 때에는 지체없이 이를 소집하여야 한다.

第18條 [議事]

각 위원회의 회의는 재적위원 과반수의 출석과, 출석위원 과반수의 찬성으로 의결한다.

第19條 [幹事]

① 각 위원회의 각각 간사 1인을 둔다.

② 각 위원회의 간사는 당해 행정기관의 장이 그 소속공무원 중에서 임명한다.

③ 각 위원회의 간사는 위원장의 명을 받아 당해 위원회의 서무를 처리한다.

第20條 [經費負擔등]

① 각 위원회의 위원중 공무원이 아닌 위원에 대하여는 예산의 범위 안에서 수당과 여비를 지급한다.

② 각 위원회의 운영과 가정의례준칙의 보급 · 실천에 소요되는 경비는 국가 또는 지방자치단체의 부담으로 한다.

附 則

① [施行日] 이 영은 공포한 날로부터 시행한다.

② [經過措置] 이 영 시행 당시 종전의 규정에 의하여 허가를 받은 영업자는 이 영 시행일로부터 6월 이내에 이 영에 의한 시설 및 요건을 갖추어야 한다.

[별표]

의례식장등의 시설기준

1. 결혼예식장의 시설기준

가. 대기실

신랑대기실과 신부대기실을 각각 3제곱미터 이상으로 설치하고, 하객대기실을 따로 설치할 것.

나. 출입문

예식실마다 복도에 면한 측에 폭90센티미터 이상의 출입문을 2개이상 설치할 것.

다. 복도

예식실이 복도의 양측에 설치되는 경우에는 그 복도의 폭을 3미터이상으로 할 것.

라. 좌석수

예식실의 좌석은 3.3제곱미터당 4석 이하를 설치하여야 하며, 횡렬좌석의 양끝에는 50센티미터 이상의 종렬 통로를, 가운데에는 1미터 이상의 종례통로를 설치할 것.

마. 화장실

예식실의 좌석수를 감안하여 필요한 남 · 여별 화장실을 설치할 것.

바. 주차시설

전체 예식장의 면적을 감안하여 필요한 주차시설을 갖출 것.

사. 위치기준

당해 지역의 예상교통량 등을 감안하여 대중교통에 지장을 초래하지 아니하는 지역에 위치할 것.

아. 세부기준

서울특별시장 · 직할시장 또는 도지사는 인구밀도 · 교통량등 당해 지역의 여건을 감안하여 규칙으로 가목 내지 사목에 규정된 기준의 세부기준을 정할 수 있다.

2. 장례식장의 시설기준

가. 시체의 안치에 필요한 위생시설을 갖출 것.

나. 제1호 나목 내지 아목의 시설기준에 준하는 시설을 갖출 것.

3. 장의사의 시설기준

가. 영업장소의 면적을 16제곱미터 이상으로 할 것.

나. 장애물품 및 기구의 보관에 필요한 위생 시설을 갖출 것.

4. 결혼상담소의 시설기준

가. 영업장소의 면적을 33제곱미터 이상으로 할 것.

나. 영업소내에 상담에 응할 수 있는 상담실과 남 · 여 상면실을 설치할 것.

《家庭儀禮에 관한 法律施行規則》

(1981年 4月 17日보건사회부령 제671호 全改)

第1條 [目的]

이 규칙은 가정의례의 관한 법률(이하 "법"이라 한다)및 동법시행령(이하"영"이라 한다)의 시행에 관하여 필요한 사항을 규정함을 목적으로 한다.

第2條 [營業許可申請書]

영 제 6조의 규정에 의한 의례식장등의 영업허가신청서는 별지 제1호서식에 의한다.

第3條 [營業變更許可申請書]

영 제 7조 제1항의 규정에 의한 의례식장등의 영업변경허가신청서는 별지 제2호서식에 의한다.

第4條 [營業變更申告書]

영 제7조 제2항의 규정에 의한 의례식장등의 영업변경 신고서는 별지 제3호서식에 의한다.

第5條 [休業, 또는 廢業申告]

법 제8조 제1항의 규정에 의하여 의례식장등의 영업을 휴업 또는 폐업하고자 할 때에는 그 휴업 또는 폐업10일 전에 별지 제4호 서식에 의한 신고서를 당해 영업소의 소재지를 관할하는 서울특별시장 · 부산시장 또는 도지사(이하"도지사"라 한다)에게 제출하여야 한다.

第6條 [許可臺帳과 許可證]

① 도지사는 법 제5조 제1항의 규정에 의하여 의례식장 등의 영업허가를 한때에는 이를 별지 제5호서식에 의한 허가대장에 등재하고, 그 신청인에게 별지 제 6호서식에 의한 허가증을 교부하여야 한다.

② 도지사는 영 제 7조의 규정에 의하여 의례식장등의 영업변경허가를 하거나 영업변경신고를 받은 경우, 허가증의 기재사항에 변경이 있는 때에는 허가증의 기재사항을 변경하여 새로이 교부하여야 한다.

第7條 [家庭儀禮指導員]

① 도지사는 법 제 11조 제1항의 규정에 의한 가정의례지도원을 임명한 때에는 별지 제 7호 서식에 의한 가정의례지도원증을 발급하여야 한다.

② 가정의례지도원은 법 제 11조 제 2항의 규정에 의한 업무를 수행하고자 할 때에는 관계인에게 미리 가정의례지도원증을 제시하여야 한다.

第8條 [報告]

① 도지사는 법 제4조의 위반상황과 가정의례 준칙의 이행상황 및 법 제5조의 규정에 의하여 허가한 의례식장 등의 운영상황을 매분기 조사하여 당해분기 다음달 15일까지 보건사회부 장관에게 보고 하여야 한다.

② 법 제5조의 규정에 의하여 의례식장등의 영업허가를 받은 자는 매분기의 운영상황을 당해분기 다음달 5일까지 도지사에게 보고하여야 한다.

第9條 [手數料]

영 제 6조 제1항 또는 영 제 7조 제 1항의 규정에 의한 의례식장 등의 영업허가신청 또는 영업변경허가신청을 할 때에는 다음의 구분에 의한 수수료를 당해 지방자치단체의 수입증지로 납부하여야 한다.

1. 의례식장등의 영업허가: 6,000원
2. 의례식장등의 영업변경허가: 4,000원

附 則

이 규칙은 공포한 날로부터 시행한다

《 家庭儀禮準則 》

(1973年 5月 17日 大統領令第6680號)

改正 1985. 3.30領 11671號

第1章 總 則

第1條 [目的]

이 영은 가정의례에 관한 법률(이하 "법"이라 한다)제 3조 제2항의 규정에 의하여 가정의례의 의식절차에 관한 기준을 정함을 목적으로 한다.

第2條 [用語의 定義]

이 영에서 사용하는 용어의 정의는 다음과 같다.

1. "혼례"라 함은 약혼 또는 혼인에서 신행까지의 의식절차를 말한다.
2. "상례"라 함은 임종에서 탈상까지의 의식절차를 말한다.
3. "제례"라 함은 기제 · 절사 · 연시제의 의식절차를 말한다.
4. "회갑연"이라 함은 제60회 출생일을 기념하기 위하여 행하여지는 의식절차를 말한다.
5. "주상"이라 함은 상례의 의식제전을 주관하는 사람을 말한다.
6. "제주"라 함은 제사의 의식절차를 주관하는 사람을 말한다.

第3條 [挽章의 使用]

법 제4조제1항제5호에서 "만장의 사용"이라 함은 죽은 사람을 슬퍼하여 지은 글을 비단이나 종이 등에 적어서 기를 만들어 상여를 따르게 하는 것을 말한다.

第2章 [婚 禮]

第4條 [宗敎儀式의 特例]
종교의식에 따른 가정의례를 행하는 경우에는 이 준칙에 위배되지 아니하는 범위 내에서 그 종교 고유의 의식절차에 따라 행할 수 있다.

第5條 [約婚]
약혼을 하는 경우에는 당사자의 호적등본과 건강진단서를 첨부한 별지 1의 서식에 의한 약혼서를 교환함으로써 행하되, 약혼식은 따로 거행하지 아니한다.

第6條 [婚姻]
① 혼인식을 거행하는 경우에는 다음 각호의 사항을 준수하여야 한다.
1. 혼인식의 장소는 당사자 일방의 가정, 공회당이나 법 제5조의 규정에 의하여 허가를 받은 결혼예식장 기타 적당한 장소로 한다.
2. 혼인신고서에 서명 · 날인한다.
3. 혼례복장은 단정하고 산소하며 청결한 옷차림으로 한다.
② 혼인에 있어서 혼수는 검소하고 실용적인 것으로 하며 함잽이를 보내는 행사는 하지 아니한다.
③ 신행은 혼인 당일에 한다.
④ 혼인식에 있어서의 식순 · 혼인서약 · 성혼선언의 요령은 별지 2에 의한다.

第3章 [喪 禮]

第7條 [裝禮祭式]
사망후 매장완료 또는 화장완료시까지 행하는 제식(이하"장례제식"이라 한다)은 발인 제와 위령제만을 행하고 그 이외의 노제 · 별우제 · 삼우제 등의 제식은 행하지 아니한다.

第8條 [發靷祭]
① 발인제는 영구가 상가 또는 장례식장을 떠나기 직전에 그 상가 또는 장례식장에서 행한다.
② 발인제의 식장에는 영구를 모시고 그옆에 명정을 세우며, 제상에는 사진 또는 위패를 모시고 촛대 · 향로 및 향합을 준비한다.

第9條 [慰靈祭]
① 매장의 경우에 있어서의 위령제는 무덤쌓기가 끝난 후 그 무덤 앞으로 혼령자를 옮기고 간소한 제수를 차려 놓고 분향 · 잔올리기 · 축문읽기 및 배례로써 행한다.
② 화장의 경우에 있어서의 위령제는 화장이 끝난 후 혼령자리를 유골함으로 대신하고 제1항에 준하는 절차로써 행한다.

第10條 [葬日]
장일은 부득이한 경우를 제외하고는 사망한 날로부터 3일이 되는 날로 한다.

第11條 [喪期]
① 부모 · 조부모와 배우자의 상기는 사망한 날로부터 100일까지로 하고, 기타의 자의 상기는 장일까지로 한다.
② 상기중 신위를 모셔두는 궤연은 설치하지 아니하고, 탈상제는 기제에 준하여 행한다.

第12條 [喪服등]
① 상복은 따로 마련하지 아니하고, 한복일 경우에는 백색 또는 흑색복장으로, 양복일 경우에는 흑색복장으로 하고, 왼쪽 흉부에 상장 또는 흰꽃을 달거나 두건을 쓴다. 다만, 부득이한 경우에는 그 복장을 평상복으로 할수있다. 〈개정 75.5.30〉
② 상복을 입는 기간은 장일까지로 하고 상장을 다는 기간은 탈상까지로 한다.

第13條 [喪制]
① 사망자의 배우자와 직계비속은 상제가 된다.
② 주상은 장자가 되고, 장가자 없는 경우에는 장손이 된다.
③ 사망자의 자손이 없는 경우에는 최근친자가 상례를 주관한다.

第14條 [訃告]

신문에 부고를 게재하는 경우에는 행정기관 · 기업체 기타 직장이나 단체의 명의를 사용하지 못한다.

第15條 [棺나르기]
① 관 나르기는 영구차 또는 영구수레로 한다. 다만, 부득이한 경우에는 상여로 하되, 상여에는 과분한 장식을 하여서는 아니된다.
② 관 나르기의 행렬순서는 사진 · 명정 · 영구 · 상제 및 조객의 순으로 한다.

第16條 [喪禮의 式順등]
상례에 있어서의 식순, 상장의 규격은 별지3에 의한다

第4章 祭 禮

第17條 [祭禮의 區分]
제례는 기제 · 절사 · 연시제로 구분한다.

第18條 [忌祭]
① 기제의 대상은 제주로부터 2대조까지로 한다.
② 기제는 매년 사망한 날 해진 뒤에 제주의 가정에서 지낸다.
③ 기제의 참사자의 범위는 사망자의 직계자손으로 한다.

第19條 [節祀]
① 절사의 대상은 직계 조상으로 한다.
② 절사는 매년 추석절 아침에 종손의 가정에서 지낸다.
③ 절사의 참사자의 범위는 직계자손으로 한다.

第20條 [年始祭]
연시제는 매년1월1일 아침에 지내되, 그 대상, 장소, 참사자의 범위는 기제에 준한다.

第21條 [祭需]
① 제수는 평상시의 간소한 반상음식으로 자연스럽게 차린다.
② 절사의 경우에는 떡으로, 연시제의 경우에는 떡국으로 밥에 대신할 수 있다.

第22條 [祭禮의 節次등]
제례에 있어서의 절차 등의 요령은 별지4에 의한다.

第23條[省墓]
성묘는 각자의 편의대로 하되, 그 배례방법은 재배 또 는 묵념으로 하며, 제수는 마련하지 아니한다.

第5章 回甲宴

第24條 [回甲宴]
회갑연은 가정에서 친척과 친지가 모여 간소하게 하되, 지나친 접대는 하지 아니한다.

附 則
①[施行日] 이 영은 1973년 6월 1일부터 시행한다.

②[舊準則의 廢止] 종전의 가정의례 준칙은 이를 폐지한다.

附則(1975.5.30)
이 영은 공포한 날로부터 시행한다.
[별지1] 생략
[별지2]
혼인식에 있어서의 식순, 혼인서약, 성혼선언

1. 혼인식순
가. 개식
나. 신랑입장
다. 신부입장
라. 신랑 · 신부 맞절
마. 혼인서약
바. 성혼선언
사. 혼인신고서 날인
아. 주례사
자. 신랑 · 신부 내빈께 인사
차. 신랑 · 신부 행진

카. 폐식

2. 혼인서약

주례는 신랑 · 신부에게 다음과 같은 내용의 혼인 서약을 하게 한다.

신랑○○○군 신부○○○양은 어떠한 경우라도 항시 사랑하고 존중하며, 어른을 공경하고 진실한 남편과 아내로서 도리를 다할 것을 맹세합니까?

3. 성혼선언

성혼선언은 다음의 내용으로 한다.

성 혼 선 언

이제 신랑 ○○○군과 신부 ○○○양은 그 일가 친척과 친지를 모신 자리에서 일생동안 고락을 함께 할 부부가 되기를 굳게 맹세하였읍니다. 이에 주례는 이 혼인이 원만하게 이루어진 것을 여러분 앞에 엄숙하게 선언합니다.

년 월 일

주례 ○ ○ ○

[별지3]생략

[별지4]생략

〈참고문헌도서〉

生活書式辭典(東園社)

家庭儀禮大百科

冠婚喪祭禮(韓重洙 編著)

冠婚喪祭禮大典(韓重洙 編著)

冠婚喪祭와 生活書式(無窮花 出版社)

寫眞으로 보는 家庭儀禮(朝鮮日報社)

傳統喪禮(임재해 글/대원사)

祖上祭禮(임돈희 글/대원사)

寫眞資料 協贊(韓國의 집/홍대웅님)

한국인의 관혼상제

배용파 편저

인쇄 / 2006년 10월 01일 초판

발행 / 2009년 09월 25일 재판

편저자 / 배용파(통과의례 연구위원회 회장)

펴낸이 / 김경옥

편집 / 이진만 박초우

펴낸곳 / 도서출판 **온북스**

서울특별시 은평구 응암동 36-33번지

등록번호 / 제 312 - 2003 - 000042호

등록년월일 / 2003년 8월 14일

대표 전화번호 / TEL: 02) 303-0762 / 2263-0360

FAX: 02) 303-2010 / 2263-0370

ISBN 978-89-92364-11-9 (03380)

우리집 행사 일람표

(생일 · 제사 · 기념일)

관계	성 명	행 사 일		비고 (중요한 기록사항)
		양 력	음 력	

우리집 행사 일람표

(생일 · 제사 · 기념일)

관계	성 명	행 사 일		비고 (중요한 기록사항)
		양 력	음 력	

우리집 행사 일람표

(생일 · 제사 · 기념일)

관계	성 명	행사일		비고 (중요한 기록사항)
		양 력	음 력	

우리집 행사 일람표

(생일 · 제사 · 기념일)

관계	성 명	행 사 일		비고 (중요한 기록사항)
		양 력	음 력	